【法意文丛】

总主编 谢晖

仇恨言论法律规制研究

◎ 龚艳 著

厦门大学出版社

XIAMEN UNIVERSITY PRESS

国家一级出版社
全国百佳图书出版单位

总　序

在人世生活中寻求法意

——"法意文丛"总序

去岁中,周赟君来信告诉我,厦门大学出版社拟出版一套以法学理论和法律史学术论著为收录对象的学术文丛,问我有没有意向组织书稿、担任主编。我回信说容我思考数日再说。若干天后,他又来信询及此事,我回信说最好见过出版社相关人员后再作决定。去岁中秋期间,我亲赴厦门,和该社负责这套丛书的编辑甘世恒君详细磋商了有关细节,决定组织并编辑这套丛书,并把丛书命名为"法意文丛"。

之所以选择这一丛书名,一为遵循法理、法史探索之宗旨,二为倡导在生活意义中探寻法理意义。众所周知,自从严译《法意》以来,这个多少带有浪漫色彩、但又不乏中性温情的词汇,就在中国法律学人心中,有了其独特的地位——它一反法律就是专政工具、就是刑杀镇压一类"词的暴政",而道出了法律以勾连交往行为中人们的日常生活为使命这一真谛。法律不是日常生活的外在之物,而是日常生活方式的规范提纯、精神萃取,从而成为日常生活的内在构成性因素。然而,验之以学术史,这种对法意的理解框架并非一以贯之。一方面,所谓神意论、自然精神论、理性论等等,都给法律涂抹了一层神圣的光环,从而使法律为什么有权威这样的现实考虑有了预设和保障。另一方面,所谓法律虚无论、阶级意志论、主权者命令说等等，又把法律从天庭拉到凡世，不仅如此，而且法律不过是实践人间既得利益者需要的工具，是当权者随其所需任意打扮的婢女，因之法律进入令文人不齿的境地，这不禁令人想起苏轼"读书不读律"的遗训。此种情形，为有人借机打破人间一切法律秩序，作好了前提性准备。

介于两者之间的，乃是把法律作为一种社会—政治契约。法律就是选民和选民、选民和政府间达成的社会—政治交往的契约，是社会—政治交往的规范构成要素，人类只要不能舍弃社会—政治交往，也就无法舍弃法律。所以，法律是社会构造的必要性和构成性因素，而非选择性和权宜性因素；法律是主体交往行为的规范根据，而非镂刻在精美石头上的装饰物；人因为法律所布置的交往路线和逻辑构图而显示其存在，显示其主体身份，取消了这一交往路线和逻辑构图，势必就模糊了人存在的意义，消隐了人的主体身份。这样，法律就摆脱了被置诸神界的虚无缥缈，也摆脱了被置诸魔界的面目狰狞。法律回到了它应有的生活场景——法律是人们日常生活不可或缺的构成性因素。所以，法律既是世俗的，它强调以清晰的概念表达"群己权界"；也是值得"信仰"的，因为人类离开法律，其交往就会事倍功半。

当下我国对法意的处理，一面是想方设法将其意识形态化，"依法治国，建设社会主义法治国家"的响亮口号，成功地从法学家的意识形态走向官方意识形态。不时自我表扬一番"我们是法治国家"，既是表扬者的时髦，也可以隐约看出其对法治的某种崇仰，或者至少在其看来，法律和法治不会是什么坏东西。于是乎，法治、法律之类，俨然再度显示出其神圣面貌。另一面却自觉不自觉地将其工具化，譬如广受学界质疑的所谓法治"五句话"，对世所公认的法治原则视而不见，转而以"权治"精神，解构法治理念，从而法律及法治又轻飘飘自天庭落入凡世。遗憾的是，此番落入凡世的法律，并非世人必须之交往规范，而只是强化一元化领导的一种可替代的手段。

一旦公民利用这种手段从事"合法斗争",便立马会遭到"依法办事,不是说几毛钱的纠纷也要诉诸法院"一类的无理指责!这样,法治这个标签就如同当年的人权一般,只剩下在国际社会对敌斗争的场合,偶露峥嵘。由此必然导致的结局是当年西北政法学院图书馆前的一幅雕塑所引发的、流传法学界已多年的那个隐语:"宪法顶个球"——法律虚无论又隐隐死灰复燃,教化意识形态和权术治理又想方设法,粉墨登场。

这一切,自然表达的也是一种"法意",但和近代以来法学家心目中的法意以及法治实践中的法意大相径庭,也表明,按照日常生活之规范需要,对法意的继续探寻和深入钻研,依然是法学家任重道远的使命。如何按照世俗生活的要求,撷取法意,又以法意之内容,安排世俗生活,使世俗生活和法律精神相得益彰——以世俗生活彰显法律精神,以法律精神光照世俗生活,让人们生活在自治、自由、文明、有序的法律交往体系中,既是法学家的使命所在,也是全体公民之福祉所系。

本丛书即着眼于此种追求。书稿标准,唯学术是尚,不论大腕名流,抑或无名小卒,倘可提供自生活之活水源头,求索法意之学术作品,概可纳入计划。选题范围,可着眼宏大,可着手细微,宏则法治路线、法律传统,微则法条诠释,疑案精解,只要源于生活,富含法意,皆入选题范围。研究方法,可崇尚思辨,可奉行实证,无论逻辑辩驳,还是事实白描,但能反映生活,突出法意,尽在欢迎之列。期待相关有志者,能贡献一家之言;也期待作者、编者和出版者锲而不舍,能助窥天人之际。

是为序。

陇右天水学士　谢　晖

序于公元 2011 年 4 月 10 日

目　　录

导　论

言论自由是一切权利之母。　　　　　　——［美］卡多佐

自由，自由，多少恶行假汝以行！　　　——［法］罗兰夫人

一、研究的缘起

（一）研究的动机

自人类社会产生以来，言论自由即是所有民族的最高向往和追求，也是世界范围内所有国家和民众所欲实现的最高目标，但言论自由并不是恣意任性的权利，言论自由本身不能侵犯到个体和群体的尊严，不能引起社会群体间的矛盾和仇恨，不能对国家的民主宪政体系和社会秩序造成危害。一言以蔽之，言论自由是受法律保护的，但传播仇恨的言论则属例外，是应当受到法律限制的。人类历史上许多惨剧的发生都与仇恨言论有着千丝万缕的联系，对于这种联系，本书试以纽伦堡国际军事法庭对"反犹煽动者"的审判和卢旺达国际刑事法庭对"仇恨媒体案"的审判进行分析。二战后，世人皆知的"头号反犹煽动者"尤利乌斯·施特莱歇尔被纽伦堡国际军事法庭判处绞刑，其获罪理由并非破坏和平、策划发动战争，而是因为其发表演讲、撰写文章以鼓吹针对犹太人的仇恨。根据纽伦堡国际军事法庭的审判，施特莱歇尔散布、鼓吹反犹言论

长达 25 年之久,力图在德国社会甚至整个欧洲营造一个仇恨犹太人的浓厚氛围,由此间接地促成了犹太人大屠杀惨剧的发生。施特莱歇尔长期致力于反犹仇恨宣传,在创办反犹报纸《先锋报》后的数十年中,借助众多反犹文章不断散布针对犹太人的仇恨言论。他认为"凡是干犹太人所干之事的人,他就是恶棍,就是罪犯;凡是谈吐举止仿效犹太人的人,他就得遭到同样命运:诛灭和死亡"。此外,他还将犹太人视为细菌和瘟疫,更是"为了人类的利益必须将之消灭的寄生虫、敌人、歹徒和疾病传播者","若想不致再度发生上帝惩罚犹太血统繁衍的危险,那么只有一条道路可循,那就是灭绝这个其先辈是魔鬼的民族"①。除此之外,施特莱歇尔还利用其策划出版的少儿读物《毒蘑菇》(*Der Giftpilz*)煽动德国青少年的反犹情绪。这本书将犹太人比喻为虽然外表看似普通、但实则有毒的蘑菇,教导德国青少年和儿童要学会识别犹太人的真面目,要看到犹太人对德国社会的危害,该书的发行传播对反犹活动起到了极大的煽动作用。②纽伦堡国际军事法庭在审理上述事实后认为,施特莱歇尔煽动杀害和灭绝犹太人的种族迫害言论已经构成了战争罪和违反人道罪。

1994 年 4 月,非洲小国卢旺达发生了震惊世界的种族大屠杀,约 93 万人被夺去生命,这是人类历史上仇恨言论引发的另一悲剧。2003 年 12 月 3 日,卢旺达国际刑事法庭对"仇恨媒体案"进行了判决,该案被告是三名媒体巨头,法庭认为这三位前媒体负责人利用掌控的媒体策划、煽动和实施对图西族人进行的种族大屠杀③,判处其犯有种族灭绝罪、偕同制造种族灭绝事件罪、煽动公众参与种族灭绝事件罪以及反人类罪。法庭认为,该案被告虽然"并未手持火枪、弯刀或其他武器"进行屠杀行动,但却"造成了成千上万的卢旺达平民

---

① [德]P. A. 施泰尼格尔:《纽伦堡审判(上卷)》,王昭仁等译,商务印书馆 1985 年版,第 279~280 页。

② Ernst Hiemer, *Der Giftpilz*, Stürmerverlag, 1938.

③ 殖民统治时期,殖民者将卢旺达的两个兄弟族群——图西人和胡图人分成"优秀种族"和"劣等种族",这一伪学说在卢旺达社会影响至深。自 1990 年起,占据政府核心、自称为"胡图人力量"的激进胡图人"精英",将图西人妖魔化,诽谤他们是叛国者。"精英"们借助当时的主要媒体广播电台,向胡图人灌输这些思想,还说图西人可能对胡图人实施"种族迫害"。千丘之国自由电台(RTLM)就是这样对少数族裔表达种族仇恨的媒体之一。在胡图人"精英"们的煽动下,大批头脑发热的胡图人拿起砍刀,挥向了自己身边的图西人,包括他们的老师、邻居甚至妻子。刘海方:《卢旺达的跨世纪审判》,载《世界知识》2006 年第 4 期。

死亡",这主要在于他们利用广播在卢旺达营造了某种"种族仇恨的氛围",在这种仇恨氛围的影响下许多胡图族人展开了对图西族人的屠杀,因此他们对大屠杀的发生应当承担相应的法律责任。① 通过法庭所提供的证据我们可以看到,在卢旺达种族大屠杀之前,被告利用其所掌控的千丘之国自由电台反复宣传种族仇恨,通过"刻板化、污名化与妖魔化图西人与胡图人中的温和派,并为胡图人的苦难进行辩护"的方式,为胡图族人屠杀图西族人的行径提供了合法性依据。在大屠杀开始后的 100 天内,该电台公开宣布了 80 万个要被消灭的图西族人的名字,并通过广播反复播放图西族人的居住地址、车辆牌照甚至是难民隐藏点,使得胡图族极端分子极易找到袭击目标,其宣传规模之庞大和影响之深远使其成为继纳粹德国之后无人可及的煽动种族灭绝的宣传恶行。正是此种种族仇恨宣传对卢旺达骇人听闻的种族大屠杀起到了推波助澜的作用,导致"不计其数的卢旺达妇女、儿童和男人被自己的邻居亲手钉死或砍死在自己的家中、附近的教堂中、医院中、学校中甚或道路封锁线上"②。

---

① The Prosecutor v. Ferdinand Nahimana, Jean－Bosco Barayagwiza and Hassan Ngeze, Case No. ICTR－99－52－T, Judgement, 3 December 2003.

② 卢旺达种族大屠杀与纳粹种族大屠杀不同的是,卢旺达没有闷罐列车或秘密集中营,所有的杀戮都在光天化日之下进行。在大屠杀最为猖獗的时刻,卢旺达每一分钟就有超过 5 个人被杀,这一速度是二战时期犹太人遇害速度的 3 倍。[英]乔里昂·米切尔:《牢记卢旺达大屠杀:关于地方媒体与全球媒体角色问题的再思考》,张梓轩、常江译,载《全球传媒学刊》2009 年第 5 期。

通过这两个事例我们可以看到,仇恨言论①尤其是那些含有极度厌恶、鼓吹杀戮的仇恨言论对两次种族大屠杀惨案的酿成负有不可推卸的责任。正是日复一日的仇恨宣传和广播,使得不同民族、种族、性别和地域的人们由友好走向对立,由关爱转为仇恨,由互帮互助演变为相互屠杀。这使得我们不禁反思,到底什么样的言论应当受到保护,如何识别对言论进行保护的底线,如何规制言论而又不违背言论自由这项基本权利的初衷。正是这些问题引发了笔者的研究兴趣,因此本书意在反思仇恨言论,研究仇恨言论,并找到规制它的方式,以期在以后的人类历史中“这样的事情永远不再发生,永远不再”②。

---

① 本书的研究对象在英语中的表达主要是“hate speech”,而在汉语的翻译中主要译为“仇恨言论”,这是最为通用的译法。学者的著作和各种新闻媒体的报道大多采用这一译词,如《牛津美国法律百科辞典》、《言论自由的反讽》、《美国政府与政治》、《欧洲人权法原则与判例》等,我国台湾和香港等地也主要是采用“仇恨言论”这一译词。[美]欧文·M.费斯:《言论自由的反讽》,刘攀、殷莹译,新星出版社 2005 年版;[美]霍尔:《牛津美国法律百科辞典》,林晓云等译,法律出版社 2008 年版;[美]施密特等:《美国政府与政治》,梅然译,北京大学出版社 2005 年版;[英]克莱尔·奥维、罗宾·怀特:《欧洲人权法原则与判例》,何志鹏、孙璐译,北京大学出版社 2006 年版。更为重要的是,“仇恨言论”这一译法已为国际人权法之通用译法,例如联合国人权委员会的人权法文件《种族主义、种族歧视、仇外心理和相关的不容忍现象:〈德班宣言和行动纲领〉的后续行动和执行情况》、《当代形式的种族主义、种族歧视、仇外心理和相关不容忍现象问题特别报告员 Githu Muigal 先生的报告》以及 2010 年 2 月 15 日至 3 月 12 日联合国消除种族歧视委员会审议缔约国冰岛按照《公约》第 9 条提交的报告的《消除种族歧视委员会的结论性意见》的中文译本也是使用的“仇恨言论”这一译词。上述 3 份联合国文件的中文译本参见联合国网站:http://www2. ohchr. org/english/bodies/hrcouncil/docs/12session/A－HRC－12－38_ch. pdf; http://www2. ohchr. org/english/bodies/hrcouncil/docs/14session/A. HRC. 14. 23. Add. 2 _ch. pdf; http://unhcr. org/cgi－bin/texis/vtx/refworld/rwmain/opendocpdf. pdf? reldoc =y&docid=4c15ebbf2,下载日期:2010 年 12 月 1 日。此外,“hate speech”还有译为“仇视性言论”的,如《美国大众传播法》和《言论的边界:美国宪法第一修正案简史》等著作,[美]唐纳德·M.吉尔摩等:《美国大众传播法:判例评析(上册)》,梁宁等译,清华大学出版社 2002 年版;[美]安东尼·刘易斯:《言论的边界:美国宪法第一修正案简史》,徐爽译,法律出版社 2010 年版。

② [英]乔里昂·米切尔:《牢记卢旺达大屠杀:关于地方媒体与全球媒体角色问题的再思考》,张梓轩、常江译,载《全球传媒学刊》2009 年第 5 期。

(二)研究的意义

对仇恨言论或者说是仇恨言论的法律规制进行研究具有重要的意义,具体而言这主要表现在两个方面:

一是实践方面。当前世界范围内肆虐着种类繁多、型态不一的仇恨言论,如种族仇恨言论、性别仇恨言论、地域仇恨言论和宗教仇恨言论等等,对这些仇恨言论该如何进行识别? 如何进行规制和处理? 这是迫切需要我们回答并加以解决的问题。虽然当前国际社会在政治、经济和文化等诸多方面已经采取和正在采取程度有别、手段不一的规制措施,但是对这样一种涉及个人权利和群体权利的社会现象,在规制措施中缺乏法律界乃至法学界的声音,缺乏立法和司法对其明晰的态度,总体说来规制措施不甚完善,规制效果也殊可质疑。对仇恨言论这一现象,立法、司法乃至法学界不应沉默,相反作为衡量公平和正义标尺的法律应当给予民众对此类问题一个清晰的态度和认识,以便让民众明了其中的问题所在,从而予以有力的解决。

二是理论方面。在现今所有的民主国家中,言论自由已是公民最为重要的基本权利之一。"自由是人类在漫漫无际的宇宙中最终的依靠。在政治自由之光照耀的地方,人性才能得以起码的张扬,人权才能得以充分的尊重。"①对自由的消极意义上的不干涉和积极意义上的保障既是衡量一个国家民主程度的标识,同时也是测量这一国家中公民权利保障程度的刻度。虽然言论自由具有如此重要的价值和意义,但言论自由这一基本权利却不是绝对的。一方面,基本权利本身是需要受到限制的,诚如周叶中先生所言:"尽管权利是人类生存和发展的必然要求,但个人权利的享有却并非绝对,它还必须受到限制。"②另一方面,仇恨言论本身具有的伤害性使得发表仇恨言论的自由需要受到一定的限制。正是仇恨言论伤害性的内容造成的伤害性的效果,实质上破坏了言论自由这一重要价值,使得对仇恨言论进行的限制有了必要。因此,在仇恨言论的法律规制方面存在着这样的理论困境:作为一种言论形式的仇

① 齐延平:《自由大宪章研究》,中国政法大学出版社2007年版,第12页。
② 周叶中、李德龙:《论公民权利保障与限制的对立统一》,载《华东政法学院学报》2003年第1期。

恨言论是否需要宽容,而这种言论传播仇恨,容易造成社会中各类群体之间的矛盾和分裂,是否还需要对其加以限制。那么宽容与限制的界限是什么,如何确定宽容与限制的"度",这就需要我们在理论上对仇恨言论进行研究。

(三)研究的问题

无论是国际层面的联合国、区域层面的欧盟、美洲国家组织,还是国别层面的美国、德国、加拿大等,对仇恨言论皆持一种爱恨交加的矛盾心态。所爱之处在于,仇恨言论首先是一种言论形式,而言论自由对个人和社会具有重要的价值。无论是思想的自由市场、民主社会的保障基础,还是个人价值的完满实现皆有赖于言论的自由,从而言论自由就是人类社会的一项珍宝,依据各民主国家的宪法规定是应当得到高度保护的。诚如德沃金(Ronald Dworkin)所言:"当代的律师和法官必须试图找到第一修正案的政治上的依据,这样的政治合理性能适合大多数以往的宪法实践,包括联邦最高法院过去的判决,这种政治合理性对为什么我们应该在各种自由中保证言论自由这么一种特殊而优先的地位,还提供了极有说服力的原因。"[①]所恨之处在于,仇恨言论包含着歧视,传播着仇恨,是一种危害人类社会和贬损个人价值的言论形式。各国政府对这种言论的不同态度导致了各国采取了不同的法律规制措施,世界各国和国际社会也没有形成应对仇恨言论这一问题的统一的法律进路,因此我们说世界各国对仇恨言论的态度既不是一贯的允许也不是始终的限制。欧洲国家普遍认为,"种族仇恨言论和民族仇恨言论等这些特殊的言论形态,对它们应当和别的言论形式加以区别对待"[②]。因此,欧洲国家对仇恨言论多持加以限制的态度。而美国与欧洲国家不同,在大多数情况下基于美国宪法第一修正案对言论自由的保护对仇恨言论给予宽容。当然,我们说这些不同的法律规制措施是与它们的国情、文化传统、价值取向等因素密切相关的。因此,本书所要研究和解决的问题主要围绕下述几个方面展开:第一,什么是仇恨言论?

---

① [美]罗纳德·德沃金:《自由的法:对美国宪法的道德解读》,刘丽君译,上海人民出版社 2001 年版,第 281～282 页。

② Cass R. Sunstein, *Democracy and the Problem of Free Speech*, Simon and Schaster,1995,p. 186.

如何把仇恨言论与其他类型的言论形式区分开来？第二,对仇恨言论的法律规制进路有哪些？这些不同的法律规制进路是基于何种理论基础之上的？它们与哪些国情因素密切相关？第三,基于上述研究,在世界范围内对仇恨言论进行法律规制是否具有共通的基础？可以说,对这些问题的追问既贯穿本书的始终,同时又引导本书尝试对这些问题进行回答。

二、研究的现状

学术界对仇恨言论的研究主要集中于仇恨言论的界定、仇恨言论法律规制的宽容与限制之争、仇恨言论法律规制的核心论题这几个方面,本书将对其进行梳理和评述。

(一)关于仇恨言论的界定

在当前社会中普遍存在着名、实分离的问题,同样这一问题也存在于仇恨言论的研究中,因此对仇恨言论的研究首先应始于对仇恨言论名称的廓清。虽然学者们普遍使用"仇恨言论"(hate speech)这一名称以统称"发表和传播仇恨的言论这一类型",但是还有部分学者采用了不同的"名"以称之,虽然这部分学者所展开研究的"实"也属于仇恨言论的范畴。如有的学者将这些言论称为种族主义言论(racist speech)、性别歧视言论(sexist speech)或者采用更为广义的名称——存有偏见的言论(biased speech)。[1] 此外,还有些学者将这些言论称为次等言论(subordinating speech)。[2] 虽然学者们采取了不同的语词概括这类言论,但是这些词语在实质上都涵盖了仇恨言论所蕴含的偏见、歧

---

　　[1]　对这些观点较为全面的研究体现于弗雷德里克·劳伦斯(Frederick Lawrence)所著的《惩罚仇恨》一书。Frederick Lawrence, *Punishing Hate: Bias Crimes under American law*, Harvard University Press,1999.

　　[2]　Joan C. Callahan, Speech that Harms: The Case of Lesbian Families, in *On Feminist Ethics & Politics*, Claudia Card ed., University Press of Kansas,1999.

视和仇恨的核心内涵。

(二)关于仇恨言论法律规制的宽容与限制之争

宪法和法律是否应当限制仇恨言论是仇恨言论的核心问题,也是最具争议的问题。围绕该问题,学术界展开了激烈论战,本书选取较具代表性的美国学者关于这一问题的讨论进行介绍和分析。

在美国,宪法和法律是否应当限制仇恨言论,其核心问题是如何对美国宪法第一修正案所保护的言论自由的价值和宪法第十四修正案所保护的平等的价值进行衡量。正如欧文·费斯先生(Owen Fiss)所言:"仇恨言论的规制问题,迫使司法系统要在两种超越性的承诺——自由和平等——之间进行选择,但宪法却没有为应当如何做出这种选择提供指南。"①围绕这一核心问题,美国学术界展开了深入讨论,以对仇恨言论进行法律规制的态度为标准,出现了主张宽容仇恨言论的宽容派(以下简称"宽容派")和主张限制仇恨言论的限制派(以下简称"限制派")。

"棍棒石头可能打断我的骨头,但话语绝不会伤害我"这句谚语基本上涵盖了"宽容派"的观点,即仇恨言论不应受到法律的限制,因为宪法所保护的言论自由具有极高的政治价值和社会价值,言论只有在造成"明显且现实危险"时才能受到限制。持此观点的代表学者有李·博林格尔(Lee Bollinger)、纳丁·史托森(Nadine Strossen)、唐纳德·莱夫利(Donald Lively)等。

李·博林格尔的《容忍的社会:美国的言论自由和极端言论》是对美国言论自由进路进行正当性论证的经典著作之一。他认为,在美国这样极度崇尚自由的国家里,应当允许人们能够自由地接触极端言论,主张对言论自由理应倡导消极的司法干预。关于言论自由如何才能使我们更加具有道德性的问题,博林格尔跳出了原有分析言论自由的经典模式,即一方面强调言论自由对创设思想自由市场所具有的工具价值,另一方面又将言论自由视为抵抗国家和多数人暴政的坚强壁垒的模式。他从实用主义的路线出发,强调言论自由的工具价值,认为言论本身就是一项容忍的行为,宽容仇恨言论能够教会人们

---

① [美]欧文·M.费斯:《言论自由的反讽》,刘擎、殷莹译,新星出版社 2005 年版,第10 页。

容忍的美德,让人们学会容忍那些与自己意见相左的人。他认为,在出现民族危机的时候,这种美德对维系公民的自由至关重要,这种美德甚至可以被称为是美国社会最为重要的美德。① 因此,当极端言论出现在法律和政治领域中,而我们实际上已经得到授权去对其进行压制的时候,我们将更加容易识别不容忍的冲动,将此时的容忍作为一个典范,可以激发更多的容忍遍布于社会的每一个角落。②

纳丁·史托森是美国公民自由联盟(ACLU)的主席,也是民主自由主义者的代表,她认为应当追求个人自治,即使是仇恨言论也要对其进行独立、充分、理性的内容中立的保护。她将传统的自由主义观点向前推进了一步,"如果宪法迫使政府允许人们进行宣扬和平、团结和正义的游行、发言、书写等活动,那也应当要求政府允许人们宣扬仇恨、种族主义甚至是种族灭绝"③。依据这一逻辑,她认为禁止仇恨言论缺乏道德上的正当性和合法性。

对于仇恨言论进行的法律限制,史托森指出这可能带来负面效应。首先,对仇恨言论进行限制容易导致权力滥用,因为政府和法院的自由裁量权往往在执行这些规则时发生异化④。其次,仇恨言论规则还存有不可避免的风险,会使人们害怕遭到国家的惩罚而不敢发出声音。再次,仇恨言论规则可以被用作禁止其他类型言论的先例。有些人可能喜欢发表种族仇恨言论,而有的人可能喜欢焚烧国旗或发表反犹太人的言论,禁止某些类型的仇恨言论,将来也可能以此为例禁止其他类型的言论。最后,仇恨言论法律规制措施对遏制

---

①　Lee C. Bollinger, *The Tolerant Society* 238, Oxford University Press, 1986, p. 238.

②　Lee C. Bollinger, *The Tolerant Society* 238, Oxford University Press, 1986, p. 238.

③　史托森认为如果政府基于言论的内容对言论进行限制,那么这种限制会因为人的尊严和自治理论而丧失道德上的合法性,因此即便言论的内容被大多数人视为是罪恶的,但是也不能基于内容而对言论自由进行限制。Nadine Strossen, Regulating Racist Speech on Campus: A Modest Proposal? *Duke Lao Journal*, Vol. 1990,1990, pp. 534~535.

④　史托森对密歇根大学的校园言论规则进行了分析,在一年之内"有超过 25 起案件是白人控告黑人的种族主义言论的",而其中仅有 2 起案件涉及"为了保护黑人学生的利益对言论进行的惩罚",因此史托森认为该校园言论规则实际上并没有起到制裁种族主义言论的作用。Nadine Strossen, Regulating Racist Speech on Campus: A Modest Proposal? *Duke Law Journal*, Vol. 1990,1990, p. 521.

种族主义的实际效用值得怀疑。因为,能够通过宪法严格审查的仇恨言论规则往往仅能适用于规制极少的仇恨言论,这样一来法律规制就仅具象征意义,而且这种象征意义还必须符合一定的要求,即其积极影响必须与美国宪法第一修正案具有的道德正当性的直接影响相一致。①

唐纳德·莱夫利认为,在种族正义的基本问题尚未得到解决之前,与那些空想的言论规则进行斗争是在浪费时间和精力。"规制仇恨言论法的成功实施只是一个空洞的胜利,因为这将会让种族主义转向更加秘密和阴险的境地","对种族主义言论的管制与既定秩序是不谋而合的,这种秩序只要求表面上的变革,而不是对权力进行重新洗牌"。② 莱夫利指责对仇恨言论的限制往往只顾结果,而对促进正义的实现并没有起到什么作用,他坚决反对主张将群体内的种族主义言论排除在仇恨言论限制之外的观点,他认为群体内的种族主义诽谤言论对丑化和加强仇恨具有明显的效果,因为种族特征(如肤色的深浅)遭到同一群体内的成员的攻击更容易造成耻辱和混乱。除此之外,仇恨言论限制措施的有效性也有待商榷,因为这些限制措施的制定者平日里对公然发生的种族主义事件的轻视与否认已经隐晦地表达了其种族主义观念,制定者在涉及自身利益的时候,能否公平地适用这些限制的想法既是不周密的也是不准确的。因此,莱夫利将仇恨言论的限制措施称为"低回报的改革",远离了为实现种族平等而进行的真实的斗争。③

"限制派"认为仇恨言论不应受到法律的保护,因为仇恨言论会造成巨大的伤害,而且将言论自由凌驾于平等之上会造成许多重大的社会问题。言论自由仅是一项相对的权利,基于某些特定考虑是可以对其进行限制的。持此观点的代表学者有查尔斯·劳伦斯(Charles Lawrence)、松田真里(Mari Matsuda)、斯蒂芬·谢弗林(Steven Shiffrin)、卡尔文·梅西(Calvin Mas-

---

① 禁止种族主义仇恨言论除了会加重现实生活中的实际问题外,还会导致政治实践中危险的正当性问题,即国家是否有权力压制持不同意见的声音。Nadine Strossen, Regulating Racist Speech on Campus: A Modest Proposal? *Duke Law Journal*, Vol. 1990, 1990, p. 522.

② Donald E. Lively, Reformist Myopia and the Imperative of Progress: Lessons for PostBrown Era, *Vanderbilt Law Review*, Vol. 46, 1993, p. 881, 885, 875.

③ Donald E. Lively, Reformist Myopia and the Imperative of Progress: Lessons for PostBrown Era, *Vanderbilt Law Review*, Vol. 46, 1993, p. 881, 885, 875.

sey)、凯瑟琳·麦金农(Catharine MacKinnon)、理查德·德尔加多(Richard Delgado)、罗伯特·波斯特(Robert Post)等。他们或是基于美国宪法的平等保护条款,或是围绕人的尊严这一核心人权,或是从自由权本身的实现方式出发,坚决要求对仇恨言论予以限制。

松田真里和查尔斯·劳伦斯用"保护弱者"的美德替代了"培育容忍"的美德,他们认为宽容和容忍应当让位于对尊严和平等这样更高的价值的保护,他们关注的不是对每个人自由表达思想权利的保护,而是认为国际社会和各国都应当坚决反对种族主义的意识形态,拒绝对种族主义进行保护的做法具有道德上的合法性。松田真里援引自由与平等作为限制种族仇恨言论的价值基础和意识形态基础,认为应当努力争取对种族仇恨言论的罪恶进行限制。①劳伦斯以其自身和家庭的切身经历描述了种族仇恨言论带来的伤害和痛苦。②

谢弗林坚持认为平等是民主的必要的先决条件,国家必须兑现让每个公民得到平等尊重的承诺。他主张从实用主义出发对仇恨言论进行有限的限制:"完全禁止仇恨言论并不会推进平等的实现,反而会导致持续的不平等。容忍仇恨言论是实现平等所需要的一种务实的让步,但它不应该是一个值得庆祝的胜利,反而是我们这个民族的耻辱。"③应受到限制的仇恨言论仅限于那些以具体的个人、家庭或小群体为攻击目标的仇恨言论,而社会团体内部的仇恨言论并不包括在受到限制的范围之内,因为它们没有像针对其他族群的人发表的仇恨言论那样具有污名化、耻辱化的作用,"只有直接针对历史上的弱势群体的成员发表的污名化的侮辱才能受到惩罚"④。关于"面对面"的暴力性仇恨言论,谢弗林提出了一项有限的禁令,他认为这种有限的规制是在一

---

① Mari Matsuda, Public Response for Racist Speech: Considering the Victim's Story, *Michigan Law Review*, Vol. 87, 1989, p. 2320.

② Charles R. Lawrence III, If He Hollers Let Him Go: Regulating Racist Speech on Campus, *Duke Law Journal*, Vol. 1990, 1990, p. 2320.

③ Steven H. Shiffrin, *Dissent, Injustice, and the Meanings of America*, Princeton Urioersity Press, 1999, p. 164.

④ Steven H. Shiffrin, *Dissent, Injustice, and the Meanings of America*, Princeton Urioersity Press, 1999, p. 162, 163.

个种族主义的社会里能够避免强烈反弹而对仇恨言论进行规制的唯一形式①。

梅西总结了仇恨言论造成的伤害,论证了限制仇恨言论的理由。首先,仇恨言论可以使该言论的攻击目标或使用该言论的人产生暴力倾向,因此"压制那些煽动暴力言论的正当性基础是为了保护特定的个人利益不受侵犯,也是为了阻止暴力破坏社会秩序以维护更广泛的社会利益"②。其次,仇恨言论会对其所针对的特定个人产生伤害,仇恨言论指向的攻击对象所遭受的伤害完全使其丧失名誉、遭到羞辱或者受到严重的精神损害,因此压制仇恨言论就具有道德和法律意义上的正当性。再次,仇恨言论会对那些它所进行诽谤、中伤、侮辱的目标群体产生伤害,因此压制仇恨言论能够保证公共对话成为真正自治的治理模式。最后,仇恨言论之所以被限制,还因为这种言论违反了社会关于种族问题形成的一般共识,因此压制仇恨言论具有"明确表明声援那些脆弱的少数群体的必要性"③。

(三)关于仇恨言论法律规制的论题

美国学术界对仇恨言论的研究多围绕以下几个论题展开,即关于种族仇恨言论的法律规制、关于性别仇恨言论的法律规制和关于校园仇恨言论规则的研究。

1. 关于种族仇恨言论的法律规制

对种族仇恨言论法律规制的讨论,主要是以批判种族法学家松田真里和理查德·德尔加多等学者的研究为代表,他们普遍主张在法律上应严格限制

---

① 除此之外,谢弗林还从程序方面论证了限制仇恨言论的正当性,他认为在一个自由民主的社会中,对仇恨言论进行限制是具有正当性的,因为仇恨言论阻止其受害者充分地参与公共生活。Steven H. Shiffrin, *Dissent, Injustice, and the Meanings of America*, Princeton Urioersity Press, 1999, p. 162,163.

② Calvin R. Massey, Hate Speech, Cultural Diversity, and the Foundational Paradigms of Free Expression, *UCLA Law Review*, Vol. 40,1992, p. 155.

③ Calvin R. Massey, Hate Speech, Cultural Diversity, and the Foundational Paradigms of Free Expression, *UCLA Law Review*, Vol. 40,1992, p. 164,167,170.

种族仇恨言论的发表。

　　松田真里具体分析了种族仇恨言论的消极影响,认为种族仇恨信息造成了真实的损害,应对种族仇恨言论进行法律限制。她指出,种族仇恨言论主要具有如下三个特征:首先,它所传递的是种族低劣的信息;其次,种族仇恨言论所针对的是历史上备受压迫的群体,这一特征使建立在种族劣等基础上的"结构性从属"范围逐渐扩大;最后,信息是迫害性的、仇恨性的和贬损性的。[①] 此外,松田真里也谈到了言语上的暴力和身体上的暴力所造成的累积效应,她将其称为"言语暴力"(the violence of the word)。种族仇恨言论的受害者会经历下述生理症状和情绪困扰:恐惧、心跳加速、呼吸困难、做噩梦、受过创伤后产生的精神压力和心理紊乱、高血压、精神病、自杀等。同时,种族仇恨言论受害者的个人自由也受到了限制,因为种族仇恨言论使其"离开了他们的工作、放弃了教育、离开家园、避免进入某些公共场所……"且种族仇恨言论使得"人的自尊和个人安全意识也遭到破坏。被他人憎恨、鄙视和孤立是人类最恐惧的事情。毫无理性的种族仇恨言论恰好击中了我们心里感到最痛的地方"[②]。仇恨和低劣的语言占据了大街小巷、校园和流行文化,并蔓延到整个美国社会,因此她建议"让我们在建国以来就存在的种族主义的张力下树立一种新的意识形态:每个人都拥有固有的价值,并且有权利进行有尊严的生活",种族主义言论是错误的,因此有必要对种族主义言论进行法律回应。同时松田真里的主张也是实用主义的,她认为"取消最恶劣的种族主义言论是一种非中性的价值偏向进路应当做的,这能够更好地保护言论自由"[③]。

　　理查德·德尔加多对种族侮辱造成的伤害进行了界定,"心理或情绪困扰是种族侮辱造成的最明显的直接伤害……仅仅是文字,不论是涉及种族还是其他方面,都能对其攻击目标造成心理上、情绪上的伤害甚至是人身伤害,特别是在他人面前或在拥有权威地位的人面前发表这种言论的话,其所造成的伤害尤其明显。""言语标签"提供了一种方式,使个人被作为类成员(class

---

　　① Mari J. Matsuda, Public Response to Racist Speech: Considering the Victim's Story, *Michigan Law Review*, Vol. 87, 1989, p. 2357.

　　② Mari J. Matsuda, Public Response to Racist Speech: Considering the Victim's Story, *Michigan Law Review*, Vol. 87, 1989, p. 2332.

　　③ Mari J. Matsuda, Public Response to Racist Speech: Considering the Victim's Story, *Michigan Law Review*, Vol. 87, 1989, p. 2357.

members)来对待,并且"承担所有归罪于这一类群体上的所有消极态度。种族侮辱迫使其攻击目标顺从于发表这些言论的人,并使他们遭受到心理伤害"①。

2.关于性别仇恨言论的法律规制

关于性别仇恨言论的法律规制研究主要以凯瑟琳·麦金农(Catharine MacKinnon)、克莱德·威利斯(Clyde Willis)、雷·兰顿(Rea Langton)和丹尼尔·雅各布森(Daniel Jacobson)等学者为主要代表②,其中最具代表性的是著名女权主义活动家、法学家麦金农的观点。

麦金农特别关注仇恨言论和色情作品所反映出的种族和性别的不平等问题,她认为色情作品对色情的宣传是针对妇女的仇恨言论,可以将其称为仇恨言论的主要表现形式之一,它们表达的是男权意识形态,是仇恨文学和性法西斯主义的论据。③ 麦金农认为,女性在当代社会中的地位是非常惨淡凄凉的,妇女的地位和待遇具有能够跨越时间和空间的某些规律性,即由于性别原因妇女无法获得和男性平等的地位和待遇。传统上,妇女被剥夺了公民权并被排除于公共生活之外,而且妇女对社会公共规则不能表达出能产生实际影响力的观点,有时甚至连使用自己姓名的权利都没有,通常只能做那些低下的工作而仅仅得到最低的报酬。妇女的附属性如同她们的地位一样是存在剥削的,因为进行工作的人是妇女,所以她们所从事的工作往往被认为具有较少价值,甚至是没有任何价值的,因为她们的工作没价值,所以妇女本身也是毫无价值的。除此之外,妇女常遭到强奸、殴打、性骚扰、性虐待并被迫卖淫,或是

---

① Richard Delgado, Words That Wound: A Tort Action For Racial Insults, Epithets, and NameCalling, *Harvard Civil Rights-Croillliberties Law Review*, Vol. 17,1982, pp. 144~146.

② Catharine MacKinnon, *Only Words*, Harvard University Press, 1999. Clyde E. Willis, The Phenomenology of Pornography: A Commentary on Catherine MacKinnon's Only Words, *Law & Philosophy*, Vol. 16,1997, p. 177. Rae Langton, Speech Acts and Unspeakable Acts, *Philosophy & Public Affairs*, vol. 22, 1993, p. 293. Daniel Jacobson, Freedom of Speech Acts? A Response to Langton, *Philosophy & Public Affairs*, vol. 22, 1993, p. 293.

③ See Catherine A. MacKinnon, Pornography as Defamation and Discrimination, *Boston University Law Review*, Vol. 71,1991, p. 807.

用来使用、虐待、出售、购买和压制,她们被当做客体而遭受非人的待遇,而普通民众却通常认为妇女所遭受的这些境遇都是公正和平等的,并且对妇女来说是理所应当的。妇女的能力和对社会的贡献并不受社会的重视,她们的成就遭到否认和边缘化对待。现在,妇女所遭遇的上述情况已经发生了少许变化,其中有些部分略有好转,而有些部分却变得更糟。不同文化传统下妇女的受害程度有所不同,例如,在当今美国社会,有色人种的妇女受到的伤害最严重。但是,任何文化传统下的妇女毫无例外的均承受着这样的命运,由生到死她们的宿命并没有任何改变。[①] 因此,麦金农总结道:“平等是国家的一项重大利益,尤其是性别间的平等,基于宪法对平等价值的保护可以对仇恨言论进行限制。”[②]

3. 关于校园仇恨言论规则的研究

大学一直是以保护言论自由而著称的,但现今的大学校园内却出现了对言论自由的新挑战,校园言论规则(campus speech code)就是大学校园内对言论自由进行限制的产物。美国的许多公立大学设有校园言论规则以限制淫秽言论、猥亵言论、针对某一群体发表的诽谤言论等伤害性言论,这些校园言论规则明文规定在校园中,无论学生或教师皆不可发表任何会产生一个“不友善和怀有敌意的环境”[③]的言论。校园言论规则的制定引发了学术界及实务界对校园仇恨言论是否应当进行限制的争论,这些言论规则也限于讨论的漩涡

[①]　Catherine A. MacKinnon, Pornography as Defamation and Discrimination, *Boston University Law Review*, Vol. 71,1991,p. 795,796.

[②]　[美]凯瑟琳·A. 麦金农:《言词而已》,王笑红译,广西师范大学出版社 2004 年版,第 107 页。

[③]　U. S. Commission on Civil Rights, *Civil Rights Issues Facing Asian Americans in the 1990s*, U. S. Comission on Civil Rights,1992,p. 89.

之中①。

以杰拉尔德·冈瑟(Gerald Gunther)、大卫·罗森博格(David Rosen-berg)、纳丁·史托森(Nadine Strossen)为代表的学者认为校园言论规则违反了宪法第一修正案的规定,是对言论自由的侵犯,因而反对限制校园仇恨言论。

著名的宪法学家冈瑟是犹太裔美国人,童年在德国度过后移民至美国,他坚决反对限制校园仇恨言论,认为校园言论规则违反了美国宪法第一修正案。冈瑟反对限制仇恨言论的立场并不是因为他对仇恨言论所造成的痛苦漠不关心,而事实恰好相反,他也亲身感受过这种言论的痛苦。他在写给斯坦福大学学生行为立法会主席乔治·帕克(George Parker)的一封信中指出:"为了避免有人说我过度轻视了种族仇恨言论或宗教仇恨言论所造成的痛苦,我需要补充一点,我曾经也经受过这种痛苦,并且我对宪法第一修正案的坚信,在某种程度上也是由于我的自身经历而形成的。我在纳粹德国的一个小镇接受了我的基础教育,从我的老师和同学那里我曾经遭受过激烈的反犹言论,'犹太猪'(Judensau)远远不是最恶劣的言论,我的亲身经历使我无法对仇恨言论带来的无数痛苦熟视无睹。但是,把我在纳粹德国的童年经历和成年后现在在美国的幸福生活进行比较,可以得出这样的经验,用尽所有的力量来与盲信者、偏执者的仇恨言论进行的斗争同时也挑战了国家依靠法律的力量压制仇

---

① 例如,乔治梅森大学专门制定了规制言论的规则以惩罚那些犯错的发言者。Jeanne M. Craddock, Comment, Constitutional Law Words That Injure; Laws That Silence: Campus Hate Speech Codes and the Threat to American Education, *Florida State University Law Review*, Vol. 22,1995,p. 1047,1054,1055.. 耶鲁大学拒绝通过一项禁止某些类型的言论的规定。David Rosenberg, Note, Racist Speech, the First Amendment, and Public Universities: Taking a Stand on Neutrality *Cornell Law Review*, Vol. 76,1991, p. 549,553. 斯坦福大学教授托马斯·格雷主张限制粗言秽语的建议被斯坦福大学采纳, 1990 年 6 月斯坦福大学以此为基础制定了两个限制当面的言语侮辱的政策,引发了巨大的争议。Thomas C. Grey, *Responding to Abusive Speech on Campus: A Model Statute*, Reconstruction, Vol. 1,1989,pp. 50~54.

恨言论的努力,即对仇恨言论进行的限制不能超越宪法规定的范围。"①最终,斯坦福大学采取了冈瑟的观点和建议。大卫·罗森博格认为,"禁止在大学校园内发表仇恨言论违反了美国宪法第一修正案,并且破坏了大学的生命力所赖以存在的言论自由的氛围"②。史托森认为,对待校园仇恨言论的方法是增加言论而不是减少言论,这样做才更符合宪法第一修正案的原则,并且能够更加有效地推进平等。史托森建议通过如下几种方式来实现这一目标:第一,所有的政府机构及大学官员应当谴责宣扬不平等思想的做法,并且要确定不移地肯定平等原则和相互尊重原则;第二,大学应当鼓励自愿克制仇恨言论,并提供教育以促进不同群体之间的相互了解;第三,建议对违反"文明规范"的个人进行辅导;第四,促进大学主办的公共论坛的举办,从而使与种族有关的争议问题和意见可以用坦诚而有建设性的方式进行讨论;第五,建议大学鼓励学生参与介绍不同于自己的种族、民族的文化和传统的课程③。

与上述学者的观点相反,理查德·德尔加多、松田真理、查尔斯·劳伦斯等学者认为校园仇恨言论加剧了社会中的不平等和等级关系,因此主张限制校园仇恨言论。

德尔加多认为,仇恨言论实质上是一种侮辱他人的表达方式,是构成故意给他人造成精神伤害的侵权行为④,这一观点鼓舞了早期校园仇恨言论法律

---

①　Gerald Gunther, Good Speech Bad Speech: Should Universities Restrict Expression that Is Racist or Otherwise Denigrating, *Stanford Lawyer*, Vol. 24, 1990, p. 4. Letter from Gerald Gunther to George Parker, chair of the Student Conduct Legislative Council, Stanford University (Mar. 10, 1989), reprinted in Stanford Univ. Campus Rep., Mar. 15, 1989, p. 17.

②　David Rosenberg, Note, Racist Speech, The First Amendment, and Public Universities: Taking a Stand on Neutrality, *Cornell Law Review*, Vol. 6, 1991, p. 549.

③　有些学校如明尼苏达大学、蒙特霍里约克学院和塔夫茨大学已经出现符合类似要求的做法。Nadine Strossen, Regulating Racist Speech on Campus: A Modest Proposal, *Duke Law Journal*, Vol. 1990, 1990, p. 562, 563, 564.

④　理查德·德尔加多是力主威斯康星大学制定仇恨言论规则的主要学者之一。Richard Delgado, Words That Wound: A Tort Action For Racial Insults, Epithets, and NameCalling, *Harvard Civil Rights-Croillliberties Law Review*, Vol. 17, 1982, p. 133. Richard Delgado, Campus Antiracism Rules: Constitutional Narratives in Collision, *Northwestern University Law Review*, Vol. 85. 1991. p. 343. UWM Post, Inc. v. Board of Regents, 774 F. Supp. 1163, 1165 (E. D. Wis. 1991).

规则运动。松田真里在德尔加多观点的基础上更进一步指出,仇恨言论对受害者造成了严重的伤害,依据国际人权法制裁种族仇恨信息的相关规定,例如依据《消除一切形式种族歧视国际公约》第4条禁止宣扬煽动种族仇恨思想的规定,应当对种族主义言论进行刑事和行政制裁。① 劳伦斯主张对校园内的仇恨言论予以监管,并指出种族主义不仅表现在言论上,还表现在行动上。白人至上主义(white supremacy)是所有种族主义行为的核心,非白人人种的个人的自由由于种族主义言论受到了限制,因此白人通过种族主义言论实现了对非白人群体的自由的制约。劳伦斯认为,民众所具有的思想的自由传播的利益并不是完全绝对的,宪法第一修正案对言论自由的保护最初并没有延伸到对黑人的保护上来。那些反对限制种族主义言论的人,对宪法第一修正案的理解并没有充分考虑到那些遭受种族主义言论伤害的受害者的感受,"民主自由主义者(civil libertarians)并未体会到种族主义言论带来伤害的性质之恶劣与范围之广泛"②。此外,关于"思想自由市场"的概念,劳伦斯指出,出于种族主义动机发表的言论完全可以视为是这一市场的失灵。他指出,其问题在于由于种族优劣思想的影响,思想的自由市场的运作存在巨大的缺陷。种族主义潜意识地导致非白人人种处于劣势地位,且这种潜意识也致使其他思想无力与之抗衡。无论关于非白人人种的积极主张具有怎样的价值,它们在这样一个堕落的市场里都毫不畅销。劳伦斯认为在通俗的"攻击性"言论的环境中,用言论来对抗言论没有任何效用。一方面,攻击性的种族主义言论经常产生令人震惊、恐惧和愤怒的情绪,这往往使听众无法用言语进行还击;另一方面,言语上的还击往往被认为并不足以对抗这样亵渎人的尊严的言论,这些言语攻击是一种设计用来压制和剥夺受害者人性的"先入为主"的攻击。③

① Mari J. Matsuda, Public Response to Racist Speech: Considering the Victim's Story, *Michigan Law Review*, Vol. 87, 1989, p. 2321, 2326~2348.
② Charles R. Lawrence Ⅲ, If He Hollers Let Him Go: Regulating Racist Speech on Campus, *Duke Law Journal*, Vol. 1990, 1990, p. 456.
③ Charles R. Lawrence Ⅲ, If He Hollers Let Him Go: Regulating Racist Speech on Campus, *Duke Law Journal*, Vol. 1990, 1990, p. 452.

(四)我国学术界关于仇恨言论法律规制的研究

仇恨言论虽然存在于所有的国家之中,但是对这种言论类型进行学术研究并展开法律规制却以西方国家为代表。美国和德国等国家对仇恨言论这一问题进行了深入的探讨和研究。相较于这些国家,我国对仇恨言论法律规制的研究可谓处于相对空白的阶段,只是近几年来随着国内对言论自由问题研究的逐步增多,仇恨言论这一问题方获得了一定的关注。

对言论自由问题,国内的法学界、政治学界和新闻传播学界进行了相对深入的探讨,产生了较多研究成果:在论著方面,有甄树青先生的《论表达自由》、莫纪宏先生的《表达自由及其限制》、王四新先生的《表达自由原理与应用》、邱小平先生的《表达自由——美国宪法第一修正案研究》、侯健先生的《表达自由的法理》、陈欣新先生的《表达自由的法律保障》、王锋先生的《表达自由及其界限》、高中先生的《国家安全与表达自由比较研究》等①;除此之外,国内研究言论自由的博士论文也渐次增多,有复旦大学吴飞博士的《法意下的表达自由——兼论各国传媒政策的变革》、复旦大学李兆丰博士的《英美传统下的表达自由发展路径研究》、武汉大学唐煜枫博士的《论言论自由的刑罚限度》、南京大学赵娟博士的《商业言论的自由与规制》、中国人民大学牛文展博士的《论表达自由的宪法保障:一种规范的模式研究》、华东政法学院马聪博士的《霍姆斯现实主义法学思想研究》、中共中央党校曾白凌博士的《网络政治表达的法律规制》、福建师范大学郑仁荣博士的《论诽谤》、中国社会科学院黄惟勤博士的《论网络表达自由》、华中科技大学崔明伍博士的《欧洲人权法院表达自由判

---

① 甄树青:《论表达自由》,社会科学文献出版社 2000 年版;莫纪宏:《表达自由的法律界限》,中国人民公安大学出版社 1998 年版;王四新:《表达自由原理与应用》,中国传媒大学出版社 2008 年版;邱小平:《表达自由——美国宪法第一修正案研究》,北京大学出版社 2004 年版;侯健:《表达自由的法理》,上海三联书店 2008 年版;陈欣新:《表达自由的法律保障》,中国社会科学出版社 2003 年版;王锋:《表达自由及其界限》,社会科学文献出版社 2006 年版;高中:《国家安全与表达自由比较研究》,法律出版社 2008 年版。

例研究》等①。虽然国内对言论自由的研究日益多元和厚重，但与西方各国汗牛充栋的研究成果相较而言，我们的研究仅仅只是起步，远不能说深入和成熟。言论自由的研究尚处于如此状态，对仇恨言论法律规制的研究就更是付之阙如了。虽然许多学者在研究言论自由的过程中对仇恨言论略有提及，但多是一鳞半爪，或者只是在书中惊鸿一现，并没有就仇恨言论的法律规制进行专门的论述和深入的研究。台湾学者李鸿禧先生、荆知仁先生、林子仪先生、林世宗先生等在研究言论自由时曾对仇恨言论有所提及，大陆学者张千帆先生、秦前红先生、欧爱民先生、莫纪宏先生、甄树青先生、邱小平先生等虽然在言论自由方面著述颇丰，但也是将仇恨言论置于言论自由的一般学理研究范围内进行的研究。由此而言，学术界目前对仇恨言论这一特殊言论类型的探讨尚未深入其内理，且未对此进行系统的梳理。本书选定仇恨言论的法律规制作为研究主题，寄希望于为填补我国学术界对仇恨言论法律规制这一问题的研究空白抛砖引玉。此外，本书也希望对仇恨言论法律规制的研究能够为"言论自由的限制"这一问题提供一个可供借鉴的示例，以便推动对言论自由的研究的进一步发展。

三、本书的架构

本书的架构主要包括如下几个方面：一是本书的研究进路，主要言及基于上文所述问题意识本书将如何展开对这一主题的研究；二是本书的研究立场，

---

①　吴飞：《法意下的表达自由——兼论各国传媒政策的变革》，复旦大学 2003 年博士学位论文；李兆丰：《英美传统下的表达自由发展路径研究》，复旦大学 2004 年博士学位论文；唐煜枫：《论言论自由的刑罚限度》，武汉大学 2006 年博士学位论文；赵娟：《商业言论的自由与规制》，南京大学 2006 年博士学位论文；牛文展：《论表达自由的宪法保障：一种规范的模式研究》，中国人民大学 2007 年博士学位论文；马聪：《霍姆斯现实主义法学思想研究》，华东政法大学 2007 年博士学位论文；曾白凌：《网络政治表达的法律规制》，中共中央党校 2009 年博士学位论文；郑仁荣：《论诽谤》，福建师范大学 2009 年博士学位论文；黄惟勤：《论网络表达自由》，中国社会科学院 2010 年博士学位论文；崔明伍：《欧洲人权法院表达自由判例研究》，华中科技大学 2010 年博士学位论文。

主要说的是本书基于何种整体观进行研究；三是本书的章节安排，主要是把本书的具体内容安排予以介绍。

(一)研究进路

仇恨言论主要具有两种属性：一是自由性，即言论是自由的，作为言论类型之一的仇恨言论也可能具有自由的属性；二是伤害性，即仇恨言论传播的仇恨，既侵害了言论对象的尊严，也破坏了社会中群体之间的平等，并构成对社会秩序的挑战和威胁，因此仇恨言论也具有伤害的属性。以仇恨言论的自由性和伤害性为基础，仇恨言论的法律规制就出现了两种进路：一是基于自由的仇恨言论法律规制进路，即在仇恨言论的法律规制中主要看重仇恨言论的自由属性，对其进行的法律规制不管是理念还是措施都是以保证其自由表达和交流为目的的。该进路以美国为代表，主张宽容仇恨言论，为了保护言论自由，宁愿忍受仇恨言论带来的伤害。二是基于尊严的仇恨言论法律规制进路，即在仇恨言论法律规制中主要着眼于仇恨言论的伤害属性，对其进行的法律规制不管是理念还是手段均以保证人的尊严和平等为目的。该进路以德国为代表，主张限制仇恨言论，为了保障人的尊严，他们愿意在言论自由方面作出必要的牺牲。不同国家对仇恨言论属性的关注点取决于该国对宪法价值的认识，其侧重点不同也就区分出仇恨言论法律规制的不同态度。总体来说，侧重自由价值的规制进路比较倾向于宽容仇恨言论，而关注尊严价值的规制进路更加倾向于对仇恨言论进行限制。若我们把各国对仇恨言论法律规制的态度视为一条线段，宽容和限制为这条线段的两个端点，那么我们可以说美国进路和德国进路最为靠近这两个端点。美国侧重自由，因此靠近宽容这一端；德国侧重尊严，因此更加靠近限制的另一端。除美国和德国之外的其他国家，主要是分布于宽容和限制的两个端点之间的线段上，或者靠近美国，或者靠近德国，但总体而言呈现向德国靠近而又与其保持一定距离的趋势。因此，我们可以大体上划分出三种不同的仇恨言论的法律规制进路：一是美国进路，这是基于自由的进路的代表，主要源于美国社会中对言论自由的推崇，为了言论的自由发表，他们宁愿忍受仇恨言论的伤害；二是德国进路，这是基于尊严的进路的典范，主要源于德国的宪政特色和历史背景的影响，为了保障人的尊严这一至高无上的价值的实现，他们也愿意在言论自由方面作出必要的牺牲，以便达成一个相对文明的社会秩序;三是融合性进路,即试图调和自由价值和尊严价值之间的矛盾,在美国进路和德国进路之间走出一条折衷进路,即保障言论自由但允许对仇恨言论进行有限限制的融合性进路。本书在详细研究美国进路和德国进路的基础之上所欲得之结论,即融合性进路的提出是符合言论自由这一基本权利实现的最低限度的规制进路,也是世界上绝大多数国家对仇恨言论进行法律规制所努力追求的理想进路。

(二)研究立场

本书研究和写作的立场主要围绕以下三个方面展开:作为"母体"的言论自由、以自由主义为基础的言论自由和言论自由的法律规制。

1.作为"母体"的言论自由,即本书对仇恨言论的研究是从言论自由这一"母体"进行切入的。仇恨言论所具有的正、负价值融合于一体,它既是一种言论,同时又表达仇恨,因此对仇恨言论进行的研究有两个切入点:一是"言论",二是"仇恨"。本书的研究主要从言论自由入手,对仇恨言论的理论基础的研究和仇恨言论法律规制进路的研究皆依托于言论自由的理论资源而展开。

2.以自由主义为基础的言论自由。本书对仇恨言论进行的研究并没有跳出言论自由的范畴,而是在此范畴之内进行了讨论和论证。本书对种族法学派的观点和女权主义法学派的观点仅是有限度的借鉴,在对仇恨言论的理论基础进行论述时,主要依托的是自由主义的伤害原则。

3.言论自由的法律规制,即本书中仇恨言论的法律规制是从规制言论自由的视角展开的。因为虽然同是对仇恨言论进行研究,基于言论规制的视角与言论自由的视角是大相径庭的,或者说是正好相对的。在言论自由的视角上,言论自由的扩大和纵深是一种"善"的价值取向;但在言论规制的立场上,言论受到规制方是"善"的价值,而对言论自由的过度保护毋宁说是一种"恶"的表现。因此,言论自由是必要的,但须警惕过犹不及,以掌握必要的限度。

(三)章节安排

除却导论和结语外,本书主要包括五章:第一章主要是对仇恨言论进行界定,仇恨言论的界定是本书研究的前提。在研究仇恨言论的法律规制之前,我们必须先行廓清什么是仇恨言论,并把仇恨言论与其他类型的言论区分开来,如此方能展开下一步的研究。第二章主要是研究仇恨言论法律规制的理论基础,这是深入研究仇恨言论法律规制的必备要素。只有从理论上廓清仇恨言论的纠结问题及其价值指向,我们方能清楚仇恨言论法律规制这一问题的理论意义所指,主要包括两个方面的内容:一是宽容仇恨言论的理由,仇恨言论作为言论的一种形式可能具有言论自由的一般价值,这是仇恨言论可能受到宽容的主要原因;二是限制仇恨言论的伤害原则,仇恨言论容易造成巨大伤害,故而即使是一种言论形式也不能具有绝对的自由,因此仇恨言论理应受到法律的限制。第三章和第四章主要是对仇恨言论法律规制的代表进路进行的研究,这是对仇恨言论法律规制这一问题的具体展开和深入描述。依据对仇恨言论法律规制保护价值的侧重点不同,我们界分出了仇恨言论法律规制的美国进路(即基于自由的进路)和仇恨言论法律规制的德国进路(即基于尊严的进路)。通过对这两种进路的比较研究,我们可以更为清楚明了地理解仇恨言论法律规制这一问题的实质之所在。第五章主要是提出了仇恨言论法律规制的融合性进路,这是在美、德比较的基础上,提出了仇恨言论法律规制的共通基础和要素。

第一章

仇恨言论的界定

　　对仇恨言论,无论是对其持宽容的态度,还是持限制的态度,一个必要的前提是对它的内涵进行有效的界定。因为如果我们无法对仇恨言论进行有效的界定,那么对仇恨言论的性质、本质及效果的认识也就有可能产生模棱两可的争议,因此对仇恨言论进行的界定是首先需要解决的问题,并且只有对仇恨言论有了清楚的界定也才有可能判断关于仇恨言论的理论的充分性与完整性。本章的主要内容就是要对仇恨言论进行界定。在界定仇恨言论之前,需要明确的一个问题是界定的倾向性。在各种不同类型的仇恨言论中,无论是种族仇恨言论、地域仇恨言论,还是性别仇恨言论、宗教仇恨言论,都与公众的日常生活息息相关,因此在对仇恨言论进行界定的过程中也就无法完全把主观倾向性因素排除在外。虽然如此,但在对仇恨言论进行界定时,我们还是需要尽量秉持客观中立的态度,因为"仇恨言论虽然会产生许多消极后果,但这些消极后果却不是自仇恨言论的界定中得出的"[1]。客观中立的界定是深入研究仇恨言论的前提,否则"如果将含有支持或反对仇恨言论正当性的概念作为前见注入仇恨言论的界定中,那么非但不能将仇恨言论的理论问题廓清,反而会引发更多的混乱"[2]。为了清晰地对仇恨言论进行界定,本书尽量秉持客观中立的态度从以下三个方面对这一问题进行分析:首先,是对仇恨言论研究的历史脉络进行考察;其次,是在已有学者研究的基础上,对仇恨言论的要素

---

　　[1]　J. Anglo Corlett & Robert Francescotti, Foundations of a Theory of Hate Speech,*Wayne Law Review*, Vol. 48,2002,p. 1081.

　　[2]　J. Anglo Corlett & Robert Francescotti, Foundations of a Theory of Hate Speech, *Wayne Law Review*, Vol. 48,2002,p. 1080.

进行细致的分析；最后，是对仇恨言论及其相关的概念进行必要的界分。

一、仇恨言论研究的历史脉络

对仇恨言论的界定并不是一成不变的，随着历史车轮的推移，其范围界定的中心词在不停地变换，人们在不同时期往往用不同的术语来表述仇恨言论所指称的特定内涵。沿着历史的脉络对仇恨言论进行梳理，我们可以看到，仇恨言论的这种变迁是与若干特定术语密切相关的。美国社会中的这种演变最为典型和清晰，本书以美国为例对仇恨言论的历史脉络进行介绍和分析。在20世纪20年代和30年代，仇恨言论大多被称作"种族仇恨"，之所以如此，主要源于当时的社会背景，即在世界范围内以纳粹为代表的极端种族组织日渐猖獗，而其典型代表——纳粹党，从默默无闻一跃崛起并迅速取得政权，由此就出现了应该如何对待这些极端种族组织的问题。至20世纪40年代，仇恨言论的外延开始渐次迁移，逐渐被称为"群体诽谤"（group libel）。这一称谓的背后所反映出的法律问题是诽谤法是否应当像适用于保护个人一样扩大到保护群体。二战期间，美国学者大卫·里斯曼（David Riesman）曾著文主张应当制定相关的群体诽谤法，其目的在于维护宪政国家的基础和民主政治的运作。[①] 尽管学术界对仇恨言论这一问题有讨论，但就整体而言这一时期有关仇恨言论的研究成果并不多，对仇恨言论的界定也主要是将其定位于"反民主"的言论或者是"种族"仇恨言论的基础之上。

美国学术界对仇恨言论这一问题进行的广泛讨论始于20世纪80年代。这一时期种族批判法学派、批判法学派和女权主义法学派等相继出现，在法律层面上对仇恨言论问题进行了诸多探讨。其中最为重要的贡献是把平等权的

---

① David Riesman, Democracy and Defamation: Control of Group Libel, *Columbia Law Review*, Vol. 42, 1942, p. 727. David Riesman, Democracy and Defamation: Fair Game and Fair Comment I, *Columbia Law Review*, Vol. 42, 1942, p. 1085. David Riesman, Democracy and Defamation: Fair Game and Fair Comment II, *Columbia Law Review*, Vol. 42, 1942, p. 1282.

观念引入仇恨言论的研究中,学者们认为:"仇恨言论反映和巩固了优势群体背后的群体不平等关系,国家对相关仇恨言论的放任,则是违反了宪法第十三条和第十四条宪法修正案对群体平等的承诺。"[①]这一时期许多公立大学制定的校园言论规则将仇恨言论的外延范围继续扩大,将包括性别、年龄、性取向、婚姻状况、身体能力在内的许多要素纳入仇恨言论的议题范围之内。以人权观察组织(Human Rights Watch)的观点为代表,学术界普遍将仇恨言论界定为"针对种族、民族、宗教群体、妇女和其他少数群体进行的含有冒犯意味的任何表达方式"[②]。

虽然学术界对仇恨言论的概念有着相对一致的认识,但是在进行具体的法律界定时,不同的学者却有着不同的侧重点和强调要素。例如苏珊·布里森(Susan Brison)将仇恨言论界定为"基于民族、性别、种族、宗教和性取向等特征对个人或群体进行的诽谤或中伤,这种诽谤符合下述条件:可能构成当面的诽谤;可能创设对他人构成敌意或威胁的环境;也可能是一种群体诽谤"[③]。布里森所界定的这三个条件是相互平行的,仇恨言论的构成只需要满足其中任一条件即可。由布里森对仇恨言论的界定可知,其界定的仇恨言论的落脚点在于诽谤和中伤,而其对仇恨言论外延的界定包括民族、性别、种族、宗教和性取向等议题范围。德尔加多与斯特凡将仇恨言论界定为:"关于种族的诽谤、绰号或其他刺耳的语言,其目的在于伤害他人或群体,或将该他人或群体边缘化,除此之外别无他意。"[④]这两位学者对仇恨言论的法律界定,除了突出仇恨言论的表达方式外,还强调了仇恨言论的表达目的和意图,即"伤害并使之边缘化",这是他们概念界定的重要特色。塞缪尔·沃克(Samuel Walker)把仇恨言论定义为:"对种族、宗教族群、国籍等群体具有侵犯性的任何形式的

---

① Mari J. Matsuda, Charles R. Lawrence III, Richard Delgado, Kimberle Williams Crenshaw, *Words That Wound*: *Critical Race Theory*, *Assaultive Speech*, *and the First Amendment*, Westview Press, 1993.

② Human Rights Watch, Hate Speech and Freedom of Expression: A Human Rights Watch Policy Paper, *Human Rights Watch*, 1992, p.7.

③ Susan J. Brison, The Autonomy Defense of Free Speech, *Ethics*, Vol. 108, 1998, p.313.

④ Richard Delgado & Jean Stefancic, *Critical Race Theory*: *An Introduction*, New York Urioersity Press, 2001, p.147.

表意。"①与之相类似,沙利文与冈瑟也把仇恨言论定义为:"对种族、宗教或其他历史上弱势团体具有伤害性与侵犯性的言论。"②对仇恨言论的这两种界定,主要突出了仇恨言论的主要特征,即侵犯性和伤害性,从而将任何基于议题范围的侵犯性和伤害性的言论皆纳入仇恨言论的范畴之内。罗德尼·斯莫拉(Rodney Smolla)将仇恨言论称为"基于种族、宗教和性取向使用语言进行攻击的言论的通称"③。那些因为种族、性取向和性别等特征而对某些个人或群体进行贬低的言论,也通常被视为仇恨言论。这些对仇恨言论的界定一是强调了仇恨言论的指向对象,即以种族、民族、性别、宗教等身份特征确定仇恨言论的攻击目标;二是强调了仇恨表达者的意图,即发表言论的目的在于攻击和贬低。通过考察,我们发现,对仇恨言论的界定通常强调仇恨言论的表达方式、指向对象、表达意图以及伤害性后果这几个方面的内容。

二、仇恨言论的要素

上文主要是对仇恨言论的历史脉络进行的考察,为了更为准确地把握仇恨言论的内涵,还需要对仇恨言论的要素进行更加细致与谨慎的分析。不同的学者由于自己的利益和兴趣所在,对其中不同的要素予以程度不一的强调。例如,致力于寻求种族平等的学者可能更加关注针对种族这一问题的仇恨言论,从而也就更为强调仇恨言论的伤害性后果;犹太裔学者可能对否认纳粹大屠杀的仇恨言论更为敏感,从而也就更为强调仇恨言论的表达意图。综合不同学者对仇恨言论概念的界定,本书认为仇恨言论的构成要素主要包括以下几项内容,分别是表达的方式、指向的对象、表达的意图和伤害性后果。

---

① Samuel Walker, *Hate Speech: The History of an American Controversy*, University of Nebraska Press, 1999, p. 162, 163.

② Kathleen Sullivan & Gerald Gunther, *First Amendment Law*, 2nd ed. Foundation press, 2003, p. 91.

③ Rodney Smolla, *Free Speech in an Open Society*, Knopf, 1992, p. 152.

(一)表达的方式

仇恨言论的表达方式指的是仇恨言论通过何种方式进行交流与传播,是判断这种言论是否具有合法性的一项重要依据。林子仪先生将言论自由界定为:"每一个人可以无拘无束地把其内心中所想,以各种形式,不受任何拘束地表达于外,并为他人所知晓的一种状态。其可能只是单纯地表达或传递其内心所想给他人,也可能是进一步地与他人沟通或交换意见。"①简言之,言论自由就是将自己心中的想法表达于外的一种自由。行为是否具有"表达性",即该行为是否表示和传达特定的信息就成为判断这种表达性行为是否构成言论的重要依据。因此,"仇恨的表达行为"也可看作是仇恨言论。仇恨的表达行为包括口头语言和书面语言是无可疑义的,但是对没有文字的图画是否也包括在内?于此,我们可以从对斯坦福大学"贝多芬"案例的分析中得出结论。在斯坦福大学的一次聚会中,关于贝多芬是否是非洲后裔这一问题,两个白人学生和一个黑人学生发生了激烈的争论:黑人学生认为贝多芬是非洲后裔,而白人学生对此则坚决否认。第二天,在这个黑人学生的宿舍门上发现了丑化贝多芬的海报,海报中的贝多芬被添加了诸多黑人的特征,如狂野的卷发、厚厚的嘴唇和通红的眼睛等。② 虽然在这一海报中并没有出现任何的文字,但是法院仍然判定其构成种族仇恨言论,其原因就在于该海报表达和传递了一定的种族仇恨信息,从而是一种典型传递仇恨的表达性行为。

由这一典型案例可知仇恨言论的表达方式并不仅限于一般传统上所理解的口头语言和书面文字,还包括绘画的形式,即表达和传递一定仇恨信息的图画也属于仇恨言论的范畴。对仇恨言论表达方式的界定如此,则对行为(conduct)该如何认定?一般而言,"言论所受到的法律保障要高于单纯的行为,国家法律可以管制公民身体间的冲突,但却不能干扰公民内心的心灵活动"③。

---

① 林子仪:《言论自由导论》,载李鸿禧等《台湾"宪法"之纵剖横切》,台湾元照出版公司 2002 年版,第 103、107 页。

② Kathleen M. Sullivan, Resurrecting Free Speech, *Fordham Law Review*, Vol. 63, 1995, p. 971,976.

③ R. A. V. v. City of St. Paul, 505 U. S. 379(1992).

这里所说的行为主要是纯粹的行为,并不包括表达行为在内,那么对表达和传递一定仇恨信息的表达行为该如何处理,它们是否也属于仇恨言论的范畴?我们在美国法的背景下,以明尼苏达州圣保罗市的反仇恨法令为例进行分析。圣保罗市的反仇恨法令规定:"任何人在公共或私人财产范围内放置任何包括但不仅限于燃烧的十字架或纳粹标志的象征、物品、名称、特征或涂鸦,并且是在了解或在合理的情况下了解这样的行为会引起别人因其(指别人)种族、肤色、意念、宗教或性别而愤怒、惊慌或憎恨就是妨害治安的行为或构成行为不当罪。"①从美国联邦最高法院的判决中可以看出,这项法令所界定的仇恨言论不仅把通常言论所包括的语言、文字和图画形式包含在内,而除此以外的行为,只要表达了仇恨的信息也是仇恨言论。在美国司法实践中,宪法上的言论可以被分为纯粹言论(pure speech)和象征性言论(symbolic speech)。所谓纯粹言论,"是以口头或书面语言表达意见的行为"②。而所谓象征性言论,是纯粹言论的对称,又被称为表意行为(expressive conduct),是对某一问题表达思想或意见的行为,兼有"言论"与"行为"的双重性质,位于"纯粹性言论"(pure speech)和"纯粹性行为"(pure conduct)之间,具体而言,它是指"以象征性的符号或行动来表达思想、观念、主张、态度的一种言论类型"③,即带有"言论成分"的"表达行为"④。例如,在"美国诉奥布莱恩案"(United States v. O'Brein)中,法院认为奥布莱恩毁灭征兵登记卡的行为构成一种言论。⑤在"廷克诉德摩恩独立教区案"(Tinker v. DesMoines School District)中,法院也认定廷克佩戴黑纱是为了展示他对越战的不满以及停战的倡议,并通过这种方

---

① R. A. V. v. City of St. Paul, 505 U. S. 379(1992).需要注意的是,虽然圣保罗市的反仇恨法令最后被联邦最高法院裁定无效,但这种无效的结论是基于言论的内容作出的,即禁止次级歧视,而与言论的载体形式无关,因此就言论的载体形式而言,圣保罗市的反仇恨法令仍是一个适格的例子。

② 温辉:《什么是言论——〈宪法〉第35条的一种论理解释》,载《国家检察官学院学报》2004年第3期。

③ 欧爱民:《破译宪法的实践密码——基本理论·分析方法·个案考量》,法律出版社2006年版,第196页。

④ 把行为当做人类的意念表达和自我实现的基本方式,这类行为被称为"表达式行为"。张千帆:《西方宪政体系(上册·美国宪法)》,中国政法大学出版社2000年版,第381页。

⑤ United States v. O'Brein, 91 U. S. 367(1968).

式让其他人知道他的观点,因此廷克的行为并没有超越美国宪法第一修正案之言论自由条款的规制范围。① 对象征性行为,要判断什么样的行为是受宪法保护的,首先要做的是界定清楚什么样的行为属于美国宪法第一修正案规定的言论自由的范围。根据 1974 年"斯彭斯诉华盛顿州案"(Spence v. Washington)中联邦最高法院的观点,判断某行为是否构成美国宪法第一修正案保护的言论自由的范围须根据该行为发生时的具体环境来识别该行为是否符合以下两个条件的要求:其一,"是否存在着一种传递某种信息的意图";其二,"所传递的信息是否能被他人接收和了解"。②

通过以上对仇恨言论表达方式的分析,本书认为仇恨言论是以语言、图画和象征性行为等针对某些群体或个人群体身份表达的极度反感的言论类型,其表达方式不仅包括口头语言和书面文字,还包括绘画的形式;不仅包括纯粹的言论,还包括象征性言论。在这一形式要件的基础之上要想进一步明确仇恨言论的内涵,我们还需要对仇恨言论的另一要素——仇恨言论的指向对象进行界分。

(二)指向的对象

仇恨言论的指向对象指的是仇恨言论所中伤和诽谤的目标。关于仇恨言论的对象要素,首先需要解决的问题是:所有的仇恨言论都有其言说的对象,对对象群体而言,这一言论是一种仇恨言论,而对其他群体而言,就不是一种仇恨言论了。例如,一群人相互交流一个关于河南人的笑话,这则笑话对其中的河南人而言,可能是一种仇恨言论,而对河南人之外的其他地域的人而言,它可能仅仅只是一个笑话,而不是仇恨言论。再如,一群新纳粹分子在犹太人社区内进行公开演讲时,对居住于此地的犹太人而言,这是一种挑战和威胁,对他们而言是赤裸裸的仇恨言论,而对于其他人而言,这些言论可能仅仅是一种政治信仰的表达。

其次,在仇恨言论的指向对象方面,还需注意的是,是否需要对象在场,方能构成仇恨言论。比如一个白人至上主义者,面对着一片无人的沙漠高喊:

---

① Tinker v. DesMoines School District,393 U. S. 503(1969).

② Spence v. Washington,418 U. S. 405 (1974).

"让所有的黑鬼滚回非洲吧。"那么在这种情形下,这种言论是否构成仇恨言论? 答案应当是无可疑义的肯定,因为仇恨言论的实质就在于表达仇恨,至于听众在场与否就无关紧要了。同样与此相关的是,虽然对象在场,但是当对象没有听清或者明白仇恨言论发言者所发表仇恨言论的意思时,这种言论是否算是仇恨言论? 答案当然也是肯定的了,于此下文将进行详尽的论述。

在仇恨言论的对象要素方面还存在着一项重要的区别,即针对他人的仇恨言论和针对自己的仇恨言论。针对他人表达和传递仇恨的言论构成仇恨言论无疑,如白人中伤黑人;而针对自己群体所表达和传递仇恨的言论是否构成仇恨言论就需要细致地分析了,例如特定场合下黑人自我嘲讽地说自己是"黑鬼"。对这种情形,通常称之为自我仇恨(self-hatred)的表达。由于自我仇恨的表达也在表示和传递着仇恨言论,同样也会造成包括自己在内的所在群体的伤害,因此自我仇恨的表达也应当是一种仇恨言论,只是这种仇恨言论的发表者具有一定的特殊身份。这种情形的发生,无论是发言者的有意还是无意,它们都与社会中的优势和劣势群体的情形相关。例如,在西方尤其是美国社会中,许多黑人称白人为白鬼,但是白人却很少这样称呼自己,其原因就在于作为社会中优势群体的白人对这一称呼并不认同。德尔加多先生曾言:"很少有单独针对白人的仇恨言论,即便有,通常也仅称他们为'白鬼'。而在美国社会的权力结构下,白鬼的称呼与其说是对白人的贬损和讥讽,不如说是尊称。这个称呼与'黑鬼'的绰号是完全不同的,因为多数情况下'黑鬼'是与'滚回非洲去'相关联的一种含义。"[1]

在解决了上述三个问题后,我们对仇恨言论的指向对象可以进行一定的分类了。一般而言,仇恨言论的对象既包括个人也包括群体。仇恨言论的发表者既可能是个人也可能是群体,由此以仇恨言论的对象和发言者为标准,就可以区分出四种情况:其一,个人针对个人的仇恨言论,例如某个胡图族人称某个图西族人"你就是个蟑螂,你们图西族应早早地被消灭";其二,个人针对某个群体的仇恨言论,例如某个白人至上主义者对示威游行的黑人群体骂道"该死的黑鬼们,回到你们祖先来的那个黑非洲吧";其三,某个群体针对个人

① Richard Delgado & David Yun, The Neoconservative Case Against Hatespeech Regulationlively, D'Souza, Gates, Carter, and the Toughlove Crowd, *Vanderbilt Law Review*, Vol. 47,1994,p. 1807.

的仇恨言论,例如一群小男孩围住一个孤独的小女孩,并对她进行嘲弄和讽刺,"我爸爸说,女孩都是赔钱货①,你也是赔钱货,哈哈";其四,群体针对群体的仇恨言论,例如三 K 党和新纳粹团体针对非裔美国人、印第安人、犹太裔美国人、拉丁裔美国人或亚裔美国人群体所发表的种族主义言论。

虽然我们对仇恨言论区分了上述四种情况,但是我们不能忘记的是仇恨言论选定指向对象所依据的是群体的身份特征,即仇恨言论发言者是基于何种身份特征对某一群体进行中伤和诽谤的。身份特征往往被称为"身份政治"(identity politics),即"因一种政见而使一个人与另一个人给予一定的特征,如种族、性别、宗教和性取向等因素而共同成为某团体的成员"②。例如,种族仇恨言论往往针对的是人的肤色、发色等身体特征,"黑鬼"(nigger)即是典型例证;而性别仇恨言论所针对的则是人的性别这一身份特征,"赔钱货"也是典型的例证。

关于身份特征的上述表述看似明白无误,但是仍然存在着亟待解决的问题。我们可以举一个例子予以说明。如我们所知,山东泰山队的球迷与上海申花队的球迷分属两个不同的群体,虽然这两个群体无法做到泾渭分明,但是大致上的界分还是可以做到的。若上海申花队的球迷说:"山东泰山队球迷的脑子都让驴踢了,竟然支持泰山队那样垃圾的球队!"而泰山队的球迷则言:"申花队的球迷都是骗子,因为申花队本身就是一只总打假球的球队。"那么,这两个不同的群体间所发表的这种带有一定仇恨信息的言论是否属于仇恨言论?泰山队与申花队所共属的"球队"这一概念是否构成仇恨言论的一个身份特征?把这些问题推而广之,其背后的主要问题就是,有关仇恨言论的身份特征是如何界分的,是通过何种标准进行界分的。下面我们将尝试对这两个问题进行解答。

对仇恨言论议题的界分,第一个必要的前提是,这种仇恨言论必须是针对受害群体的某种身份特征而为的中伤和诽谤。那么何谓仇恨言论受害群体的身份特征?通常认为,仇恨言论受害群体的身份特征最典型的例子是种族、民

---

① 旧俗重男轻女,女子在社会上不能自营生活,而遭嫁则需要资妆,因称女子曰"赔钱货"。舒新城等:《辞海》,上海中华书局1947年版,第1278页。

② [美]詹姆斯·B.雅各布、吉姆伯利·波特:《仇恨犯罪:刑法与身份政治》,王秀梅译,北京大学出版社2010年版,第4页。

族、宗教、性别等特征。因此,我们说身份特征主要指的是个人因为某些特征而隶属于某种群体的成员资格,某个群体里的成员彼此间皆共有这一特征。仇恨言论议题界分的第二个必要前提是,仇恨言论所针对的受害群体的身份特征具有高度可识别性。所谓高度可识别性,是指受害群体的这一身份特征必须具有一定程度的明显性,并借由这种明显性而使依据该身份特征形成的群体在社会上具有高度的识别性。某个人具有此方面的身份特征即被划入某一群体,另一人由于不具有此方面的身份特征就不会被划入这一群体,据此,我们就会出现依据若干不同身份特征而划分的群体。例如因为某个人信仰天主教,那么据此特征将其归类为天主教徒;某个人是黑人拥有黑色皮肤,据此特征将其归类为黑人。这些身份特征具有一定程度的明显性,并且个人的身份特征与其所属群体具有紧密的联结,因此针对这一身份特征对个人的攻击,同时也就是对具有这一身份特征的群体的攻击。上文中泰山队球迷和申花队球迷之间的区分可以称为是依据身份特征进行的区分,由此而言,虽然我们通常把界定仇恨言论的身份特征界定为种族、民族、性别和国籍等,但是实质上身份特征是包括任何群体的任何独特的身份特征在内的。由此而言,与仇恨言论相关的身份特征的范围就包含甚广了,下文主要将分别对其进行分析:

1. 与识别某一群体显著相关的身份特征,且这些身份特征通常是天然形成的,而非后天个人可以选择和改变的,这些特征主要包括种族、民族、国籍等。也许有人会有疑义,"国籍不是后天可以选择的吗?"确实,国籍是可以后天选择的,但是这里所说的国籍是站在某个人的出生与成长的意义上而言的,即某个人出生具有的国籍,就他自己而言,往往是无法选择的。比如甲出生并成长在中国,因为他的父母就是中国的公民且在中国工作和生活,这就不是作为未成年人的他所能选择的了,即便他上学乃至工作之后远赴他国,但是华裔身份特征仍会伴随其始终。当然还需注意的是,即便是这些天然形成的身份特征,仍然可以划分为两类:一类是经常为仇恨言论所"眷顾"的身份特征,如种族、民族、地域、性别和宗教等,它们通常容易成为仇恨言论的话题,事实上往往成为引发歧视、暴力甚至战争的根源;另一类则是不常为仇恨言论所涉及的身份特征,如身高、体重等。虽然在现今的社会中,肥胖并不是一件令人快乐的事情,我们也经常会碰到身体"不肥胖"的人针对身体"肥胖"人的嘲弄与讥笑,如"胖猪"、"死胖子"等。但是作为一个群体,肥胖与否并不是一个明确的界分议题,例如对女性而言,就缺乏一个绝对明确的体重标准把她们界分为肥胖和不肥胖两类群体。同样的,身高也是如此,人长到多高才算是高呢？这里也缺乏一个绝对明确的标准。当然,在这一类别中,有些身份特征虽然可以明确的界分出两类不同的群体,但是这些议题却不经常为公众所采用,如单眼皮和双眼皮。虽然日常生活中我们在观察和评价一个人的相貌时经常采用这一标准,但是我们甚少会把他们划分为不同的群体,如单眼皮群体和双眼皮群体,其中的原因主要就在于如此类别的划分缺乏应有的社会意义,从而也就无从加以群体的歧视和仇恨了。

2. 与识别某一群体显著相关的身份特征,但这些身份特征是个人可以进行选择的,通常这些身份特征主要涉及政治、宗教和意识形态等方面,如是否加入某一党派。以美国的民主党和共和党两党为例,民主党针对共和党发表的基于党派立场的诽谤和歧视言论已经构成了仇恨言论,反之亦然。此外的例子还有宗教,如基督教和伊斯兰教,双方群体之间具有明显的可识别身份特征,且这些身份特征也具有重要的社会和政治意义,双方间针对对方的身份特征所发表的基于不同宗教信仰的中伤和诽谤也构成了仇恨言论。此处所言的身份特征与第一种身份特征的不同之处在于,此处的身份特征一般情况下是可以改变的:昨天我是共和党,今天可以加入民主党[①];今天我信仰天主教,明天我也可以放弃信仰[②]。

3. 历史上那些曾被剥夺公民权利或被歧视的少数群体的身份特征。以犹太人为例,反犹在西方社会中有着久远的历史,其形成既有种族、民族方面的

---

① 2009 年 4 月 28 日,美国宾夕法尼亚州联邦参议员、现年 79 岁的阿伦·斯佩克特突然宣布退出共和党,转而加入民主党。斯佩克特发表声明称:"我现在发现,我的政治理念和民主党更为一致,而非共和党。我决定在 2010 年以民主党人身份角逐宾夕法尼亚州联邦参议员席位。"《美共和党资深参议员"投奔敌营",奥巴马声势大振》,载中国新闻网,http://www.chinanews.com.cn/gj/bm/news/2009/0429/1668630.shtml,下载日期:2009 年 4 月 29 日。

② 2009 年 4 月 27 日,丕优宗教与大众生活论坛公布了一项民调,大约有半数(47% 至 59%)的美国成年人,从原先信仰的宗教改信其他宗教;有些人则从信教转为不信教,然后又恢复信仰,这种转换有时不只一次,而且多数是发生在年轻时候。多数离开天主教后不再信教者表示,他们不满天主教会有关堕胎和同性恋的教义。许多新教徒改变教派则是因为生活环境有了改变,例如与其他教派的信徒结婚。《近半数美国人曾从原有信仰的宗教改信其他宗教》,载佛教在线网站,http://www.fjnet.com/gdb/200904/t20090430_119023.htm,下载日期:2009 年 9 月 10 日。

原因,也有宗教和文化等方面的缘由。在漫长的历史中,西方社会中的犹太人频频遭受非难和歧视,针对他们的仇恨言论亦种类繁多、不绝如缕。犹太人是这一类型中的典型例证,除此之外,还有斯拉夫人和罗姆人等。

(三)表达的意图

所谓仇恨言论的表达意图,指的是仇恨言论发言者对自己话语的整体态度。仇恨言论是某人或某群体使用言论表达和传递仇恨的一种行为,对仇恨言论的这种界定就把仇恨言论中的意图要素突显出来了。虽然仇恨言论中的"仇恨"(hate)在一定程度上了表明了发言者的心理态度,但是单是"仇恨"还不足以表明仇恨言论发言者完全的心理态度,或者我们说"仇恨"仅仅是仇恨言论言者心理态度中的一部分,除此之外,仇恨言论言者的心理态度还包括"反感、偏见、歧视、仇视和愤恨"等。诚如雅各布和波特对仇恨犯罪的研究,"'仇恨'犯罪并非真正关乎仇恨,而是涉及偏见与歧视"[①]。我们可以把仇恨言论发言者所具有的心理态度概括为一个负面情绪的图谱,按照强弱程度的不同,具体可以细分为"偏见"(prejudice)、"歧视"(discrimination)和"仇恨"(hate)这三者。下面分别对此进行解释:

首先,偏见是仇恨言论言者最为轻微的心理态度。所谓偏见,是指对他人或事物的看法和理解上有失偏颇。人权观察组织在对仇恨言论进行界定时,将冒犯意味作为概念的一个关键词[②],认为冒犯之后所隐藏的主要是偏见的意图。马来西亚全国公共及民事职工总会总秘书阿末沙曾言"女性决策者太多将影响国家发展",这种言论可以看作是针对女性的仇恨言论,其中的心理态度主要是对妇女的偏见[③]。

其次,"歧视"是仇恨言论言者中最为常见的一种心理态度,也是仇恨言论

---

① 〔美〕詹姆斯·B.雅各布、吉姆伯利·波特:《仇恨犯罪:刑法与身份政治》,王秀梅译,北京大学出版社 2010 年版,第 11 页。

② Human Rights Watch, *Hate Speech and Freedom of Expression*: *A Human Rights Watch Policy Paper* 7(1992).

③ 马来西亚华人总会会长方天兴认为:"此言论带有性别偏见,是不能接受的。"《马来西亚华总会长批评官员发表"性别歧视言论"》,载中国新闻网,http://www.chinanews.com/hr/hryzhrxw/news/2010/0315/216 8857.shtml,下载日期:2010 年 12 月 12 日。

最为普遍的心理态度。所谓歧视,主要指针对特定群体的成员,仅依据其身份特征,进行不同的对待。歧视往往以牺牲某群体的利益为代价,来提高另一族群的利益。在对"仇恨言论"这种对象进行定义时,美国的许多学者就将其称为"歧视言论"或者"次等言论"①。再如,德国联邦银行董事会成员蒂落·扎拉青曾言:"所有的犹太人都有某种特定的基因。巴斯克人也有某种特定的基因,这使他们与其他人区分开来。"扎拉青的话语属于仇恨言论无疑,为此他曾遭到德国总理默克尔的严厉批评,在默克尔看来扎拉青的观点"完全不能接受"②。若我们考究扎拉青的心理态度,可以归结为"歧视"。正是基于歧视的心理态度才使他说出了"犹太种族与其他种族不同"的观点。

最后,"仇恨"是仇恨言论言者中最高程度的一种心理态度。所谓仇恨,是指因利害矛盾而产生的敌对情绪甚至是强烈的憎恨。例如,在卢旺达大屠杀中,千丘之国自由电台称图西族人为"蟑螂,应被消灭的害虫",可见此类仇恨言论背后所隐藏的发言者极度厌恶、憎恨的心理态度。

上面言及的是仇恨言论发言者的表达意图的表现形式,如何界定和把握发言者的心理态度在现实生活中十分复杂,需要从贬称、特定判断和发言者的实质态度来进行分析和考察。若单纯地考察某一方面,对整体态度的把握可能会失之偏颇,只有把这三个方面整合起来加以考察,方能全面地得出仇恨言论表达者的整体意图。

贬称作为仇恨言论的例子比比皆是,如"黑鬼"、"洋鬼子"、"东洋鬼子"、"高丽棒子"、"南蛮、北佬"等。一般而言,只要出现了上述字眼,基本可以判定这一表达为仇恨言论,所欲传递的是歧视、仇恨的信息。本书试以"黑鬼"(nigger)一词为例进行分析,《韦氏新国际词典》将其定义为"深肤色宗族的一员,常用于攻击和侮辱他人"③;《美国传统词典》将"黑鬼"定义为"贬低黑人或

---

① Joan C. Callahan, Speech that Harms: The Case of Lesbian Families, in *On Feminist Ethics & Politics*, Claudia Card ed., University Press of Kansas, 1999.

② 《德国总理抨击高官发表种族歧视言论》,载搜狐网, http://news.sohu.com/20100830/n274564471.shtml,下载日期:2010 年 12 月 12 日。

③ Webster's Third New International Dictionary of the English Language Unabridged Merrion-Webster, 2002, p. 1527.

其他深肤色种族成员的侮辱性的话语"[1]；在美国"黑鬼"一词本质上往往与白人至上主义相联系，主要用于"对黑人的压迫并用于证明其奴隶制的正当性"。[2] 可以说，贬称的界定方式简单方便，但同时也会出现一定的问题。如某人可能说："不要再用'赔钱货'这样的词语了，因为它是对女性的一种侮辱和歧视"。虽然在这句话中出现了"赔钱货"这样的歧视和仇恨女性的字眼，但是考虑到其目的是用来劝导人们不要再使用这样的词语，因此这句话所表达的就不是一种性别仇恨言论。与之相对照的是这样的话语："你知道吗？你就是一个赔钱货。"在这种情况下，使用该词语的目的是为了表达性别仇恨。

特定判断之为仇恨言论，指的是整句话的意思所表达的是一种对他人的仇恨。例如，"黑鬼都应当滚回非洲去"，"小日本鬼子都该死"等，可以说特定判断是仇恨言论最为基本和常见的表达形式。但是真正的仇恨言论是使用言论以表达仇恨，话语背后的表达意图是判断言论是否构成仇恨言论的关键。"人们并不认为克里斯·洛克或戴维·夏贝尔的喜剧是仇恨言论，尽管他们的喜剧涉及种族侮辱和种族偏见的内容。不仅因为这是喜剧表演，还因为他们是非裔美国人，所以人们相信这不是仇恨言论，而只是讽刺文学罢了。"[3]但与此相反的是，若是相同的种族侮辱、歧视话语是由一个白人至上主义者所说出的，即便此话语是在喜剧的氛围内，也会被认为是仇恨言论。我们还可以从美国联邦最高法院对焚烧十字架的案件的判决中看出言论的意图对仇恨言论判断的重要性，联邦最高法院认为焚烧十字架是一种受宪法保护的象征性言论，但是若焚烧十字架的意图是威胁、恐吓的话，那么就会被排除在宪法第一修正

①　The American Heritage College Dictionary 922 3rd ed. Houghton Mifflin，1997，p. 922.

②　Michele Goodwin，Nigger and the Construction of Citizenship，*Temple Law Review*，Vol. 76，2003，p. 129，154，157.

③　Bastiaan Hugo Vanacker，Online Hate Speech in the United States and Europe：Accommodating Conflicting Legal Paradigms，PhD，University of Minnesota 2006，p. 6.

案的保护范围之外①。

　　发言者的实质态度指的是仇恨言论的发表者在发表仇恨言论时内心的真实想法。一般而言,考察仇恨言论的心理态度时需要注意的情况是:发言者虽没有故意发表某些仇恨言论的心理,但实质上却发表了某些仇恨言论。在我们的日常生活中,第一种情况的出现最为常见的形式是口误。当发生口误时,发言者并非出于故意,而是无意中说了某些带有仇恨言论性质的话语,虽然发言者心理上并没有歧视和仇恨他人的受众,但是在言语中却附带着针对受众的仇恨。例如,一个日照人拾到了青岛人的钱包,并交还给这个青岛人,青岛人握着日照人的手激动地说:"谢谢,非常感谢,谁说你们日照人都是'邪国人'啊,你们都是活雷锋。"这个青岛人的本意是感谢日照人的拾金不昧之举,但是"邪国人"②这一表述却恰恰传递出了对日照人的仇恨信息。口误的另一种情形可能发生于对传统、文化和习俗等人文环境的不同理解中,如在笔者所调研的山东淄博和滨州地区,娘舅在与自己的外甥见面时,可能亲昵地称呼外甥:"你个婊子生的,最近都忙啥了。"在当地人的耳朵中,这就是亲昵的话语;而在当地文化习俗之外的人听来,这就是一种典型的仇恨言论,哪有这么称呼自己的姐姐或者妹妹的?但是,实际上这种特殊情形下的这一称呼确实无疑地存在着。也许有人会有质疑,仇恨言论的口误情形是否是一种"弗洛伊德式"的口误,即发言者是在一种无意识或者潜意识的状态下发表了言论。虽则这种言论的形成可能是潜移默化的,从而在潜意识的层面对发言者产生着这样或者那样的作用,但是本书认为,发言者只要不是故意为之,其发表的仇恨话语

---

　　① "维克托拉诉圣保罗市案"(R. A. V. v. City of St. Paul)和"弗吉尼亚诉布莱克案"(Virginia v. Black)是有关焚烧十字架的典型案例,在维克托拉案之后,美国各州纷纷援引本案之判例,宣告诸多类似圣保罗市的禁止焚烧十字架的法令违宪,在美国的法院系统和社会民众的观念中,焚烧十字架已是一种宪法所保障的言论。布莱克案中,美国联邦最高法院在该案中发展出"真实威胁"(true threats)原则,即法院许可各级政府可以禁止或限制"以威胁为目的"的仇恨言论。R. A. V. v. City of St. Paul, 505 U. S. 377 (1992); Virginia v. Black, 538 U. S. 343(2003).

　　② 地域仇恨言论不仅存在于省域之间,即便是一省之内也是存在着这种现象的,例如根据笔者的调研,山东省内很多青岛人称日照人为"邪国人",认为日照人品行不好,不易交往。当然,人类对某些事物存有偏见是非常正常的事情,许多心理学家都认为"偏见可能是人天生的一种本性"。[美]詹姆斯·B.雅各布、吉姆伯利·波特:《仇恨犯罪:刑法与身份政治》,王秀梅译,北京大学出版社2010年版,第12页。

也就不构成仇恨言论。

除了形式上的仇恨言论,还存在着实质上的仇恨言论,所谓实质上的仇恨言论,是指那些虽然并不涉及明显的仇恨字眼,但其实质上却是传递着仇恨思想和仇恨表达的诸多仇恨言论。例如,某些打着科学研究旗号实则宣言种族优劣的伪科学研究,利用别有用心的调查研究得出结论认为当前社会公众对种族的评价中,某个种族的评价是最低的,从而间接宣传种族民族优劣的思想。是否可以因为大家普遍对某个种族的评价不高,就诱导民众仇恨这个种族甚至对其举起屠刀呢?这种虽然没有明确表达出仇恨信息的言论实质上已经表达出了歧视与憎恶。由此可见,不能孤立地看待仇恨言论的表达意图,应对其进行综合考察。

(四)伤害性后果

所谓仇恨言论的伤害性后果,主要是指那些由于仇恨言论所引发和造成效果的恶劣性结果。对仇恨言论概念的判定要素,我们可以从两个方面予以考察:一是从仇恨言论的受众方面,二是从仇恨言论的言论属性方面。

首先,从仇恨言论的受众方面对判定要素的考察,主要是研究仇恨言论对指向对象所造成的负面影响。当我们对仇恨言论进行界定时,必须要考虑仇恨言论是否已经创设了对他人构成敌意或者威胁的环境。假如某人称"同性恋都是上帝的弃儿",如果其言论指向的对象并不理解"同性恋"的意思,那么他也就不明白这个人到底说了什么。但是这并不妨碍发言者表达对同性恋的仇恨,在这种情形下,仇恨言论的构成并非要求言论的指向对象一定明了发言者的意思,由此而言,只要发言者所表达的是仇恨性思想,那么就构成了仇恨言论无疑。

其次,是从仇恨言论的言论属性方面对判定要素进行考察。大多数学者认为,仇恨言论之所以需要规制,主要是因为仇恨言论所引起的负面效应——伤害性,仇恨言论不仅仅指向其直接攻击或针对的个人,还会对相关的群体和整个社会造成莫大的伤害。这里的"伤害性"主要针对的是前述身份特征,言论描述或评价的对象是个人或群体的身份特征,其发生的效果也围绕着身份特征出现。身份特征与评价的结合,使当事人难以立即作出反应,而自己却会因为这个身份特征被羞辱而感到愤怒,也有可能因此而产生自我评价的减损。

另外,针对群体的仇恨言论有时也是针对国家的,例如欧洲国家普遍认为,仇恨言论对整个社会造成了巨大的伤害,不仅对人的尊严和社会秩序造成了危害,对国家的福祉也会带来创伤,影响国家的稳定。在这种情况下,对欧洲国家关于仇恨言论的司法判决而言,仇恨言论所造成的伤害无证明直接推定即可,即认为仇恨言论天然的含有危害作用。

对仇恨言论进行界定的这四项要素常常是紧密联系在一起的。仇恨言论的表达方式与表达意图是密切相关的,通过表达方式我们可以判定出仇恨言论表达者的意图,同样通过仇恨言论表达者内心的意图我们也能够更为清晰地界定出仇恨言论的表达方式。伤害性后果与表达意图也是紧密联系的,表达意图主要是从仇恨言论发言者的角度来说的,而伤害性后果主要是从仇恨言论的指向对象这一角度来说的,因此我们说仇恨言论的伤害性后果与仇恨言论的指向对象又是纠缠在一起的。

通过对仇恨言论的分析,本书发现学者们对仇恨言论的界定并非完全包含这四个方面的内容,而是有所侧重的,有时仅仅着重提及和强调其中几项内容。尽管如此,本书认为,对仇恨言论的完整界定应当包括上述四项要素,缺一不可。学者们在进行界定时,之所以省却一项或两项要素,是因为其学术兴趣和背景的不同,使得他们强调某些要素忽略其他要素。例如,以德国为代表的欧洲国家就对表达意图特别关注,认为社会上的某些特定群体需要得到免遭仇恨言论侵害的保护,必须禁止诽谤或以特定群体为攻击对象的仇恨言论。而在美国,对仇恨言论进行的法律规制主要围绕着对言论的任何限制都要秉持着内容中立的原则进行,并且这些限制措施不能以对任何特定群体进行特别保护为目标,这也就使得美国对仇恨言论的表达方式特别关注。除此之外,互联网的出现和繁荣使得仇恨言论的表达方式变得更为复杂多样,人们对仇恨言论的表达方式也就投入了更多的关注。

基于以上论述,本书将仇恨言论界定为:所谓仇恨言论,是指在仇恨意图的指引下,基于民族、种族、性别和宗教等身份特征所为的表达性行为的言论类型,仇恨言论不仅会对其指向对象造成生理和心理上的伤害,而且对社会也具有极大的危害,在本质上违背了言论自由的价值。

三、仇恨言论概念与相近概念的界分

上文对仇恨言论的历史脉络和仇恨言论的界定进行了分析,下文主要是对仇恨言论外延的讨论,其方式主要是把仇恨言论与其相近的概念界分清楚。从言论的类型出发,与仇恨言论相近的概念主要有挑衅言论(fighting words)和冒犯性言论(offensive speech)。对仇恨言论极其相近概念,无论是指出它们之间的相同部分,还是辨明它们之间的差异之处,都有助于我们掌握仇恨言论这一概念的外延。

(一)仇恨言论与挑衅言论

所谓挑衅言论,主要是指言论自身会造成伤害或可能会即刻引起破坏社会秩序的一种言论类型。挑衅言论"所指的是言论自由最基本的一个常识性问题:行使言论自由却危害了公共秩序以至于把受保护的言论变成了违法行为"①。挑衅言论与仇恨言论之间既具有一定的重叠,又具有很大的不同。二者的重叠性表现为:一种言论,既可能是仇恨言论,同时也可能是挑衅言论。试举一例予以说明:甲(黑人)、乙(白人)两人正值年轻力壮,且两人均个性冲动,此时因为一件事情正在吵架。正在此剑拔弩张、场面即将失控时,乙骂了甲一句:"死黑鬼!"可以想见,这一仇恨言论所引发的将是双方肢体间的冲突。在这种情况下,"死黑鬼"这一仇恨言论同时也就是挑衅言论。同样的例子在我们的日常生活中也随处可见,如发生在安徽池州的大规模群体事件②,也许

① [美]唐纳德·M.吉尔摩等:《美国大众传播法:判例评析(上册)》,梁宁等译,清华大学出版社2002年版,第124页。
② 该事件具体过程参见《安徽池州大规模骚乱,普通案件引发打砸抢烧》,载东方网,http://news.eastday.com/eastday/news/ node37955/node37957/node37979/node70750/userobject1ai1217514.html,下载日期:2009年10月18日。

这一事件本身发生的缘由可能众多,但其中之一就在于点燃众人怒火的那句仇恨言论"撞死个池州人不就 20 万嘛!"对这句话语的真实性我们无从考证,但是这句话在事发当天却口口相传,从而对这一大规模群体事件的爆发起到了推波助澜的作用。因此,我们说这一地域仇恨言论同时也是挑衅性言论。

仇恨言论与挑战言论二者的区分主要表现为:仇恨言论的成立要求这一言论是着眼于一定身份特征的,即是以种族、民族、国籍、地域等为基础发表的言论;而挑衅言论主要着眼于言论的挑衅性,只要具有相应的挑衅性这种言论就构成挑衅言论。一种言论是以种族、国籍、性别等身份特征为基础的,但并不具有挑衅性,则构成仇恨言论,而非挑衅言论,如"日照人都是邪国人",这句话构成仇恨言论无疑,但是对单个日照人而言,由于其挑衅性不足,就不构成挑衅言论;同样的,"X 你奶奶"这句国骂往往引发的是肢体间的冲突,由此也就是挑衅言论,但却不构成仇恨言论。

(二)仇恨言论与冒犯性言论

所谓冒犯性言论,是指那些通过起绰号、发表侮辱性或下流言辞以冒犯别人的一种言论形式。对仇恨言论与冒犯性言论之间的关系,我们可以从两方面加以审视:一是两者之间的关联,二是两者之间的区别。两者之间的关联在于仇恨言论和冒犯性言论的手段、意图和效果会出现一定的重叠。首先,手段方面的重叠主要表现在,仇恨言论用以攻击他人的手段也可能是通过起绰号的方式进行的,如德尔加多与斯特凡就将仇恨言论界定为"关于种族的诽谤、绰号或其他刺耳的语言"[①]。于此,我们可以考虑一下"支那猪"这一"仇恨绰号"。其次,表达意图方面的重叠主要表现在冒犯性言论发言者的心理态度与仇恨言论发言者轻微的心理态度是相同的,两者皆可能是厌恶和偏见。最后,两者的效果皆会造成受众的反感,从而实质上都是对受众的冒犯。如某人的脸比较胖一些,有人叫他"猪仔",这是典型的冒犯性言论,这种言论致使受众的反感,对受众造成冒犯是无可疑义的;"吉普赛人都是一些杀千刀的人贩子"属于种族仇恨言论无疑,同时这些仇恨言论也是对吉普赛人的冒犯,也会招致

---

① Richard Delgado & Jean Stefancic, *Critical Race Theory：An Introduction* ,New York University Press,2001,p.147.

他们的反感。

两者之间的区别也主要包括以下几个方面。首先,两种言论类型中发言者的心理态度部分是不同的。仇恨言论发言者的意图主要包括一个负面情绪的图谱,即偏见、歧视和仇恨,而冒犯性言论发言者的意图主要是厌恶和偏见,相较于仇恨言论,冒犯性言论发言者的仇恨心理较弱。其次,同样是对受众的冒犯,且招致他们的反感,但是仇恨言论对受众的冒犯性较高,这由仇恨言论中"仇恨"的名称上也可以看出;而相应的冒犯性言论对受众的冒犯程度则较低,于此我们可以分别考证一下两者的中文含义和英文含义。在中文方面,按照《现代汉语词典》的解释,所谓仇恨是指"因利害冲突而产生的强烈的憎恨"[①];而冒犯的含义则是"言语和行动没有礼貌,冲撞了对方"[②]。由两个词语,汉语含义的比较我们可以看出,"仇恨"因其所表达的是"憎恨"自然就较仅仅是"冲撞"的程度要深一些。汉语意思如此,我们同样也可以考察一下两者的英语含义。在英语中,仇恨言论所对应的是"hate speech",而冒犯性言论则是"offensive speech"。按照《牛津高阶英汉双解词典》的解释,hate 有两层含义:"一是憎恨、厌恶(strong dislike, hatred);二是所恨的人或事物(hated person or thing)。"[③]而 offensive 有三层含义:"一是烦扰人的、使人恼怒的、冒犯的、得罪人的(upsetting, annoying, insulting);二是讨厌的、使人反感的(disgusting, repulsive);三是用于进攻的、侵犯的(used for attack, aggressive)。"[④]由两者的英文释义我们也可以明了,"仇恨"对受众的伤害程度要高于单纯的"冒犯"。此外,按照《布莱克法律词典》中对仇恨言论(hate speech)的解释:"Hate speech: Speech that carries no meaning other than the expression of hatred for some group, such as a particular race, esp. in circum-

---

① 中国社会科学院研究所词典编辑室:《现代汉语词典》,商务印书馆 2002 年版,第178 页。

② 中国社会科学院研究所词典编辑室:《现代汉语词典》,商务印书馆 2002 年版,第858 页。

③ [英]霍恩比:《牛津高阶英汉双解词典》,李北达译,商务印书馆 1997 年第 4 版,第682 页。

④ [英]霍恩比:《牛津高阶英汉双解词典》,李北达译,商务印书馆 1997 年第 4 版,第1017 页。

stances in which the communication is likely to provoke violence. "①我们也可以看出仇恨与暴力的密切联系。再次,国际上和各国别的法律对两种言论形式的规制态度是不同的。对仇恨言论,法律或者是限制,或者是宽容,视仇恨言论的具体情况和各个国家的不同国情而定;但对冒犯性言论,国际和各国的法律基本上都是处于宽容的状态,即对冒犯性言论不加干涉,让它在思想的自由市场中自由碰撞。诚如美国哈兰大法官所言:"要把公众的论辩整饬得文法优美,使其纯净得连最神经质的人也会感到满意,想必政府还没有这种权利。虽然在本案中被宣布为合法的这一特定的下流言辞或许要比它的同类更为令人生厌,但在一个人看来庸俗的东西在另一个人那里就变成了抒情诗,世事就是如此。"②最后,两种言论形式所针对的受众是不同的。冒犯性言论所针对的只是一个人或者几个人,而仇恨言论不只是冒犯个人,而且还冒犯群体,甚至是挑战社会秩序与国家稳定。

---

① Black's Law Dictionary 9th ed. West,2009,p. 1529.
② [美]唐纳德·M. 吉尔摩等:《美国大众传播法:判例评析(上册)》,梁宁等译,清华大学出版社 2002 年版,第 135 页。

第二章

仇恨言论法律规制的理论基础

对仇恨言论,国际、区域和国别各个层面法律规制的态度并不相同,这从各个国家对仇恨言论的法律理念、法律文本和司法实践的分析中即可看出。国际和区域层面的法律规制立场较为统一,即普遍倾向于限制仇恨言论。国别层面上各个国家的态度不一,有的国家倾向于限制仇恨言论;有的国家甚至主张严格限制仇恨言论,比如德国;而有的国家倾向于宽容仇恨言论,甚至无条件地容忍仇恨言论,比如美国。我们站在宏观的视角上考察这些国家不同的法律规制态度,可以发现一种有趣的现象,若我们把各国对仇恨言论法律规制的态度视为一条线段,宽容乃至绝对保护和限制甚至绝对禁止为这条线段的两个端点,美国侧重自由,因此靠近绝对宽容这一端;德国侧重尊严,因此更加靠近绝对禁止的另一端。除美、德两国之外的其他国家,主要是分布于绝对宽容和绝对禁止的两个端点之间的线段上,或者靠近美国,或者靠近德国,但总体而言呈现向德国靠近而又与其保持一定距离的趋势,这与各国文化传统、政治立场和社会利益等因素的不同密切相关。比如下文将要分析的美国对仇恨言论的态度就是宽容的倾向性强一些,而相应的德国对仇恨言论是比较倾向于限制。

各个国家对仇恨言论法律规制的不同态度,透露了仇恨言论法律规制在理论上和实践中的悖反:一方面,言论是自由的,对仇恨言论这一言论类型进行限制,实质上有可能戕害公民所应享有的言论自由这项基本权利。仇恨言论也是公民个人内心思想和见解的一种表达,许多公共辩论和诸如政治言论等高价值言论类型有时也以仇恨言论的形式进行表达,如"奥巴马是一个黑人,因此我认为他不能把美国治理好","女的顾好家就行了,跑出来工作干啥,

45

把男爷们的工资都给压低了"。这些言论属于仇恨言论无疑,但是这些言论同时也表达了关乎政治的见解。诚如孙斯坦所言:"大量的公共辩论都明显或隐晦地关联到种族、宗教等仇恨表达议题。若我们把所有的这些言论都排除在政治性的辩论之外,我们对诸多如民权、外交政策、犯罪、征兵、堕胎及社会福利政策等重要社会事务的讨论将受到严重的制约。即使关于这些问题的讨论涉及了仇恨言论的形式,它往往也会被视为政治协商过程的合法组成部分,因为这些讨论直接关乎着政治。"①因此,基于言论自由的价值,我们对仇恨言论可以持宽容的态度。但另一方面,仇恨言论所表达和传递的不是一般言论所涵括的无害或者有益的信息,而是仇恨。这种仇恨有损于社会的整体利益,容易引发社会中不同群体间的矛盾和冲突,违背了宪法、法律所保护种族、性别、宗教等不同群体间相互平等的基本权利;同时也是对个人的人的尊严的亵渎和侵犯,与宪法和法律所包含的个人的人的尊严、名誉、荣誉等基本权利相冲突,因此需要在宪法和法律层面上对它们予以限制。由此可见,仇恨言论法律规制的悖论主要在于公民平等权利和公民言论自由权利之间的冲突和斗争。

下文对仇恨言论法律规制的理论基础主要从两个方面入手:一是从言论自由的价值入手,考察对仇恨言论所可能进行宽容的原因;二是从仇恨言论的伤害性入手,考察仇恨言论对社会和个人的负面影响。由于仇恨言论所表达和传播的是仇恨,且容易引发社会和政治问题,我们在看到其可能具有一定价值的同时,也应当看到其具有的伤害性,因此仇恨言论也应当受到限制。除此之外,尤需注意的是无论是对仇恨言论的价值,还是对仇恨言论的伤害性,不同学者的观点相去甚远,例如绝对自由主义者与种族批判法学派及激进女性主义法学派的观点就大相径庭,本书所介绍和分析的主要是为不同学派所承认的共通的理论基础,尤其是第二部分中所介绍和分析的伤害原则,更是为自由主义者、种族批判法学派、批判法学派和女权主义法学派②所广为接受的较

---

① Cass R. Sunstein, Words, Conduct, Caste, *University of Chicago Law Review*, Vol. 60, 1993, p. 815.

② 需要注意的是,"种族批判法学和批判女权主义法学是在批判法学对种族歧视和性别歧视进行批判的基础上发展起来的,它们与批判法学既有历史渊源和思想传统上的联系,同时在对美国社会结构的看法上又存在着一系列的分歧"。朱景文:《对西方法律传统的挑战——美国批判法律研究运动》,中国检察出版社 1996 年版,第 318 页。

为温和中立的理论观点[1]。

一、宽容仇恨言论的理由

　　通常人们认为仇恨言论是没有价值的,但是不可忽视的是一种言论是否构成仇恨言论界定起来是十分复杂和困难的事情,其界限在不同情形下是飘忽不定的。有些国家利用对仇恨言论的界定打压言论自由,这是对言论自由价值的戕害,有的国家为了保全言论自由的价值,宁愿牺牲少数群体的利益,为保全宪政民主制度对仇恨言论采取了宽容甚至是有条件的保护的态度。

　　仇恨言论可能具有的价值主要是其作为一种言论形式所具有的言论自由的价值,仇恨言论本身并没有价值,其可能有价值的地方在于仇恨言论的自由表达。即便仇恨言论所表达和传播的是仇恨,我们仍然在一定程度上容忍其自由表达,根本原因在于言论自由本身具有的价值。仇恨言论的价值奠基于言论自由的价值基础之上,堵塞言论往往会造成重大的政治和社会问题,故而压制仇恨言论也可能导致一系列问题。

　　言论自由主义的理论基础是复合的,因此人们对言论自由展开的讨论异常激烈也就不足为奇了。许多学者对言论自由价值进行了深入的研究,例如罗伯特·博克(Robert Bork)认为,言论自由具有四种价值,分别是:促进个人之发展、增进社会之稳定、保障政治之真实、有助于增进个人之幸福[2];托马

---

　　① 与较为温和的伤害原则不同的是,美国也有许多学者主张对仇恨言论应持强硬的态度和立场。例如,斯坦利·费斯(Stanley Fiss)先生认为:"与仇恨言论或种族主义话语作斗争的唯一方法,就是认识到这种言论是你的敌人的言论,所以应对策略不是开药方,而是尽力将之压制下去。如果反种族歧视者被自由主义的普适性修辞话语所迷惑,将这样的言论视为人人定知的'异类言论',他们注定要失败。要赢得胜利就须付出努力,就要敢于胜利;而不是如联邦最高法院布兰代斯大法官所说的:'阳光是最好的防腐剂'那样。" Stanley Fiss, *There's No Such Thing as Free Speech*, *and It's a Good Thing Too*, Oxford University Press,1994,pp. 35~48.

　　② Robert Bork, Neutral Principles and Some First Amendment Problems, *Indiana Law Journal*, Vol. 47. 1971,p. 1.

斯·爱默森(Thomas Emerson)认为,言论自由的价值主要包括:确保个人的自我满足;增进知识、发现真理;确保社会全体成员参与各种社会决议的形成;维持社会中的健全分化和共识基础之间的平衡,以便实现一个更融洽和更稳定的共同体,并且这四种价值"皆是必需的,且每种价值自身都不是充足的,从而四种价值之间是互相依存的"①。

对言论自由的价值的认识也受到早期民主政治历史遗存的深刻影响。美国联邦最高法院大法官布兰代斯(Louis Brandeis)曾言:"我们国家的开国者相信,国家的最终目的是协助个人自由地发挥其天赋才能,且国家在处理国家事务时须深思熟虑,不能凭自己的喜怒而任意行事。这些开国者同时认为,自由兼有目的性和手段性这两种价值。他们相信快乐源于自由,而自由的享有在于勇气。这些开国者认为,自在的思考且自由地把你思考的内容表达出来是保持真实政治的命门。如果缺少了言论自由和集会自由,政治讨论就不具有任何意义了。而有了言论和集会自由,公众讨论既能发挥他们的日常功能,并给大众提供适当的保护以对抗错误和有害言论的散布及横行。"②美国宪法第一修正案规定:"国会不得制定法律,确立某种宗教信仰,或者禁止信仰的自由;或者剥夺言论、新闻出版的自由;或者剥夺人民和平集会以鸣不平,请求政府救济的权利。"这种立法方式明确使得政府不得扩大权力、滥用权力。

本书将言论自由的价值归纳为三种,分别是:有助于追求真理、有助于健全民主政治和有助于实现个人自治。

(一)言论自由有助于追求真理

学者们最先提出并认可的言论自由的价值是言论自由有助于增进知识和对真理的追求,言论自由的这一价值主要是基于真理的获知方式得来的。无论是自然世界中的真理还是社会生活中的真理,其存在样态多是与谬误纠缠在一起的,真理的获知主要是借由把谬误与真理本身辨别开来,我们就需要自由地认识、自由地交流,以便让真理与谬误在各自拥护双方的辩论中显现出

---

① Thomas Emerson, First Amendment Doctrine and the Burger Court, *California Law Review*, Vol. 68,1980, p. 422,423.
② Whitney v. California, 274U. S. 357,375(1927).

来。"只有争论才是传播真理唯一正确的方法;只有当强有力的论辩和充足的理由与温雅、善良的方式相结合时,真理的传播才能占据优势。"①在这一过程中就需要言论自由,以便让公众倾听到各方面的信息和意见,从而作出一个正确合理的判断。"一切看法,包括一切错误在内,不论是听到的、念到的还是校勘中发现的,对迅速取得最真纯的知识来说,都有极大的帮助。"②

对言论自由的这种价值,早在 18 世纪时就为约翰·弥尔顿(John Milton)和约翰·洛克(John Locke)所论述。弥尔顿认为人们"自由来认识、抒发己见,并根据良心作自由的讨论,这才是一切自由中最重要的自由",这种自由"是一切伟大智慧的乳母",限制这种自由只会伤害真理,只有保障言论和出版的自由,才能使真理最终战胜谬误。他指出:"现在正是我们发表写作和言论来推动大家进一步讨论激动人心的事情的时候。……虽然各种学说流派可以随便在大地上传播,然而真理却已经亲自上阵;我们如果怀疑她的力量而实行许可制和查禁制,那就是伤害了她。让她和虚伪交手吧。谁又看见过真理在放胆交手时吃过败仗呢?"③安德尔斯·查德尼斯(Anders Chydenius)也曾言:"发现真理的最佳方式就是自由地交流思想。禁止这种自由的唯一原因就是对真理的恐惧。谬论对国家其实是有益的,因为这样可以迫使国家勇敢地面对谬论,真理也就会更坚定地被推断出来,而且会更深地扎根于每个人心中。"④对追求真理的价值进行全面论述的属约翰·斯图亚特·密尔(John Stuart Mill),密尔认为:"人类不是不可能犯错误的;人类的真理大部分只是半真理;意见的统一,除非是对立诸意见经过最充分和最自由的较量的结果,是无可取的,而意见的分歧,在人类还未达到远比今天更能认识真理的一切方面之前,也并非坏事而倒是好事——所有这些原则都可以适用于人们行动的方式,并不亚于可以适用于人们的意见。"⑤密尔认为观点的多样性和公民间言论的自由交流是真理得以显现的必要环境,真理具有自我显现并为民众所

① 〔英〕洛克:《论宗教宽容》,吴云贵译,商务印书馆 1982 年版,第 15 页。
② 〔英〕弥尔顿:《论出版自由》,吴之椿译,商务印书馆 1989 年版,第 15 页。
③ 〔英〕弥尔顿:《论出版自由》,吴之椿译,商务印书馆 1989 年版,第 44~46 页。
④ 〔瑞典〕格德门德尔·阿尔弗雷德松、〔挪威〕阿斯布佐恩·艾德:《〈世界人权宣言〉:努力实现的共同标准》,中国人权研究会组织编译,四川人民出版社 1999 年版,第 401 页。
⑤ 〔英〕约翰·密尔:《论自由》,许宝骙译,商务印书馆 1959 年版,第 75 页。

认识的能力,且这一显现和认识的能力需要一个相对长期的过程,在这一过程中政府的权威只能放任而不需要干涉和破坏。

密尔的这一观点为美国联邦最高法院奥利弗·温德尔·霍姆斯(Oliver Wendell Holmes)大法官所继承,他在"艾布拉姆斯诉合众国案"(Abrams v. United States)的判决中提出了"思想的自由市场"理论:"我们所欲追求的至高之善只有在思想的自由交流的情况下,才容易实现。……对真理最好的检验是一种思想在市场竞争中所表现出来的使自己得到承认的力量。"[①]根据霍姆斯的观点,不论言论的内容是否有害,联邦和州政府都应当允许自由的对话和交流,仅当这种交流会严重危及社会秩序时,方可对发言者加以惩罚。霍姆斯的这种理论同时也受到大法官布兰代斯(Louis D. Brandeis)的认可,在"惠特尼诉加利福尼亚州案"(Whitney v. California)的协同意见书中,布兰代斯大法官指出:"如你所愿地思考和如你所想地讲话的自由是发现、传递真理的不可缺少的工具。"[②]这一观点也逐渐成为美国联邦最高法院言论自由的案件判决的主要理论依据。霍姆斯"思想的自由市场理论"是密尔思想的深化,即把意见多样化的主张置于自由市场理论的背景之下,虽然这仅仅只是一个小小的转换,但却借助于物质市场的观念使得思想市场得到了很好的说明。对霍姆斯的这种观点,我们可以作这样的理解,在物质市场中,任何一种商品的质量是否优良和突出,是否符合大众的需求并畅销起来,这都需要经过市场本身的检验,在市场的优胜劣汰的竞争中得出结论,因此物质市场提供了一个检测各种商品生存能力的机制和标准。这一原理也适用于思想的市场,在思想市场中,思想是一种商品,当其自由进入市场,并进行交流和竞争后就会分出高下和优劣,具有优良品质的观点就会因得到较多的受众的青睐而畅销,反之,差劲的观点会因应和者寥寥无几而被人们遗忘以至于在市场中不见踪影。在这个市场里最有可能出现的结果是不同的观点迎合了不同人的需要,呈现出一个观点多样的局面。"市场开放和自由竞争持续进行。因此多种观点都处在不断地被检验、被接受或被抛弃的过程之中。决定这一过程的背后力量

---

① Abrams v. United States, 250 U. S. 616 (1919).
② Whitney v. California, 274 U. S. 357 (1927).

不是强力而是理性,不是政府或某个领导人的理性,而是大众的理性。"①

(二)言论自由有助于健全民主政治

　　言论自由还具有健全民主政治的价值,对于这一价值亚历山大·米克尔约翰(Alexander Meikleiohn)有着鞭辟入里的论述。米克尔约翰认为,政府的正当权力来自于被统治者的授权,一个政权若缺乏公民的授权,那就不具有正当的权力,因为民主制度下的政府仅仅是选民的代理人。投票站里的选民为了行使自己的神圣权利就需要获得尽可能多的信息,以便帮助他们较好地完成此项职能。"言论自由的原理来源于自治的必要性,这也是从公共问题应通过全体投票予以决定这个美国人的基本共识推论而得。"②可以说,米克尔约翰的观点恰当地概括了言论自由有助于健全民主政治的这一价值。具体而言,言论自由有助于健全民主政治的价值主要体现在下述四个方面:

　　首先,言论自由是界分民主与专制的重要标识。

　　近代以来,各国大都对言论自由这一基本权利加以肯定和保护,公民是否享有言论自由,往往被视为衡量该国民主程度的重要标识。言论自由的宪法确认最早可追溯至 1776 年的《弗吉尼亚州宪法》,这部宪法的第 12 条明确规定:"言论出版自由是自由的坚固要塞之一,压制它就是专制政府。"在理论层面上,学者们也普遍认为言论自由是民主自治的必要条件。"在美国宪法的领域里,言论自由是体现在创建政府结构过程中的一种法治(a rule of law)……宪法制定者并没有试图创造个性繁荣所需的条件,也没有宣称这是一种权利。他们所追求的是创建一个政府并赋予其民主的合法性。"③在美国的制宪者看来,人民而非政府掌握着绝对主权来创造政府,自由批评公共官员的权利是美国政府的基本原则。科恩也曾言:"如果我们要保持民主,言论必须完全自由。批评的自由、发表反对意见的自由,不论如何不受欢迎,尽管可能有害或违反

---

　　①　侯健:《言论自由及其限度》,载《北大法律评论(第 3 卷第 2 辑)》,法律出版社 2001 年版,第 74 页。

　　②　Alexander Meiklejohn, *Political Freedom*, Harper,1960,p. 27.

　　③　[美]欧文·M. 费斯:《言论自由的反讽》,刘擘、殷莹译,新星出版社 2005 年版,第 97 页。

常情,但在民主国家中是绝对不可少的。这种绝对性不是来自直觉或其他任何官能或证据,而是来自参与管理时工作上的需要。各方面对社会关心的所有问题进行自由与公开的讨论,这是充分有效参与的条件。因此,充分的言论自由对民主来说不仅是有利的,而且是必需的。"① 关于这一点米克尔约翰也有阐释,他认为:"自由表达的权利是一种最重要的人权……对一个自由的、民主的秩序来说,它是一个重要的组成部分。正是言论自由允许持续的思想交流,不同观点之间的争论是言论自由的关键因素……在某种意义上,它是所有自由的基础,是几乎所有其他形式的自由的不可分离的条件和发祥地。"② 由此可见,言论自由是界分民主与专制社会的重要标识。

其次,言论自由是民主政治具体展开的必要条件。

现代民主政治的具体展开依赖下述几个条件:社会中多数意见的有效形成,以便形成相对统一的社会决议;民主选举时信息的公开和自由交流,以便为公民行使投票权提供必要的信息;公民与政府之间的良好沟通和交流,以便促进公民和政府之间的互信。这三个条件的运行和实现,皆以言论自由为基础。

言论自由有助于促成民主社会中多数意见的有效形成。作为一个自主和多元化的社会,现代社会中存在着不同的政治、经济、文化群体或阶层,这些阶层之间有着不同的兴趣和利益,若他们意欲达成共识或者是结成政治共同体的话,就必须展开讨论、加强交流,而这就需要言论自由的充分行使。"言论自由为不同群体之间的相互对话并进而达成必要的共识提供了一个不可或缺的自由空间,赋予公共决策以民主性。"③

言论自由有助于民主选举的完成。联邦党人认为,宪法是人民自治的产物,宪法也是一个公民之间有关自治事务的基本契约,政府的正当权力主要源于被治者的同意。人民自治的具体表现在于,政府官员均由人民直接或间接地通过投票选举的程序而产生。当人民在行使权利时,为了作出明智的选择,

---

① [美]科恩:《论民主》,聂崇信、朱秀贤译,商务印书馆 1988 年版,第 141 页。

② [美]亚历山大·米克尔约翰:《表达自由的法律限度》,侯健译,贵州人民出版社 2003 年版,第 224 页。

③ 侯健:《言论自由及其限度》,载《北大法律评论(第 3 卷第 2 辑)》,法律出版社 2001 年版,第 77 页。

就必须要有充分的信息以资判断。而任何相关的意见,不管是否正确,都可以而且必须有被倾听的机会。因此,"绝对言论自由的原则不是自然的或理性的抽象法则,而是从公共问题应决定于普遍性投票这一基本契约推导而来的。这就是言论自由的自治理论"①。

良好的政治运作体现在政府与公民之间的相互交流中,这又有赖于言论的自由交流。对国家机构的决策,不论是议会通过的法律,还是政府推出的政策,抑或是其他国家机构的公共决定,皆需要相关程序的保证,且需要听取相关利益方的意见,以便保证国家机构的决策能够公平地体现各方的利益,并保障公民必要的知情权的实现。政府需要让公民知道政府机关在做什么,为什么要这样做,而后使公民能够从自己的立场出发自由地作出反应。政府机关也可以根据公民信息的反馈以便作出一定的政策调整。因此我们说公平且合理的公共决策形成于政府与公民之间不断的双向交流和对话之中,若武断地压制公民表达见解的自由活动,国家与公民间正常的对话过程就会遭到破坏。1964 年"纽约时报诉沙利文案"(New York Times v. Sullivan)可以视为是对这一观点的最好说明,美国联邦最高法院在该案上诉审中一致同意推翻原判,认定"公共官员如果不能证明对其职务行为的批评乃出于实际恶意,不能获得损害赔偿"。大法官布伦南(William Brennan)在判决书中重点宣示了宪法第一修正案的核心意旨:"是使公共官员执行公共权力的行为,接受人民最广泛的批评;而批评政府是公民的一项崇高义务。对公共问题作无约束、强有力的、公开的讨论是国家对人民所承诺的一项基本原则。"②

再次,言论自由有助于社会内部的和谐。

言论自由对促进社会内部和谐的贡献主要体现在两个方面:一是言论自由有助于促进社会内部多数群体与少数群体之间的和谐,二是言论自由有助于促进政府与公民之间的和谐。

多数群体与少数群体之间的和谐主要体现为信任和保护,二者皆需言论自由的功用方能达成。一方面,民主体制的一个优势在于其体现了社会中绝大多数公民的意志和利益,民主体制若要发挥其应有的作用,就需要把社会中

---

① [美]亚历山大·米克尔约翰:《表达自由的法律限度》,侯健译,贵州人民出版社2003 年版,第 83 页。

② New York Times v. Sullivan, 376 U.S. 254 (1964).

的绝大多数民众整合在一起，让不同阶层、不同民族、不同利益群体的民众具有生活在一个政治体制下的信心，同时也对作为共同游戏规则的政治法律体系具有最低限度的信任，唯有如此社会方能实现稳定和进步。言论自由对这种信心的获得具有重要的基础性作用，即允许社会中不同群体的公民对涉及自己利益的政治问题展开讨论并作自由的交流，可以让民众知道一方群体表达了什么，另一方群体在规划何种措施，从而促进不同群体之间的沟通，促进多数群体和少数群体之间的了解，以便尽可能地消除分歧和矛盾。另一方面，世界各国大都存在多数群体压制和侵害少数群体的情形，但在民主社会中少数群体可以借由言论自由这一基本权利保护自身。德沃金认为："思想之大逆不道或与传统观点格格不入，并不构成审查制度的合理依据，这一点正是言论自由的关键而清楚的定义的前提条件；一旦这样的前提被抛弃，那言论自由的真正含义就难以辨清了。"①因此，我们说言论自由的核心意义在于保护那些偏离社会主流价值的言论。言论自由不仅是表达"正确的、与社会主流观点相一致的意见的自由，而且是表达错误的、为社会大众所反对甚至厌恶的意见的自由；不仅是多数人宣传、实践其纲领路线的自由，而且是少数人申说其政治主张的自由；不仅是批评和质疑占统治地位的政治理念的自由，而且是将边缘政治理念转化为主流政治理念的自由"②。

政府与公民之间的和谐主要表现为二者之间的尊重和信任，在这种双向关系中主要是政府对公民的尊重和信任，因为压制言论自由从而造成社会不和谐的主导要素往往源自政府。政府对公民的尊重和信任主要体现在两个方面：一是必要的放任，不随意干涉公民的言论自由。言论自由实质上是一种消极自由，政府应做的就是不任意干涉和侵犯，把这一问题交给公民和社会自行解决。二是必要的公开和信息透明，让公民了解政府的行为，以便有效地监督政府，保护自己的合法权利。政府理应让公民信任自己，这不仅是政府合法性的基础，也是民主政治运行良好的表现。

最后，言论自由是民主政治的有效保障。

---

① ［美］罗纳德·德沃金：《自由的法：对美国宪法的道德解读》，刘丽君译，上海人民出版社 2001 年版，第 291 页。

② 侯健：《言论自由及其限度》，载《北大法律评论（第 3 卷第 2 辑）》，法律出版社 2001 年版，第 82 页。

言论自由对民主政治的保障作用,主要体现在其不同于其他基本权利的地方,即当社会中多数公民意图通过民主程序对少数公民的基本权利进行压制时,少数公民可以借助言论自由这项基本权利与其进行对抗,从而争取社会多数群体的同情与支持,以保护自己的基本权利。若缺乏这种言论自由的基本权利,这些少数公民除了被迫默默忍受之外,往往会诉诸暴力,而这将极大地破坏民主政治的有效运转和社会秩序的稳定。具体而言,言论自由对民主政治的保障作用主要体现在下述几个方面:

言论自由是民主政治的制度基础和必要条件。与历史上其他社会制度不同,民主制度能够有效地集中和体现多数公民的意见,民主制度下的议会和政府不是君主或者贵族这些少数人意志的体现,而是这一国家中多数公民的利益和意志的体现,这也是现代国家权力合法性的重要基础。社会中多数公民的意志如何体现和反映,作为多数公民代表的立法者又如何了解公民的利益和诉求,这皆赖于言论的公开和自由,唯此方能达到民主制度的初始目的和目标。于此,科恩曾言:"在一个社会中把言论自由限制到什么程度,也就在同样程度上限制了民主。"[1]因此,我们说民主与言论自由是紧密联系在一起的。

言论自由还是民主政治中公共决策的重要保障。阿玛蒂亚·森(Amartya Sen)认为:"公共选择的基础,一是自由,一是民主。这就是说每一社会成员必须拥有自由来表达自己的价值偏好,一个社会要通过公开讨论和公众参与包括民主选举来形成被采纳的社会价值及公共决策。"[2]言论自由还可以最高程度地揭示社会中不健康的一面,从而有效地监督社会特别是拥有公共权力的国家机关。"经验证明,一个民主社会并不是一个没有罪恶的社会,但是它是一个在最大程度上暴露罪恶的社会,而不是一个尽最大努力去掩盖罪恶的社会。与掩盖相比,暴露更有利于消除罪恶,言论自由就是暴露罪恶的途径。"[3]由此而言,言论自由是民主政治中公共决策的重要保障。

言论自由对民主政治的保障作用还在于言论自由具有舆论监督的功能。

---

[1]　[美]科恩:《论民主》,聂崇信译,商务印书馆1994年版,第141页。

[2]　[印度]阿玛蒂亚·森:《以自由看待发展》,任赜等译,中国人民大学出版社2002年版,译者序言第15页。

[3]　赵娟:《为什么言论必须自由——手段与目的意义上的考察》,载《江苏社会科学》2005年第5期。

在民主社会中,当公民发现某个国家机关或者机关的工作人员有违反宪法、法律及职业操守的行为时,可将其这种行为公之于众,以唤起社会其他公众对这些违法或者违反职业道德行为的谴责和批判。我国《宪法》第41条即规定,"公民对任何国家机关和国家工作人员有提出批评和建议的权利;对他们的失职读职行为,有申诉、控告或检举的权利。"这一规定,意味着公民享有了解国家事务的权利,享有揭露和批评国家机关及其工作人员的滥用权力等不当行为的权利,这就对公共权力的行使起到一种监督与制约的作用。

(三)言论自由有助于实现个人的自主与自治

所谓言论自由有助于实现个人的自主与自治,是指言论自由有助于发展自我、实现自我,从而保障个人的自主与自我实现。"自由理论坚持认为,自由言论条款保护的不是'市场',而是一座任由个体挥洒自由的'舞台',应当保护它使之不受政府某些类型的限制。保护言论并不是一种谋求集体利益的手段,而是为了言论能够通达个体的价值追求。"①美国大法官马歇尔(John Marshall)也曾指出:"第一修正案不仅服务于政治需要,而且也服务于人的精神需要。"②这一人的精神需要就是要求自我表达、自我实现,言论自由的这种价值可以说是一项目的性的价值,即言论自由的这种价值强调人格尊严,认为个人将其思想、观念甚至情绪表达出来,是实现自我、表现自我的需要。康德曾言:"你须要这样行为,做到无论是你自己或别的什么人,你始终把人当目的,总不把他只当作工具。"③康德所言的人是目的、而非工具是言论自由目的性价值的理论前提。个人自治之所以是目的性价值还在于前述两种价值是个人自治实现的工具,"政治民主仅仅是更宽泛的个人自我实现价值的工具,或者从另外一个意义上来讲是个人自我实现价值的逻辑副产品"④。

具体而言,言论自由有助于实现个人的自主与自治的价值主要表现在下

---

① C. Edwin Baker, Scope of the First Amendment Freedom of Speech, *UCLA Law Review*, Vol. 25,1978,p. 964.
② Procunier v. Martinez, 416 U. S. 396(1974).
③ [德]康德:《道德形上学探本》,唐钺译,商务印书馆1957年版,第43页。
④ [美]马丁·H. 雷迪希:《言论自由的价值》,季彦敏译,载张庆福:《宪政论丛(第5卷)》,法律出版社2006年版,第666页。

述三个方面：人是自身的主人，具有完全的个人尊严，可以自主决定有关自身言论的所有事宜，并且这也是维护其个人尊严所必须而为的；言论自由是人性得以健康发展的必要条件；言论自由也是人的个性得以发展的重要前提。可以说，前者侧重于不受外在控制的个人的自主与自决；后两者强调的是人性和个性的实现。

首先，言论自由是维护个人尊严的需要。

言论自由具有强烈的个人主义色彩。传统的人权理论认为维护人的尊严首先需要把个人当做一个完整意义上的人来看待，在人的尊严的范畴中内含了言论自由的题中之意。这里所说的人，具有相当的理性，也是有着社会普遍的道德感，从而这个人既能够知道自己的目标所在，并围绕着自己的目标收集信息，作出判断；同时这个人也能够有效地控制自己，能够分辨出真假、善恶和公正与否。当然这些能力的获得和道德感的培养，有赖于公众在社会中自由的言说和自由的交流，通过表达、倾听和交流以实现对尊严的维护。密尔认为自由的最终的唯一价值是个人的幸福，"相应于每人个性的发展，每人也变得对自己更有价值，因而对他人也能够更有价值"[1]。个人的自由发展和人的尊严的维护在一定程度上排斥着政府的强制管理，个人能够判断哪些言论是有益的，而哪些是有害的，从而根据自己的理性、经验和道德感就可以作出判断，而就不需要政府代替自己进行选择，否则政府无疑降低了个人的价值，贬抑了作为人应有的尊严。德国哲学家费希特（Joham Gottlieb Fichte）认为："自由地获取一切对我们有用的东西的权利，是我们人格的一个组成部分，自由地使用一切为了我们的精神教养和道德教养而对我们开放的东西，是我们的使命；没有这个条件，自由和道德对我们将是一件无用的礼物。我们的教育和教养的最丰富的源泉之一是精神与精神的相互沟通。从这个源泉汲取教养的权利我们不能放弃，除非放弃我们的精神，放弃我们的自由和人格。"[2]爱默森也认为"一切人在他自身的人格发展过程中，均有形成自己信念和意见的权利。同时他也拥有表达这些信念与意见的权利。因为如果他不能表达的话，即使他·

---

[1] 　［英］约翰·密尔：《论自由》，许宝骙译，商务印书馆1959年版，第74页。

[2] 　［德］J. G. 费希特：《向欧洲各国君主索回他们迄今压制的思想自由——一篇演讲》，李理译，载湖北大学哲学研究所《德国哲学》编委会：《德国哲学（第3辑）》，北京大学出版社1987年版，第181页。

拥有信念和意见,也没有任何意义","压抑信念与意见的表达,就是对人的尊严的侮辱,对人的本性的否定"。①

其次,言论自由是保持人性健康的需要。

张千帆先生曾指出:"言论自由与人的本性有关,因为人是一种'语言动物',需要通过话语、文字、图像等各种方式的'言论'和他人交流。因此,禁锢言论,无异于戕灭人性!"②因此,我们说言论自由是保证人性健康发展的内在要求,而人性作为人之为人的根本,其本身即是目的,无须借助任何手段即可证明,并获得绝对的力量,故而言论自由应当获得保障。德沃金也认为,"人性之为人的基础,其表之于外即是个人享有的一些自然权利(或称为人权),而这种权利是反功利主义式的","对功利主义的利益的期望,不能够作为阻止一个人做他有权利做的事情的正当理由"。同样的,"社会的普遍利益不能成为剥夺权利的正当理由,即使讨论中的利益是对法律的高度尊重"③。

当然更为重要的是,"言论自由还直接维系着社会的道德基础。限制言论——尤其是统治势力不愿听到的言论,人们就不敢说真话,社会就必然充斥着空话、大话、假话。虽然心照不宣,却因为压力或诱惑而被迫公开说谎。没有什么能比这更摧残一个民族的人格和良知,整个社会将变得麻木不仁、玩世不恭"④。由此我们可以发现人的尊严的维护具有至高无上的价值,而言论自由对人的尊严之维护又具有重大的意义。正如斯宾诺莎(Baruch de spinoza)分析的那样:"政治的真正目的是自由。……即令自由可以禁绝,把人压制得除非有统治者的命令他们都不敢低声说一句话;这仍不能做到当局怎么想,人民也怎么想的地步。因此,其必然的结果会是,人们每天这样想,而那样说,败坏了信义(信义是政治的主要依靠),培养可恨的阿谀与背信,因此产生了诡计,破坏了公道。"⑤

最后,言论自由是维护个性发展的需要。

---

① Thomas I. Emerson, *Toward a General Theory of the First Amendment*, Random House, 1966, p. 879.

② 张千帆:《宪法学导论:原理与应用》,法律出版社 2004 年版,第 490 页。

③ [美]罗纳德·德沃金:《认真对待权利》,信春鹰、吴玉章译,中国大百科全书出版社 1998 年版,第 255 页。

④ 张千帆:《宪法学导论:原理与应用》,法律出版社 2004 年版,第 490 页。

⑤ [荷]斯宾诺莎:《神学政治论》,温锡增译,商务印书馆 1963 年版,第 272、275 页。

　　言论自由与人的个性发展密切相关，密尔曾对这一点予以特别强调："人性不是一架机器，不能按照一个模型铸造出来，又开动它毫厘不爽地去做替它规定好了的工作；它毋宁像一棵树，需要生长并且从各方面发展起来，需要按照那使它成为活东西的内在力量的趋势生长和发展起来。"①不仅如此，他还把个性与多样化、活力、自由联系在一起。他指出，个性与发展乃是一回事，只有培养个性才产生出或者才能产生出发展得很好的人类。因为，个性的自由发展是个人与社会进步的主要动力，也是"人类福祉的一个因素"。人类社会的进步，来自文化的不断创新，而创新的源头，在于人们丰沛的原创性。但这种原创性依赖于在一个宽容、开放、多元的社会里，人的个性的自由发展。换言之，只有培养个性，社会才会有创造性，才会出现"天才"，才会不断发现真理，不断改进自身的生存条件，如果压制个性，"人类社会就会变成一池死水"，社会就会停滞。但是，如果没有言论自由，就不可能有个性自由生长的空间和环境。所以，应该特别注意反对"迫使社会中非主流的意见向主流意见靠拢、整合直至社会走向齐一、不同意见难以存在"的"社会的暴虐"。②

　　德沃金也指出："我们称之为基本的那些宪法权利，如言论自由的权利，应该是在强硬的意义上对抗政府的权利。这正是我们的法律制度尊重公民基本权利的可夸耀之处。如果公民享有言论自由的道德权利，那么，政府如果取消保障言论自由的美国宪法第一修正案，即使它深信如果剥夺言论自由大多数人的境况可能会更好些，它的这种做法也是错误的。"③从这种刚性意义上的权利出发，德沃金继续论述其观点："如果我对政治问题具有表明观点的权利，那么，如果政府把我对观点的表白当作非法，即使政府认为这样做是为了公共利益。那也是错误的。而且，如果政府确认我的行为为非法，并且运用法律来制裁我，那就更错了。我享有的对抗政府的权利意味着，政府阻止我的言论是错误的；政府不能由于走了第一步，就使得它阻止我的行为成为正确的。"④

---

　　①　[英]约翰·密尔：《论自由》，许宝骙译，商务印书馆 1959 年版，第 70 页。

　　②　[英]约翰·密尔：《论自由》，许宝骙译，商务印书馆 1959 年版，第 75～76 页。

　　③　[美]罗纳德·德沃金：《认真对待权利》，信春鹰、吴玉章译，中国大百科全书出版社 1998 年版，第 252 页。

　　④　[美]罗纳德·德沃金：《认真对待权利》，信春鹰、吴玉章译，中国大百科全书出版社 1998 年版，第 253、254 页。

二、限制仇恨言论的伤害原则

上文主要是从言论自由价值的角度谈了对仇恨言论进行宽容的可能理由;而下文主要从仇恨言论的有害性出发,围绕伤害原则探讨限制仇恨言论的理论基础。在论述伤害原则之前,还需要解决的一个问题是限制仇恨言论的理论前提,即对仇恨言论进行限制并不违背言论自由的价值。

(一)限制仇恨言论并未损及言论自由的价值

如上文所述,言论自由的价值主要体现在追求真理、健全民主政治、实现个人自治三个方面,因此下文对限制仇恨言论并未损及言论自由的价值的论述和证成,相应的也就依此三方面展开。

首先,限制并未损及言论自由追求真理的价值。这主要体现在以下两个方面:一方面,仇恨言论及其涵括的信息无助于民众实现追求真理的目标,对其进行限制并未损及追求真理的价值。仇恨言论主要表现为虚假信息和诽谤信息。对虚假信息无助于追求真理的最好说明是德国的"否认纳粹大屠杀案",在该案中德国宪法法院认为,"思想主要是以其主观性要素为特征的,而事实是以其客观性要素为标志的,相应的关于客观事实的主张是不受德国《基本法》第 5 条保护的,因为它们并不有助于任何思想的形成,从而错误的事实也就不能得到法律的有效保护"[1]。关于纳粹大屠杀从未发生的言论显然是错误的事实,所表达的也是虚假的信息。"因为根据目击者的口述、历史学家的研究以及司法程序的调查,这些无疑都证明了大屠杀的真实存在和德国所应承担的历史责任。"[2]因此我们说,含有虚假的信息的仇恨言论由于其事实

---

[1] 90 BVerfGE 247(1994).
[2] 90 BVerfGE 241, 249(1994).

特征而无助于追求真理。对诽谤性仇恨言论无助于追求真理的最好说明是美国的博阿尔内诉伊利诺伊州案（Beauharnais v. Illinois），在该案中美国联邦最高法院认为："虚伪地指称他人是强暴犯、劫匪、持有刀具枪械、吸大麻的行为是诽谤，这是没有人会否认的事情。本案的问题，在于宪法第十四修正案是否阻止政府去处罚这一种针对一个群体而大量散布的诽谤行为。既然用前述的方式诽谤个人是可以构成诽谤罪的，那么也就是说对用同样的方式对特定一个群体的诽谤，政府也是具有管制的权力的。"[1]基于此，联邦最高法院认为州政府具有对这种群体诽谤进行规制的权力，并指出"从 1837 年伟大的废奴主义战士洛夫乔伊（Elijah Lovejoy）被谋杀，到 1951 年西塞罗骚乱（Cicero riots），伊利诺伊州种族之间的局势一直十分紧张，从而经常导致暴力和破坏后果的发生。伊州曾经发生过的种族动乱显示，该州政府并不是毫无理由地限制这些诽谤种族群体言论的"[2]。

另一方面，仇恨言论压制社会中弱势群体的话语，实质上阻碍了他们追求真理的脚步。如上文所述，对言论自由具有的追求真理的价值主要体现在密尔及霍姆斯的观点中，无论是密尔的"真理说"，还是霍姆斯的"思想的自由市场"，都是针对整体社会而言的，二者最大的缺陷在于忽视了社会中的部分群体，尤其是社会中的弱势群体，使得他们并没有如同优势群体般平等地发表意见的途径，由此也就造成了社会中并非每一个个体皆有能力对他们关注的问题发表意见。如张新宝先生所言："尽管宪法和法律表面上平等地将言论、表述、新闻、出版自由赋予了社会全体成员，但是在某些情况下它更有利于或者服务于一部分社会成员。"[3]这种结果的出现主要是源于以仇恨言论为代表的攻击性言论，仇恨言论多以社会中的弱势群体为攻击目标，如有色人种、弱势地域人群、妇女等，这些弱势群体发表言论的渠道往往受到社会优势群体的严格限制。"如果当真理摆在人们面前，人们能够迅速地理解真理，并且人们也能同样理解与真理相冲突的观念的时候，在自由的领域内促进真理的追求就变得简单多了。但是两种情形会破坏这种追求真理的信心：思想的自由市场

---

[1] Beauharnais v. Illinois, 343 U. S. 258 (1952).

[2] Beauharnais v. Illinois, 343 U. S. 259 (1952).

[3] 张新宝：《言论表述和新闻出版自由与隐私权保护》，载《法学研究》1996 年第 6 期。

里交流者之间的不平等以及人们所相信的在社会中占据主导地位或者是满足人们无意识、非理性的需求的信息中存在的偏好。"①在一个实质上不平等的社会中,权力的平衡状态往往决定着信息的交流。因此,基于社会中不平等的现状,"国家机器就可以利用法律手段规制部分信息的交流,从而为弱势群体和弱势个体创造交流的渠道,以便在思想的自由市场中创造一个相对公平的机会和局面"②。我们以"加拿大女王诉凯格斯案"(Regina v. Keegstra)对此进行分析,加拿大最高法院在对此案进行判决时,不仅参考了《加拿大权利与自由宪章》第 2 条第 2 款保护言论自由的规定,同时也依据《加拿大权利和自由宪章》第 15 条第 1 款对平等权的保护和《消除一切形式种族歧视国际公约》(CERD)第 4 条以及《公民权利与政治权利国际公约》(CCPR)第 20 条第 2 款禁止鼓吹民族、种族或宗教仇恨的规定,判决凯格斯的仇恨言论应当受到加拿大的法律限制。加拿大最高法院在判决中着重指出:"通过拒绝进行仇恨宣传,国家可以更好的鼓励对言论自由的核心价值进行保护。"③

其次,限制仇恨言论并未损及言论自由健全民主政治的价值。这主要体现在下述两个方面:一是仇恨言论与民主政治的基本精神是相违背的。一方面,仇恨言论违背了民主政治的多元主义精神。多元主义精神提倡文化和政治的多元,这是当前世界中政治和文化的现状,亦是未来发展的方向,但仇恨言论却与此精神相悖。之所以得出如此结论,是因为仇恨言论的出现表明了社会中优势群体对弱势群体的压迫和控制,而且仇恨言论的发表也预示着社会中优势群体正迫使弱势群体接受他们的价值观。这种价值观是一种一元价值观,指的是"一种价值理论如果为各种善归纳出一个共同的衡量标准,或者为各种善制定出完备的等级或秩序"④。由于优势群体的现状、自恃掌控着主流文化和政治型态使得这些发表仇恨言论的优势群体只认同自身的一元价值观,而蔑视和否认其他群体的价值,这与多元主义精神是相悖的。"单一文化

---

① Kent Greenawalt, Free Speech Justifications, *Colunbia Law Review*, Vol. 89, 1989, p. 119,1334.

② Frederick Schauer, *Free Speech: A Philosophical Enquiry*, Combridge University Press,1982,pp. 15~16.

③ Regina v. Keegstra [1990] 3 S. C. R. 764.

④ [美]盖尔斯敦:《自由多元主义》,佟德志等译,江苏人民出版社 2008 年版,第 7 页。

的理念阻止一个群体受其他文化的影响,延续了文化身份是预定和稳定不变的错误观念。群体变得僵化并被推向了相互排斥的对立状态。'差异'的方法通常会否认各种群体的特殊性,忽略同一群体内不同个人间的差异。这导致了对其他群体的惧怕(仇外心理)、民族主义以及煽动说教一个特定群体的纯洁、道德以及文化。"①马奥尼女士曾指出,加拿大《权利和自由宪章》和美国《权利法案》的不同之处在于,其明确包含了保障和加强国家多元文化传统的条款,当法院需要对言论自由和反对多元文化主义理念的仇恨言论进行权衡的时候,这一条款和平等条款一道发挥着十分重要的作用。②安大略省上诉法庭在司法裁判中也证实了这一点,"如果自由导致针对其他文化族群的仇恨的增加,那么根本无法保护多元文化主义,更遑论对其进行提高,此时规制仇恨言论的法律就尤显重要"③。另一方面,仇恨言论与民主政治的宽容精神也是相违背的。所谓宽容,"就是一种责任,即允许和不干涉其他人的信仰和行为,尽管这些信仰和行为可能不招人喜欢,或者受到反对,但它们本身并没有对别人按照自身选择进行行动和信仰的平等权利构成威胁"④。由于仇恨言论主要是优势群体对弱势群体的指责、谩骂和言语攻击,因此我们说它违背了宽容的精神。也许同性恋不为社会中的优势群体所赞许,但只要他们没有对其他个体和社会构成威胁,那么容许他们的存在、不干涉他们就是一种宽容的表现,而基于性取向的仇恨言论恰恰违反了这种宽容精神。

二是限制仇恨言论有助于更好地实现弱势群体的民主政治。社会中的弱势群体往往是仇恨言论所侵害的对象,如有色人种、犹太人和女性等,受制于仇恨言论的威胁和伤害,他们无法在基本政治层面上参与民主政治生活。例

---

①　Iris Marion Young, Together in Difference: Transforming the Logic of Group Political Conflict, in *The Rights of Minority Cultures*, Will Kymlicka ed., Oxford University Press, 1995, p. 155, 157~166.

②　Kathleen Mahoney, Language as Violence v. Freedom of Expression: Canadian and American Perspectives on Group Defamation, *Buffal Law Review*, Vol. 37, 1989, p. 346.

③　Kathleen Mahoney, Language as Violence v. Freedom of Expression: Canadian and American Perspectives on Group Defamation, *Buffal Law Review*, Vol. 37, 1989, p. 346.

④　[英]安东尼·阿巴拉斯特:《西方自由主义的兴衰》,曹海军等译,吉林人民出版社2004年版,第84页。

如，由于受到仇恨言论的侵害，许多黑人无法正常地行使自己的选举权，妇女也往往遭受这种不公平的对待。因此，限制仇恨言论就可以有效地帮助这些弱势群体参与民主政治，这样还可以使这些社会成员通过民主进程寻找到影响公共政策和发表自己意见的途径和方式，这样能够在一定程度上弥补仇恨言论对其造成的压制和伤害性负面影响。此外，需要我们注意的是，言论自由固然是至关重要的，但言论自由并不是有效参与民主的唯一途径，其他的社会因素如收入的公平分配、平等接受教育的权利、自由的媒体、有效的社会政策等因素都是多元民主社会所要求的，这些因素和言论自由一道促进民主的实现。在缺失其他社会要素的情况下，民主参与只是一种理论上的可能而无法走入现实。因此我们说为了这些社会要素的平等享有有必要在一定限度内限制仇恨言论。

最后，限制仇恨言论并未损及言论自由实现个人自治的价值。这主要体现在下述三个方面：其一，就个人自治理论而言，发言者的尊严和言论的指向对象的尊严是处于平等地位的，法律不应当为了保护发言者的尊严和权利而牺牲言论指向对象的尊严和权利，限制仇恨言论是为了更好地实现听者的个人自治。诚如我们所知，仇恨言论会对仇恨言论的指向对象造成程度不一的伤害，小到受害者顷刻间的尴尬和无语，大到受害者长时间的痛苦与愤懑乃至身体和精神上的疾病，基于此，我们应当对仇恨言论进行限制，但限制仇恨言论又可能损及发言者的言论自由。这样一来，对仇恨言论的限制与否实际上就是在发言者的权利和言论指向对象的尊严间进行权衡，因此处理仇恨言论这一棘手问题的最佳措施既不是完全的放任，也不是完全的禁止，各国的立法和司法实践普遍多在这两者之间徘徊反复，之所以出现这种复杂的情况，在于限制与否的天平两端是言者的发言的权利和听者的尊严及平等的权利，对二者进行权衡是件非常复杂和困难的事情。

其二，就听者的权利而言，多数人言论自由的权利与少数人言论自由的权利也是平等的，为了更好地实现少数人言论自由的权利也应当对仇恨言论进行限制。相较于其他言论类型，仇恨言论的特殊之处在于其发表往往会造成仇恨言论受害者的沉默。仇恨言论可以轻易地压制其受害者使其不敢发出声音，使其不敢参与社会生活，尤其不敢参与公共论坛的讨论，这都阻碍了仇恨言论受害者自我认知与自我发展的实现。针对这一情况，欧文·费斯先生指出："即使当这些受害者发言了，他们的言辞也缺乏权威性；这似乎无异于他们什么都没说。"①放任仇恨言论实质上是对侵害少数人言论自由权利的漠视，是对少数人实现个人自治的限制。就此而言，为了更好地实现少数群体成员的自治，应当对仇恨言论进行限制。

其三，仇恨言论压制了仇恨言论受害者个人自治的实现。个人"自我实现说"还应当将仇恨言论的受害者的自我认知、自我实现与自我发展同时也考虑在内。限制仇恨言论以保护安全、尊严及仇恨言论潜在受害者的名誉，从这一角度看"自我实现说"能够证明限制仇恨言论的正当性，因为个人的自我实现离不开安全、平等和没有歧视的良好环境氛围。

(二)限制仇恨言论的伤害原则

1.伤害原则的解析

"伤害原则"又称为"密尔原则"、"自由原则"或"伤害他人原则"，这一原则和理念最早是为密尔所提出。"人类之所以有理有权可以个别地或者集体地对其中任何分子的行动自由进行干涉，唯一的目的只是自我防卫。这就是说，对文明群体中的任一成员，所以能够施用一种权力以反其意志而不失为正当，唯一的目的只是要防止对他人的危害。"②主要"关注政府及社会所能正当地行使权力于个人的性质及限度，以及个人享有多少自由"③。依据密尔的这一观点，防止对他人造成伤害不仅是限制行为的理由，而且是唯一的正当理由，因此伤害就构成了对行为进行法律规制的一个必要条件。依据伤害原则对行为进行法律规制是无可疑义的，但是对产生伤害的言论或者仇恨言论的法律规制是否也可以适用这一伤害原则？密尔对此进行了回答："没有人会硬说行动应当像意见一样自由。相反，即使是意见，当发表意见的情况足以使意见的

---

① [美]欧文·M.费斯：《言论自由的反讽》，刘擎、殷莹译，新星出版社 2005 年版，第 13~14 页。
② [英]约翰·密尔：《论自由》，许宝骙译，商务印书馆 1959 年版，第 10 页。
③ 周保松：《自由主义、宽容、虚无主义》，载刘东：《中国学术》，商务印书馆 2006 年版，第 6 页。

发表成为指向某种祸害的积极煽动时,也要失去其特权的。"①对密尔的这一观点,大卫·莱昂斯(David Lyons)进行了进一步的解释:"自由原则允许进行某些'限制',但不会制裁那些为了他人的积极利益而施加的责任。伤害不会给社会和个人带来任何好处,依据自由原则,从而阻止伤害便具有了正当性。能够允许的'限制',即自由的丧失是以阻止或消除对他人造成更大的伤害为目的的。"②自由主义在赋予众人自由权利的同时,也预设了自由的边界,即不得伤害他人。这不仅包括行为,也包括言论。因此,一旦基于自由主义的某种行为和言语伤害到了他人,根据伤害原则,法律具有规制这种伤害行为和言论的正当性,即密尔的伤害原则可以作为对言论自由进行限制的正当性基础。

对伤害原则,各国均已在各自的司法实践中予以承认。以对仇恨言论较为宽容的美国为例,其典型体现就是确认了某些不受宪法第一修正案所保护的言论类型,这包括淫秽言论、亵渎言论、诽谤言论、侮辱言论和挑衅言论。虽然在美国的司法实践中,秉持自由主义观点的学者和法官们认为,政府不应当因为某种言论表达的观点是错误的、邪恶的或者是有缺陷的,就允许对它们进行限制。但如果"某些仇恨言论从属于道德不正当的方式,而这种道德不正当显然是违背基本的人类价值的,对它们进行限制就具有道德和法律上的正当性"③。由此而言,在对仇恨言论进行规制的意见中就"存在着一个自由主义的防御性立场"④,而这一立场是为仇恨言论法律规制的正反双方——宽容派和限制派——所共同认可的,依据这一原则,我们可以对仇恨言论进行法律规

---

① 同时为了证明自己的这句话,密尔随即举了一个例子进行说明:譬如有个意见说粮商是使穷人遭受饥饿的人,或者说私有财产是一种掠夺,它们如果仅仅是通过报纸在流传,那是不应遭到妨害的,但如果是对着一大群麇聚在粮商门前的愤激的群众以口头方式宣讲或者以标语方式宣传,那就可加以惩罚而不失为正当。[英]约翰·密尔:《论自由》,许宝骙译,商务印书馆 1959 年版,第 65 页。

② David Lyons, Liberty and Harm to Others, in *Mill's On Liberty*, Gerald Dworkin ed., Rowman & Littlefield, 1997, p. 132.

③ 马丁·戈尔丁(Martin Golding)指出:"这些在道德上具有瑕疵的语言行为对他人造成了威胁,和其他群体相比,对这些受到威胁的人来说,好像他们的生命本身就没有什么价值,好像他们的利益本身就不重要。"Martin Golding, *Free Speech on Campus*, Rouman & Littlefield 2000, p. 111.

④ Andrew Altman, Liberalism and Campus Hate Speech: A Philosophical Examination, *Ethics*, Vol. 103, 1993, p. 317.

制,"自由主义的伤害原则就可以作为限制造成伤害的仇恨言论的正当性理论基础"①。下文主要分几个方面对伤害原则进行介绍:

(1)伤害原则的前提

伤害原则并没有放弃自由主义的立场,而恰恰是奠基于自由主义的基础之上的。自由主义对伤害原则不仅提供了概念支持,而且还提供了哲学上必要的理论基础。笔者在此之所以要阐明伤害原则的前提是自由主义,主要是因为奠基于自由主义基础上的伤害原则对仇恨言论法律规制的宽容派和限制派各提出了挑战和批评,但同时也为二者趋于达成共识提供了一个共通基础。伤害原则使得持绝对自由主义立场的宽容派处于一种难堪的境地。绝对自由主义者普遍认为,法律不应当对民众的言论自由进行限制,即便这种言论是造成极大伤害的仇恨言论。这种观点的理论基础主要在于自由主义,即正是对自由价值的极度推崇,才使得他们得出了这种观点。但是现在基于自由主义的伤害原则却能够对言论自由进行规制,能够对造成巨大伤害的仇恨言论进行法律限制,这就使得他们处于一种自相矛盾的窘境之中。伤害原则对以种族批判法学家、女权主义法学家为代表的主张限制仇恨言论的限制派也提出了商榷意见。批判种族法学家普遍认为,在自由主义框架内是无法对仇恨言论进行法律限制的,他们更多的是借助美国宪法第十四修正案所保障的平等价值来与仇恨言论进行对抗。但是美国政府和民众对自由的推崇,往往使得这种以平等价值对抗自由价值的努力收效甚微。因此,借助自由主义框架内的伤害原则对仇恨言论进行规制就为种族批判法学家提供了一条切实可行的出路,"自由主义实际上可以为种族批判理论的基本主张让路"②。

(2)伤害原则的核心

伤害原则的核心问题是对正义的考量,即法律如何把握对伤害性言论和行为进行规制时的"度",法律规制到何种程度、采取何种措施方是正义的? 对正义的把握和考量,密尔主要是从功利主义的角度出发的。密尔认为:"正义是特定类型的道德规范,它所关注的是全人类的福祉,因此也就比其他指导人

---

① J. Anglo Corlett & Robert Francescotti, Foundations of a Theory of Hate Speech, *Wayne Law Review*, Vol. 48, 2002, p. 1078.

② Andrew Altman, Liberalism and Campus Hate Speech: A Philosophical Examination, *Ethics*, Vol. 103, 1993, p. 304.

们生活的规范要承担更多的绝对责任。"①伤害原则的正当性之一奠基于道德规范之中,伤害原则的确立和适用也是要符合道德规范要求的,而且这种道德规范要求伤害原则在确立和适用时须具有更强的论证性。对此,莱昂斯指出:"不正义和不公平威胁着人类最重要的利益,而对这些利益的保护是自由原则背后的基本理由。"②因此,我们可以说正义、公平和阻止伤害并非是各个独立存在的,而是紧密联系在一起的,"正义和公平的体现是植根于阻止伤害这一原则之中的"③。对伤害原则进行解释的目的,在于证明该原则的创设是为了保护某些特定的切身利益,这需要满足下面两个条件,才能使法律对某些特定伤害进行的限制具有正当性:"这些伤害严重威胁着特定的切身利益;伤害的实施者对产生的这些伤害负有道德责任。"④由莱昂斯所界定的这两个条件我们可以发现,阻止伤害的正当性在于道德责任的承担和切身利益的维护。

(3)伤害原则的基础

在密尔对伤害原则的阐述中,曾论及之所以能够对个体的行动自由进行干涉,唯一的目的只是自我防卫,自我防卫就是对个体进行干涉的唯一缘由所在,由此,密尔揭示出了伤害原则的基础——功利主义。"的确,在一切道德问题上,我最后总是诉诸功利的;但是这里所谓功利必须是最广义的,必须是把人当作前进的存在而以其永久利益为根据的。"⑤对功利的概念,密尔认为主要包括两个方面:一是个性的发展,二是社会的进步。且相较于社会的进步,个性的发展更处于核心的位置,所谓社会的进步也就是"每个人才能与人格全面发展所带来的自然的、几乎是不可避免的结果"⑥。功利主义对仇恨言论的影响主要体现在仇恨言论的规制中对"度"的把握,即在仇恨言论的法律规制

---

① David Lyons, Liberty and Harm to Others, in *Mill's On Liberty*, Gerald Dworkin ed., Rowman & Littlefield, 1997, p. 134.

② David Lyons, Liberty and Harm to Others, in *Mill's On Liberty*, Gerald Dworkin ed., Rowman & Littlefield, 1997, p. 134.

③ David Lyons, Liberty and Harm to Others, in *Mill's On Liberty*, Gerald Dworkin ed., Rowman & Littlefield, 1997, p. 134.

④ David Lyons, Liberty and Harm to Others, in *Mill's On Liberty*, Gerald Dworkin ed., Rowman & Littlefield, 1997, p. 134.

⑤ [英]约翰·密尔:《论自由》,许宝骙译,商务印书馆1959年版,第11页。

⑥ [美]欧文·M.费斯:《言论自由的反讽》,刘擎、殷莹译,新星出版社2005年版,第97页。

中,规制程度的确定主要是基于功利的考虑。

(4)伤害原则的目标

密尔所述伤害原则的目标主要有两个:一是一般目标,即个体性的自由;二是中转目标,即多数群体专制的弱化和少数群体权利的保障。所谓一般目标,指的是密尔对伤害原则的论述实质上指向的是个人的自由,但是由于对个人自由直接阐释的困难,因此在中间论证过程中加上了两个概念便于更好地证成,这两个概念即为中转目标。可以说,无论是对多数群体专制弱化的分析,还是对少数群体权利保障的研究,密尔所述的伤害原则皆与仇恨言论有着重要的关联,其原因主要在于:仇恨言论的主要表现形式,就是社会中多数群体对少数或者弱势群体在言语表达等方面的攻击,从而造成了少数群体或弱势群体在个人尊严、群体平等等诸多权利和价值方面的受损,因此法律规制的主要措施即为对多数群体的限制和对少数群体的保障。

密尔把多数群体的专制视为民众尤其是少数民众自由的巨大障碍。密尔认为,在一个只是多数人掌权的民主政体中,社会中其他阶层人的反抗多数派专制的自由依然是没有保障的①。因此,对多数群体专制的弱化就成为保障自由的一个重要目标。对多数群体专制的弱化,密尔认为主要存在着两种形式:一是法律的惩罚;二是社会舆论的压力。法律的惩罚自不待言,而社会舆论的压力主要表现为,公众舆论将流行的观念强加于每一个个人,虽然在"其直接意义上就是多数人的道德情感的表达,但它同时又超越了道德情感的表达,而是以惩罚的形式表现出来",相较于法律惩罚,以公众舆论表现出来的专制更为强大和可怕,"在过去很长的时间里,法律惩罚的主要害处就在于它加强了社会的诋毁。而正是社会的诋毁乃是真正有效力的东西,其效力竟使得

---

① 密尔认为多数派专制"和其他种暴虐一样,这个多数的暴虐之可怕,人们起初只看到,现在一般俗见仍仍认为,主要在于它通过公共权威的措施而起作用。但是深思的人们则已看出,当社会本身是暴君时,就是说,当社会作为集体而凌驾于构成它的个别个人时,它的肆虐手段并不限于通过其政治结构而作出的措施。社会能够并且确在执行它自己的诏令。而假如它所颁的诏令是错的而不是对的,或者其内容是它所不应干预的事,那么它就是实行一种社会暴虐;而这种社会暴虐比许多种类的政治压迫还可怕,因为它虽不常以极端性的刑罚为后盾,却使人们有更少的逃避办法,这是由于它透入生活细节中更深得多,由于它奴役到灵魂本身"。[英]约翰·密尔:《论自由》,许宝骙译,商务印书馆1959年版,第4页。

在英国,在社会戒律之下,敢于发表意见的事比在他国,在法律惩罚的危险之下,还要少见得多"①。从而加强对多数群体舆论专制的弱化就成为保障自由的第一要义。

对少数群体权利的保障,密尔主要是以妇女为例予以介绍和分析的。密尔认为,在一个男性占据优势地位的社会中,妇女的权益实质上是受到极大的侵害和贬损的。他以白人和黑人两个族裔之间的不平等为例,认为两性之间的不平等源自于"实力的不对等",从而优势方——男性——的权利是建立在强权的基础上的。密尔认为欲要达致妇女的解放,需要完成两个目标:一是正义,二是自由。在密尔的论述中,正义意味着平等,而自由是个体性的代名词。密尔认为,一个正义的社会应当根据能力和行动来平等地对待妇女。"现代的道德和政治运动的原则是注重人们的行动,而只有行动才配受尊重:不是人们的身份地位而是人们的所作所为才能让人尊敬;最重要的是成就而不是出身才是权力与权威的基础。"②

从另一面来审视伤害原则,即从公民自由的视角来阐述伤害原则,伤害原则也可以被认定为是"不伤害原则",其所划定的主要是公民自由的保护范围。所谓不伤害原则,指的是"公民个体的利益和意愿,不能伤害社会共同体其他成员的感情,包括公民主体的自主性、人格尊严与利益等"③。根据密尔的理解,人类的行为④可以分为两类:一类是自涉性行为,另一类为涉他性行为。由于自涉性行为主要涉及和影响的是主体自身的利益,因此"在仅只涉及本人的那部分,他的独立性在权利上是绝对的。对本人自己,对他自己的身和心,个人乃是最高主权者"⑤。而涉他性行为主要是指那些能够影响和涉及他人或社会利益的行为,从而在这些行为中方存在着"伤害"的问题,即社会所能合法施用于个人之权力的性质和限度。因此,不伤害所确定的领域范围包括全部的自涉性行为和部分涉他性行为。对这部分涉他性行为,公民所能确立的

---

① 〔英〕约翰·密尔:《论自由》,许宝骙译,商务印书馆1959年版,第37页。

② 黄伟合:《英国近代自由主义研究——从洛克、边沁到密尔》,北京大学出版社2005年版,第71页。

③ 曼辉等:《公共生活与公民伦理》,北京师范大学出版社2007年版,第202页。

④ 此处的行为应是作广义理解的,即包括言语和狭义的行为,从而其有别于与言语相区别的狭义行为的概念。

⑤ 〔英〕约翰·密尔:《论自由》,许宝骙译,商务印书馆1959年版,第11页。

自由范围主要来源于"不伤害"的确定。基于"不伤害原则",以性别、地域、种族、国籍和宗教等为议题所确立的弱势群体,就具有了保护自己免遭伤害的正当理由。若群体和个人的利益受到侵害,就具有了足够的正当性对这种行为和言论进行法律规制。因此也可反证,只有当个人的自由伤害到他人的利益时,法律的干预和规制方才是正当和合理的,否则政府和法律就不能对个人行为和言论的自由进行干涉和规制。

2.伤害原则的适用

仇恨言论有着数不清的例证,集中体现于种族和性别方面,种族仇恨言论和性别仇恨言论是仇恨言论的典型代表。关于种族仇恨言论,我们以美国为例进行分析,由于美国历史上曾经发生的种族暴力事件,这一类型仇恨言论的发表往往会引发强烈的暴力行为和大规模的社会骚乱。性别仇恨言论主要针对的是女性,往往使得遭受攻击的女性,倍感孤立和绝望,容易丧失继续生活和工作的信心,这种仇恨言论对女性自己的发展乃至整个社会的发展都具有极大的阻碍。当然,仇恨言论所造成的伤害并不完全是社会和心理意义上的,现今社会科学的研究表明,某些种族仇恨言论和性别仇恨言论所造成的伤害和价值损失往往超出人们一般的想象。因此,某些美国学者认为某些词语特别是含有种族仇恨和性别仇恨的话语可能会对他人造成创伤或伤害,因此有足够的理由认为它们不应受到宪法的保护。本书将依据密尔的伤害原则展开对仇恨言论法律规制的讨论,需要我们注意的是,密尔所提出的只是一项模糊而又笼统的理论,要想把这样的理论转化为在法律上可资利用的规范,就需要我们进行细致而具体的分析和阐释。

（1）伤害的确定

对伤害原则,首先需要明确的一点是"伤害"究竟指的是什么？考诸密尔的论述,我们可以说其伤害概念的核心是指"对社会赖以生存的社会法则的侵犯"[①],这种社会法则主要体现为"个人或者是集体地违反了为保护其同胞所必需的规律"[②]。对密尔的伤害概念,约翰·里斯(John C. Rees)认为,应当首

---

① 黄伟合:《英国近代自由主义研究——从洛克、边沁到密尔》,北京大学出版社2005年版,第51页。

② ［英］约翰·密尔:《论自由》,许宝骙译,商务印书馆1959年版,第95页。

先区分"影响他人"与"影响他人的利益"。威廉斯（G. L. Williams）进一步诠释了里斯的观点，他认为，密尔自由原则的表达最好是"伤害他人的利益"，而不只是简单地"伤害他人"。[①]　由此而言，诚如范柏格所述，"伤害是利益的重大损失"，这种损失主要体现为是"对正当利益的阻碍或侵害"。[②] 莱昂斯也曾对"伤害"的概念进行了分析，他认为："关注利益的'伤害'概念已经得到大多数人的认可，并且实际上也是所有人的共识。这里的利益并不仅仅是人们作出选择的基础，它同时也是人之为人进行生活所必备的条件。这些条件包括物质需要、人身安全和社交自由及自我发展的各种机会。"[③]人一旦被剥夺或丧失的了上述利益，就会出现密尔所说的"伤害"。

　　基于对伤害的这种理解，本书中所言及的伤害主要体现在下述三个方面：其一，仇恨言论往往会造成个体在生理方面和心理方面的损伤。松田真里和帕特里夏·威廉姆斯（Patricia J. Williams）对仇恨言论造成的这种伤害进行了总结，松田真里将言语上的暴力和身体上的暴力所造成的累积效应称为"言语暴力"（the violence of the word），仇恨言论的受害者往往会经历下述生理症状和情绪困扰：恐惧、心跳加速、呼吸困难、做噩梦、受过创伤后产生的精神压力和心理紊乱、高血压、精神病、自杀；而威廉姆斯将仇恨信息对其受害者造成的心理伤害直接称为"精神谋杀"[④]。这些严重伤害致使有些遭到仇恨言论伤害的某些群体的成员拒绝承认、拒绝认同甚至是深深嫌恶和憎恨自己的群体身份。其二，仇恨言论还会对某一个体或者群体的生命财产造成威胁。以种族仇恨言论为例，种族仇恨言论所引发的这种威胁，主要体现为优势种族的成员对劣势种族的成员进行言语上的威胁或者象征性言论的威胁，焚烧十字

---

　　① 曲兆祥:《约翰弥尔与孙逸仙自由观之比较分析》,台湾师范大学三民主义研究所1991 年版,第 72 页。

　　② Joel Feinberg, *Harm to Others：The Moral Limits of the Criminal Law*, Oxford University Press, 1984, pp. 31~64.

　　③ David Lyons, Liberty and Harm to Others, in *Mill's On Liberty*, pp. 129－130, Gerald Dworkin ed. ,Rowman & Littlefield 1997, pp. 129~130.

　　④ Mari J. Matsuda, Public Response to Racist Speech: Considering the Victim's Story, *Michgan Law Review*, Vol. 87, 1989, p. 2336. Patricia J. Williams, SpiritMurdering the Messenger：The Discourse of Fingerpointing as the Law's Response to Racism, *University of Miami Law Review*, Vol. 42, 1987, p. 127, 129(1987). .

架就是这样一个典型的例子。若是某个黑人家里被放置了正在焚烧的十字架,就意味着这一个黑人家庭马上就会遭到三 K 党的攻击,这一明白无误的信息通常使得这一黑人家庭笼罩在生命财产受到严重威胁的境地中。因此,正是因为以威胁、恐吓为目的而焚烧十字架是对有色人种的一种赤裸裸的仇恨言论,美国联邦最高法院才将其排除在宪法保护之外①。其三,仇恨言论还会造成某一个体或者群体生活中其他方面的影响。以宗教仇恨言论为例,由于宗教仇恨言论会严重干扰被害人的生活,使其感觉到时刻处于一种充满敌意的环境。因此,若是公权力不加以介入,他们唯一的选择只能是悄悄地离开,而在校园里遭受宗教仇恨性言论的攻击的被害者只能转学,这样就会影响到他们接受平等教育的机会;而在社区中遭受骚扰的被害者也只能搬家,这样一来他们公平居住的机会也受到了影响②。再如性别仇恨言论,性别仇恨言论在拥有接受教育的公平机会、选举、不受他人骚扰等方面,严重阻碍着女性合法的切身利益的实现。本书认为,这些种类的仇恨言论应当受到限制,它们表达和传播的仇恨严重阻碍着人们实现自由和平等的切身利益。

当然还需注意的是,"伤害"并不仅仅限于仇恨言论对其指向对象所造成的影响。如果针对个人或群体的仇恨言论是基于某一身份偏见的,那么受到伤害的不仅仅是这些遭到攻击的个人,还包括该群体内的其他人甚至是整个群体。例如"黑鬼"(nigger)一词,贬损的不只是其所针对的某一个黑人的尊严,伤害的是黑人这一群体的尊严。同样的,若针对某一女性的仇恨言论是基于性别偏见的,不只是这一女性受到了仇恨言论的攻击,整个女性群体都受到了仇恨言论的侮辱。因此我们可以说,伤害原则的基础也是公共伤害原则产生的理论基础,危害到健康社会环境这一公共利益的某些仇恨言论是不应该

---

①　在"弗吉尼亚州诉布莱克案"(Virginia v. Black)中,奥康纳大法官执笔的多数意见书首先回溯了焚烧十字架的历史,"焚烧十字架所传递之唯一讯息就是威胁,意图激发受害者之恐惧。历史经验显示,焚烧十字架后通常伴随着伤害甚至死亡,这种威胁并非凭空想象。"Virginia v. Black, 538 U. S. 388,380391(2003)(Thomas J., dissenting).

②　美国影片《穿越国境》(Crossing Over)即是对此类情形的描述:来自孟加拉的移民女孩塔斯丽玛因为在课堂讨论中发表了对"9·11"事件和其他同学不同的、激进的理解,塔斯丽玛的同学便排斥、辱骂她为"该死的沙漠中骆驼"、"为什么不滚出我们的国家"、"你身上是不是绑了炸弹想把我们都炸死"之类的话,使得她无法继续正常上学,后来导致塔斯丽玛被联邦移民局驱逐出境。

受到法律保护的。于此,范伯格的公共伤害原则的观点具有借鉴和参考意义,范伯格认为:"公共伤害并不需要本质错误的行为造成实际损害。相反,这种伤害只需是不利于公共利益的或形式错误的即可。"①

(2)伤害意图的确定

伤害意图所言及的是实质伤害的确定是否需要发言者内心意图的支持。就仇恨言论而言,伤害意图所指是一种仇恨言论受到法律规制与否取决于仇恨言论发言者的意图。本书认为,应受法律制裁的仇恨言论除了造成伤害之外,其发表还应当是故意的或者说是明知且自愿而为的。试举一个例子对此予以说明:大卫是一个来到中国旅游的美国游客,他曾经在大学中辅修过一段时间的汉语,基本上可以用汉语进行一般的日常会话,但是对成语不太熟悉和了解。在一次聚会中,他看到一个非常漂亮的中国女孩,于是走过去绅士地对这个女孩说:"您如此的水性杨花(大卫本意想说的是貌美如花),我可以请您喝一杯吗?"结果这个女孩不仅没有答应大卫,反而愤愤地说道:"该死的美国佬真是神经病。"大卫并不明白明明是赞美这个女孩的话为什么会反倒让她如此反感。但是中国人一般都明白"水性杨花"这个成语对女性的贬损意味。由这个例子,我们可以发现发言者的意图对判断仇恨言论是否应负法律责任来说具有十分重要的意义。

大卫不仅没有向这个女性表达仇恨的意图,而且他自身也不知道他所说的这个成语恰好带有针对女性的仇恨意味,因此我们很难说他应当为他所说的这句话承担什么法律责任,即便他所说的那个成语已经对该女孩造成了实际伤害。此外,如果他明明知道他所说的话将对女性造成伤害,但他是被迫说出这些话的,那么他也无须承担责任,因为"如果一个人冒风险是在明白一切有关事实和可能偶发的事件的情况下进行的,并且没有任何强制性的压力或强迫,那么,他就是完全自愿地去从事冒险;在存在着神经症性强迫、误传信息、刺激和鲁莽、模糊的判断(如醉酒时那样)、推理能力不成熟不完善的情况下,行为的选择就不能视之为完全自愿的"②。在伤害意图方面,仇恨言论受

---

① Joel Feinberg, *Harm to Others: The Moral Limits of the Criminal Law*, Oxford University Press, 1984, p. 230.

② [美]乔尔·范伯格:《自由、权利和社会正义——现代社会哲学》,王守昌、戴栩译,贵州人民出版社 1998 年版,第 67 页。

到法律规制的必要条件是,意图发表含有令人极度反感内容言论的人,他清楚了解该言论所表达的令人极度反感的内容,并且自愿地发表了该言论。

（3）伤害程度的确定

言论所造成的伤害和这种伤害的故意意图,并不能成为法律对仇恨言论当然进行谴责并惩罚的充分理由。此外,还要求仇恨言论所造成的伤害还必须是重大的,轻微的不愉快并不足以引发对仇恨言论进行必要的法律制裁。如果某人称他人为"笨蛋、傻瓜",这些词语通常不会引起显著的伤害,它们仅仅是冒犯性的语词,在日常生活中就没有必要依靠法律对这样的词语进行限制。但是,如果仇恨言论所针对的对象在情感上是极其脆弱的,那么这些仇恨言论就可能对其造成严重的身体和精神的伤害后果。这种情形该如何处理,能否确立一个标准对这些言论的伤害程度进行检验,不同情形应如何进行具体处理？

对这一问题,我们可以借鉴民法中关于自然人行为能力的相关规定,虽然这一规定在民法学中引起了学者们不同的争辩意见,但是综合而言它仍是一个较为恰当的理论基础。"只有那些经过自身的智力发育、对事物的理解力达到最起码的标准,并拥有一定的知识,因而被法律认定为有'行为能力'的人,才能承担合同义务。"①因此,法律对仇恨言论伤害程度的界定,可以适用自然人行为能力的标准来进行解释。一个完全民事行为能力人并不希望该言论造成显著的伤害后果的,只有当发言者的发言是明知地、故意地和自愿而为时,且对一个完全民事行为能力人来说其发言希望产生显著的、不公正的伤害,在这种情况下表达的仇恨言论应当受到法律规制。若发言者只是私下里自言自语所发表的仇恨言论,就没有必要对其进行限制。

（4）伤害来源的确定

"伤害来源"所指的是仇恨言论发表的初衷意图是否是正当的。依据"伤害来源",我们可以把仇恨言论分为两类:伤害且不正当的仇恨言论和伤害但正当的仇恨言论。进行这一分类的目的在于回答绝对自由主义者反对限制仇恨言论的一个理由,即基于种族或性别标准对言论进行正当和不正当的分类是对言论自由的一种压制的观点。绝对自由主义者认为,我们既需要能够倾

---

① ［德］康拉德·茨威格特、海因·克茨:《行为能力比较研究》,孙宪忠译,载《外国法译评》1998年第3期。

听提倡种族和谐的言论,同时也应当忍受促进种族不相和谐的言论;我们既能够赞美提倡性别平等的言论,同时也应当容忍部分贬损女性的言论,这些都是言论自由应有的题中之意。①

伤害且不正当的仇恨言论和伤害但正当的仇恨言论这种分类,主要在于"针锋相对"在我们的道德和法律中都具有一定的位置,虽然私人惩罚在近代社会以来已被国家所禁止。但需要我们注意的是,言论和行为毕竟有着很大的区别,国家所禁止的主要是针锋相对的报复行为,至于合理限度范围内的言论则是许可的。当然,即便是对于行为,法律也允许当事人进行一定的正当防卫。下面试举一个例子对此予以说明:在我们的日常生活中,"兔儿爷"②往往被视为一个仇恨词语,尤其是对于男性而言。若一个男性被人称为"兔儿爷"后,基本上就会与周边的环境格格不入,不仅女性对之唯恐躲避不及,即便是男性也排斥与之交往,甚至这一男性的家人也会跟随他遭受到程度不等的羞辱。在此种情况下,就可以界分为两种情形。一种情形是,一个母亲乙女对着曾经猥亵自己儿子的男同性恋甲破口大骂:"你个该死的兔儿爷,你就该下地狱!"第二种情形是,丁男是同性恋的事情被同学丙女知道后,丙女针对甲男骂道:"你个兔儿爷。"对于情形一,我们可以说乙女的仇恨言语在道德上是正当的,正所谓"你既然做了,难道还怕别人说吗?"即使乙女原谅了甲男,但这并非意味着周边的其他人就应当原谅他,或者说并不仇恨他,毕竟他的行为也侵犯到了其他人的利益。因此,我们可以说"兔儿爷"对于甲男是实至名归。由此我们看到,仇恨言论在我们的日常道德中是有其适当位置的。个人或者群体以不公正或不道德的方式严重伤害了他人,那么该人或该群体将成为他人仇恨的正当目标。一般而言,一个人针对他人的错误行为越严重,就越可能作为他人正当的仇恨目标,同时他人对他的仇恨也就越严重。但是必须注意的是,只有当仇恨是理所应当且保持在合理限度内时,它在我们的道德中才会有适当的位置。在情形二中,丙女的仇恨言论在道德上就不具有适当的位置,原因

---

① Frederick Schauer, *Free Speech*: *A Philosophical Enquiry*, Cambridge University Press, 1982, p. 12, 68, 83, 106.

② 同性恋在中国存在的时间较久远,早在古代就形成了关于同性恋的各种隐晦性的俗语、贬称,"兔儿爷"是其中之一。刘达临、鲁龙光:《中国同性恋研究》,中国社会科学出版社 2005 年版,第 8 页。

在于丙女的此种伤害言论并非基于正当的理由和基础,由此就是非正当的伤害。

由上述两种情形我们看到,仇恨言论虽然都造成了伤害,但是依据仇恨言论的来源不同,就可以分为伤害但正当和伤害且不正当两种。我们也由此可以说,仇恨言论有时在道德上是必要的,从而法律也应该在必要的情况下为相关仇恨言论的案件留有余地。

密尔曾言:"本书的目的是要主张一条极简单的原则,使凡属社会以强制和控制方法对付个人的事,不论是以法律惩罚方式下的身体强制或是公共意见下的道德强制,都要以它为准绳。"[①]密尔所确立的这项准绳即为伤害原则,我们也可以把伤害原则予以引介,将其作为法律对仇恨言论进行规制的标准,凡在该标准之内的就是需要法律加以规制的言论,否则该言论就属于道德调整或者个人自治的范畴。根据上文对伤害原则的分析,本书认为若是一种言论由于其属于仇恨言论的范畴,从而需要承担相应的法律责任的话,这种仇恨言论的发表须符合下述三个方面的条件:(1)该发言者意图发表含有极度仇恨内容的言论,且该人明知此言论含有极度仇恨的内容而仍然自愿为之。(2)作为一个理性人,即法律所界定的具有完全的认知能力和预见能力的行为人,该人希望其所发表的仇恨言论能够产生显著伤害的后果。此处的"显著伤害"指的是仇恨言论法律责任的承担可能因为伤害性的不同而存在不同的程度和等级。(3)且该人知道,自己发表的仇恨言论所产生的伤害是毫无根据的。此处的"毫无根据"指的是在案件的审理时,法院认为该仇恨言论的发表欠缺必要的正当性,主要在于:一是该言论攻击的目标是无辜的,二是该言论不是针对自己的伤害而被迫发表的。

---

① ［英］约翰·密尔:《论自由》,许宝骙译,商务印书馆1959年版,第14页。

第三章

仇恨言论法律规制的美国进路

以仇恨言论的自由性和伤害性为基础,对仇恨言论进行的法律规制出现了两种不同的进路:一是基于自由的仇恨言论法律规制进路,即在仇恨言论的法律规制中主要看重仇恨言论的自由属性,对其进行的法律规制不管是理念还是措施都以保证其自由表达和交流为目的,主张宽容仇恨言论,为了保护言论自由,宁愿忍受仇恨言论带来的伤害,以美国为代表(简称美国进路)。二是基于尊严的仇恨言论法律规制进路,即在仇恨言论法律规制中主要着眼于仇恨言论的伤害属性,对其进行的法律规制不管是理念还是手段均以保证人的尊严和平等为目的,主张限制仇恨言论,为了保障人的尊严这一至高无上的价值的实现,他们也愿意在言论自由方面作出必要的牺牲,以德国为代表(简称德国进路)。本书第三章和第四章分别对仇恨言论法律规制的美国进路和德国进路进行研究,对仇恨言论法律规制的美国进路的考察主要从如观念基础、司法理论、司法实践几个方面展开。

一、美国仇恨言论法律规制的观念基础

言论自由具有重要的价值,应受宪法和法律的高度保护,这已成为美国政府和民众的共识,并作为一项基础观念深深植根于美国民众心中。与其他国家相比,言论自由的高度保护也是美国社会最为显著的特色之一,言论自由是美国政府和民众心目中的"圣典",坚不可摧、牢不可破。"的确,对第一修正案

思想的信仰之根深蒂固,有如对宗教教义的信仰一般。以至于在美国,人们把它赞誉为'美国生活方式'的一部分。"①这种"美国生活方式"虽有着巨大的社会和政治意义,但是对仇恨言论的法律规制而言,它却成为一个巨大的障碍。言其为障碍,主要在于美国规制仇恨言论的许多法案和法令往往被联邦最高法院判定违背宪法的言论自由保护条款而归于无效,从而使得仇恨言论愈演愈烈给社会及个人造成了巨大的伤害。因此,美国对言论自由给予的高度保护就成了一件非常值得研究的事情。

(一)高度保护的制度体现

美国宪法第一修正案以简明扼要的文字规定了公民的诸项权利:"国会不得制定法律,确立某种宗教信仰,或者禁止信仰的自由;或者剥夺言论、新闻出版的自由;或者剥夺人民和平集会以鸣不平,请求政府救济的权利。"其中,"国会不得制定……剥夺言论和新闻出版自由的法律……"(Congress shall make no law... abridging the freedom of speech),构成了美国宪法对言论自由高度保障的制度基础。美国宪法第一修正案对言论自由的基本立场,总体上说来赋予了言论自由以高度的宪法保护。这种立场在联邦最高法院处理的许多案件中可以寻到踪迹:在"惠特尼诉加利福尼亚案"(Whitney v. California)中,布兰代斯(Louis Brandeis)大法官提出了颇有说服力的观点。布兰代斯大法官对言论自由的范围划定了基本的轮廓:"对严重伤害的恐惧,并不应当成为压制言论自由和集会自由的理由,这犹如人们不应当因害怕女巫而焚烧妇女一样。言论自由的功能是把人们从非理性的恐惧中解放出来,而因为恐惧就压制言论,这如同认为若言论自由,结果就会产生更加严重的危害一样。只有在所忧虑的危险是迫在眉睫,且所要防止的危害是严重的情况下,方能限制言论自由。"②此后,在"廷克诉得梅因校区案"(Tinker v. Des Moines)、"田纳西州诉约翰逊案"(Texas v. Johnson)及"纽约时报诉合众国案"(New York Times Co. v. United States)中,联邦最高法院也认同应对言论自由予以高度保护。在"纽约时报诉合众国"案中,大法官雨果·布莱克(Hugo Black)在意

---

① J. Herbert Altschull, *Agents of Power*, Longman, 1984, p. 18.

② Whitney v. California, 274 U. S. 379～380 (1927).

见书中写道:"我确信对这些报纸的任何一刻的限制都无可争辩地是对第一修正案的公然践踏。……政府部门在设法禁止这些报纸的时候及在其法庭陈述当中,似乎忘记了第一修正案的根本意图和历史。……在第一修正案中,奠基者们给予新闻自由的保护,使新闻机构得以在我们的民主政体中充分地发挥其应有的作用。新闻机构为之服务的应当是被统治者,而不是统治者。"①弥尔顿·休曼(Milton Heuman)先生对美国关于言论自由的司法判例进行分析后总结道:"关于言论自由的基本原则是,政府对言论表达,尤其是针对那些有关政府和公共政策的言论进行禁止、惩罚或控制的行为并不具有正当性,因为基于公共问题的讨论应当是不受拘束的、健全和开放的,对这一基本原则的坚守是意义深远的国家行为。"②

　　当然,需要注意的是,宪法第一修正案在制定之初所针对的是国会而非各州,制宪者忧虑的主要在是联邦政府,而不是各个州。"在最初由各州批准的宪法以及《权利法案》中,没有任何条款是为了维护言论自由而对州一级的国家部门加以限制的。"③直到于 1868 年颁布了宪法第十四修正案这一情况才有所改变,该修正案明确规定:任何州不得"未经正当的法律程序,剥夺任何人的生命、自由或者财产"。第十四修正案中的这一正当程序条款就成了保障言论自由的另一基础,并得以适用于美国各州的立法机关和行政机关。除此之外,1925 年"吉特洛诉纽约案"(Gitlow v. New York)中,大法官爱德华·桑福德(Edward Sanford)认为,就此问题"我们可以认定:言论和出版自由受宪法第一修正案所保护,国会不得剥夺的言论和出版自由,亦受宪法第十四修正案正当程序条款所保护,属各州不得侵犯的基本人权和自由的范畴"④。于此,有学者认为:"言论自由是受到宪法第一修正案和第十四修正案的双重保护的,同时在言论自由的内部,既存在一项涵盖广泛的基本原则,同时也存在

---

　　① [美]唐纳德·M.吉尔摩等:《美国大众传播法:判例评析(上册)》,梁宁等译,清华大学出版社 2002 年版,第 53~54 页。

　　② Milton Heuman & Thomas W. Church, *Hate Speech on Campus: Case, Case Studies, and Commentary*, Nartheastern University Press, 1997, p. 20.

　　③ [美]唐纳德·M.吉尔摩等:《美国大众传播法:判例评析(上册)》,梁宁等译,清华大学出版社 2002 年版,第 1 页。

　　④ Gitlow v. New York, 268 U.S. 666 (1925).

着这项基本原则的若干例外。"①当然,"美国宪法规定的权利既受到州法院的保护,又受到联邦法院的保护,但是,只有联邦最高法院才有权最终决定权利保护的范围,以及在具体案件中权利是否受到了侵犯。"②权利法案之所以表现出对联邦议会和政府的警惕,主要受其殖民地历史以及建国历程的影响,建国的曲折历史使得制宪者深刻认识到言论自由的价值以及言论自由不受克减的重要性。

(二)高度保护的缘由

美国法在很大程度上受到英国法的影响,美国言论自由的发展史也是置于这一历史背景中的,除此之外,美国建国初期的曲折也影响了美国的言论自由观。

"美国人对言论和出版自由尤为珍视,因为这一自由源于父辈们曾经饱受压迫的历史。"③对美国言论自由高度保护缘由的考察,首先需要探究英国言论自由保障的历史。英国早期的法律对言论自由的规定,主要体现在其对言论自由进行严格限制的时代特征上面,这种限制主要体现在两个方面:一是事前禁止,一切出版物须经过政府的许可方能印刷出版;二是事后惩罚,对那些侵害国王及王室的言论通常会被冠以煽动性诽谤的罪名。

对言论自由限制的措施之一是事前禁止,这主要体现在英国早期的出版许可证制度上。1585 年,英国星座法院通过一项法令,要求所有出版物必须持有许可证才可出版,并且应由星座法院认可的出版公司印刷。书籍出版业公会早于 1557 年就已成立,它的成立表明英国政府将出版完全纳入其有力的监控之下,"一切印刷都被集中在了伦敦,并置于政府的直接检查之下。任何人如果不属于书籍出版业公会,倘无特别许可,便不能从事合法的印刷。公会

①　Milton Heuman & Thomas W. Church,*Hate Speech On Campus：Cases，Case Studies，and Commentary*,Northeastern University Press,1997,p. 20.

②　[美]路易斯·亨金、阿尔伯特·J. 罗森塔尔编:《宪政与权利》,郑戈、赵晓力、强世功等译,三联书店 1996 年版,第 18 页。

③　[美]安东尼·刘易斯:《言论的边界:美国宪法第一修正案简史》,徐爽译,法律出版社 2010 年版,第 8 页。

有权搜查并没收侵犯他们特权的出版物"①。因此,星座法院控制了英国所有的印刷和出版,直到它在 1641 年被议会所废除。在这期间,星座法院以它认为合适的标准对违规者作出了各项惩罚。随后,1643 年 6 月英国议会又通过了一项关于发放出版许可证的法律,该法令禁止出版、发行或者进口一切未在书籍出版业公会注册的书籍、小册子或者报纸,且授权官方人员得以搜查未获许可的印刷物,并禁止出版任何未经许可的物品。

在对言论自由进行的事后惩罚方面,早在 1275 年英国就通过了禁止煽动性诽谤的《诽谤政府要人法》,该法律规定,"对任何散布关于导致国王和他的臣民不睦言论的人施以监禁的惩罚"。这一时期的《大不列颠许可证法》也规定:"令人厌恶的作品的作者及印刷者被处以绞刑、肢解、残害,或者仅依据法官的脾气罚款和监禁。"这一法令对煽动性诽谤的惩罚贯穿于 18 世纪,一直持续到 19 世纪上半叶。对这种惩罚,伦纳德·列维(Leonard Levy)曾经举过一个例子:"1663 年威廉·特怀恩(William Twyn)因为出版了一本支持革命权利的书籍,而被认为导致了国王的死亡(莫须有);特怀恩被判处绞刑,在一息尚存时又被放了下来,然后遭到阉割、五脏六腑被掏出,最后被分尸——这是对叛国罪实施的标准惩罚。"②当时的英国政府认为,对外交政策、国王或其他公职人员进行批评的出版物会导致政府权威的削弱,因此这种出版物应当受到限制,其作者也应当受到惩罚。在当时的英国只要这种批评造成了一定的后果就要受到惩罚,至于该出版物的内容真实与否则无关紧要。尽管 1792 年《福克斯诽谤法案》(*Fox's Libel Act*)授权陪审团一项权利,即若认为出版物无煽动性,可以宣告被控具有煽动性的出版物无罪,但直到 1843 年通过的《坎贝尔勋爵法》(*Lord Campbell's Act*),现代意义上的出版自由才在英国得以确立。

美国殖民地时期的言论自由问题和英国本土的言论自由问题的发展基本上是平行的,"在美国十七世纪的殖民地时代,无论在原则上或者实践中均不

---

① 〔美〕唐纳德·M. 吉尔摩等:《美国大众传播法:判例评析(上册)》,梁宁等译,清华大学出版社 2002 年版,第 3 页。

② 〔美〕约翰·D. 泽莱兹尼:《传播法:自由、限制与现代媒介》,张金玺、赵刚译,清华大学出版社 2007 年版,第 33 页。

存在言论自由的权利"①。这种境况也主要表现在事前禁止和事后惩罚这两个方面。

首先,在事前禁止方面,美国殖民地时期的许可证制度追随着英国本土的模式:1662年马萨诸塞州任命了两位许可证颁发者,并规定"没有他们的允许,任何东西不得印刷";1644年,殖民地又通过了一项法案,指定剑桥为唯一合法的新闻印刷地点,并受许可证颁发者管制。出版于1704年到1776年的《波士顿新闻通信》每每在它的标示牌下写着"授权出版",这意味着该报所刊载的内容是获得殖民地总督批准的。宾夕法尼亚州和弗吉尼亚州也同样出台了许可证制度,在这两个州若未经许可连殖民地的法律甚至都不被允许印刷。因此,在英国的统治下,北美殖民地的民众基本上处于言论自由的匮乏状态之中。诚如伦纳德·利维(Leonard Levy)所言:"在18世纪,美利坚根本没有言论和出版自由。"②在这种情况下,殖民地人民就把争取言论自由的权利作为他们国家独立过程中的一个重要组成部分。

其次,在事后惩罚方面,殖民地时期关于言论自由的案例和英国本土相比较少,在这些案例中,影响最大的是"曾格案"(The Crown v. Zenger)。出版商约翰·彼得·曾格是负责出版《纽约周刊》的编辑,他曾经公开抨击殖民地总督威廉·科斯比(William Cosby):"总督已变成恶棍,他干了成百上千件恶事,而小恶棍只要干了其中一件就该被绞死",他"千方百计压制你,而你却难以阻止他"。曾格因言获罪被控诽谤政府被逮捕入狱。案件发生后,远在费城的安德鲁·汉密尔顿(Andrew Hamilton)前来为曾格辩护,他指出:"曾格的文章内容反映了事实真相,而坚持真相是人生来而具有的权利。应该由事实真相来判断是否为诽谤。"他还说:"摆在法庭面前的问题……不是这个可怜的印刷商的案件……不是!它的结果可能会影响到美洲大陆每一个生活在英国政府统治下的自由人。"③后来,曾格在入狱一年后获得释放。曾格案的胜利树立了允许批评殖民地总督和其他权威人士的先例,这一案件也成为革命前

---

① Larry D. Eldridge, *A Distant Heritage: The Growth of Free Speech in Early America*, New York University Press, 1994, p. 2.

② Leonard Levy, *Legacy of Suppression: Freedom of Speech and Press in Early American History*, Belknap Press of Harvard University Press, 1960, pp. 174~248.

③ James Alexander, *A Brief Narrative of the Case and Trial of John Peter Zenger*, Stanley N. Katzed, Belknap press of Harvard University, 1963, pp. 78~100.

言论自由所赢得的最为显著的胜利。"再不能说抵抗王室成员永远是错误的,美国已经开始走出一条通往属于她自己的法律体系。"①

尽管美国没有像欧洲社会那样历经几百年封建思想的沉重包袱,但是殖民地百余年压迫言论自由的历史遗存的影响并没有随着新制度的建立而即刻消失,其仍然影响着刚刚建国的美利坚民族。建国后不久,联邦议会批准了《权利法案》,其中第一修正案明确禁止国会制定限制言论和出版自由的法律,但此后国会却通过了一系列违背宪法第一修正案精神的法案,这些法案的制定为限制言论自由提供了法律依据。1917 年《反煽动法》规定:"任何人发表、出版任何针对联邦政府的虚假、诽谤性和恶意的言论,都应处 2000 美元以下的罚款和 2 年以下监禁;运用言论蔑视、丑化总统和国会,或煽动美国人民对总统和国会的仇恨,均为煽动骚乱。"当时,联邦政府依此规定指控报纸、杂志抨击政府的言论的控诉多达 1900 件。其第一案所针对的,是时任国会议员的利昂,他因发表了一篇谴责亚当斯总统的公开信而被判入狱 4 个月。②《外国人法》授权总统可以驱逐其认为有害美国国家安全的外国人出境。虽然这些法案也规定可以使用真实性作为抗辩事由,但是陪审团仍然享有定罪权。除此之外,《福克斯诽谤法案》仍然存在一定的影响,即批评政府是一种犯罪,这种批评会因构成煽动性诽谤而受到惩处,而这和言论自由的本质却是相矛盾的。"煽动性诽谤这一概念冲击着民主最本质的精神。当政府动用其权力和法庭来压制批评的声音,政治自由也就完结了。"③建国后对美国法中煽动性诽谤概念展开的批判,为理解美国宪法第一修正案所赋予言论自由的高度保护的含义提供了一把新的钥匙:"我们面对着一部令人尴尬的历史,法院不只是最终平息了有关煽动性行为法地位问题的争论,更为重要的是,它在就煽动性诽谤进行争论的过程中找到了'通往第一修正案核心意义'的线索,其措辞异常地切中要害:第一修正案的核心意义在于煽动性诽谤不得成为政府制裁

---

① Vincent Buranelli, *The Trial of Peter Zenger*, New York University Press, 1957, p. 62.

② William J. Brennan, *The American Experience: Free Speech and National Security*, in Free Speech and National Security, Shimon Shetreet ed., M. nijhoff Publishers, 1991, p. 12.

③ Harry Kalven, Jr., The New York Times Case: A Note on the Central Meaning of the First Amendment, 1964 Sup. *Ct. Rev.*, p. 205(1964).

的名目。"①

(三)高度保护的思想渊源

对言论自由的高度保护,美国法受惠于诸多思想家的影响,英国的洛克、弥尔顿、密尔、布莱克斯通和法国的伏尔泰、孟德斯鸠、卢梭及美国本土的联邦党人、杰斐逊等对美国的言论自由观都产生了深刻的影响。相比较而言,对美国言论自由观的形成具有直接影响的主要是英国的布莱克斯通和美国的杰斐逊。

威廉·布莱克斯通(William Blackstone)所著《英国法释义》一直被美国法律人争相传颂,早已成为美国事实上的"法律圣经",布莱克斯通的法律理念对美国的法律和社会发展也产生了极其重要的影响,"国会制定和通过第一修正案时实际上主张的是英国法学家布莱克斯通的观点"②。布莱克斯通认为:"新闻自由是一个自由国度的本质,这种自由主要体现在出版前不对出版物进行事前约束,而不是在出版时责难犯罪事件。每一个自由人都拥有无可置疑的权利,即能在公众面前提出令他自己满意的观点,从而禁止这一权利就是破坏新闻自由。但是如果他出版了不合适的、有害的,或者是非法的内容,那他也必须为自己的鲁莽承担必要的责任。"③布莱克斯通还指出:"使新闻业像从前那样屈从于许可证颁发者的限制力量,就是使发表自己观点的自由屈从于一个人的偏见,从而使他成为学术界、宗教界和政界所有争论观点的专断和偏执的仲裁者。"④美国联邦最高法院依赖布莱克斯通关于不进行"先决约束"的观念对"尼尔诉明尼苏达州案"(Near v. Minnesota)进行了判决,该判决在美国言论自由发展史上具有划时代的意义。除此之外,霍姆斯大法官的"明显且

---

①　Harry Kalven, Jr. , The New York Times Case: A Note on "the Central Meaning of the First Amendment, 1964 Sup. *Ct. Rev.* pp. 208~209(1964).

②　邱小平:《表达自由——美国宪法第一修正案研究》,北京大学出版社 2005 年版,第 12 页。

③　William Blackstone, *Commentaries on the Laws of England*, Beacon Press,1962, p. 161.

④　William Blackstone, *Commentaries on the Laws of England*, Beacon Press,1962, p. 162.

现实危险原则"也可溯源至布莱克斯通的观点,布莱克斯通认为当"和平及良好的秩序"遭到威胁时,言论自由便不再受到保护,这一种观点恰是"明显且现实危险原则"的前奏。

众多研究美国言论自由历史的学者认为:"1800 年杰斐逊在总统大选中获胜,标志着美国民众以自己的民主选择,谴责和抛弃了对煽动性诽谤言论的惩罚。"[①]相较于政治家的身份,作为学者的托马斯·杰斐逊(Thomas Jefferson)对美国的言论自由做出了更为杰出的贡献,可以说"他的言论自由理论奠定了美国言论自由司法自由主义的理念基础"[②]。

杰斐逊认为,"一个共和政府必须尊重人民的言论自由,并且从法律上加以保障",他坚信,"言论自由是实现真理的唯一道路"。对这一观点,他进行过如下解释:"人是有理性的,且是有良知和能力的,若让民众享有言论自由和思想自由,那么真理就会愈辩愈明;但如果不让民众享有言论自由权利,那么民众就只不过是一架架的肉机器。"[③]杰斐逊还主张:"人民有权利批评政府,不管这个批评是否正确,政府不应该加以禁止或治罪。政府是由人民设立的,它必须受到人民的监督,而人民只有通过言论自由才能监督政府,否则政府就会腐败。"[④]他认为:"言论自由应该受到宪法的保护,政府能干涉的只有行动,而不应包括言论和思想。"[⑤]在起草《弗吉尼亚宗教自由法草案》时,杰斐逊宣称:"真理是伟大的,如果任其自然,她终将得到传播。她是谬误天生的强大敌手,对争辩无所畏惧……我们相信最终会证明,人是可以受理性和真理支配的。因此我们的第一个目标是给人打开所有通向真理的道路。迄今为止,找到的最好的办法是新闻自由。"[⑥]他在 1802 年写给佛尔尼的信中说,联邦党人"让

---

① William J. Brennan, The American Experience: Free Speech and National Security, in *Free Speech and National Security* 14, Shimon Shetreet ed. , M. N. ijhoff Publishers,1991,p. 14.

② 甄树青:《论表达自由》,社会科学文献出版社 2000 年版,第 153 页。

③ Caleb Perry Patterson, *The Constitutional Principles of Thomas Jefferson*, University of Texas press,1953,p. 182,183.

④ Caleb Perry Patterson, *The Constitutional Principles of Thomas Jefferson*, University of Texas press,1953,p. 185.

⑤ Adrienne Koch & William Peden, *The Life and Selected Writings of Thomas Jefferson*, The Modern library,1944,p. 544.

⑥ 〔美〕托马斯·杰斐逊:《杰斐逊文选》,王华译,商务印书馆 1963 年版,第 11 页。

自己的报纸充斥着谎言、诽谤和狂言……我们正在进行这样的实验,看一看不借助强制,光凭自由讨论,是否不足以宣传和保护真理,是否不足以使政府在行动和观点方面保持纯洁和正直……我将保护它们撒谎和诽谤的权利"①。在另一封信中,他写道:"人民在经受欺骗中表现出来的坚定,在事实与谎言之间表现出来的辨别能力表明,他们是完全可以依赖的,他们能在任何正确与错误的东西中作出正确的判断。"②

虽然布莱克斯通和杰斐逊对言论自由在美国的发展产生了重要的影响,但二者的司法理念却有很大的差异。布莱克斯通的《英国法释义》"造成了过份简单的清晰性。实际上,杰斐逊甚至都不会同意在这所大学使用《英国法释义》。这本书不仅以赞颂英国的一切,表现出令人难以忍受的'托利党人'色彩,而且充满'甜蜜的曼斯菲尔德主义'——把法律过分简单化以致使无知的人误以为自己理解了。杰斐逊坚信法律在一种自由、自治的民主共和政体中要发挥着极为重要的作用"。当然,若追究这种不同司法理念的根源的话,我们会发现杰斐逊不认同布莱克斯通"某种程度上无疑属于传统的普通法执业律师对任何企图使普通法通俗化的做法的蔑视"③。

(四)高度保护的基础理论

美国宪法第一修正案保护的言论自由的基础理论包括两个方面的内容:一是思想的自由市场,二是自由讨论公共事务论。两者是紧密相关的,具有一定的共同要素和承接关系,但也存在相异之处。

弥尔顿虽然没有明确的提出思想的自由市场(Market Place of Idea)这一理论,但是他却对这一理论的前提进行了论述,即真理产生于毫无阻滞的思想论辩。弥尔顿认为:"虽然各种学说流派可以随便在大地上传播,然而真理却已经亲自上阵;我们如果怀疑她的力量而实行许可制和查禁制,那就是伤害了

---

① Saul K. Padover, *Thomas Jefferson on Democracy*, Appleton-Century Company, InC., 1939, p. 95.

② Adrienne Koch & William Peden, *The Life and Selected Writings of Thomas Jefferson*, The Modern Library, 1995, p. 545.

③ [美]肯尼思·W. 汤普森:《宪法的政治理论》,张志铭译,生活·读书·新知三联书店 1997 年版,第 85、86 页。

她。让她和虚伪交手吧。谁又看见过真理在放胆地交手时吃过败仗呢？她的驳斥就是最好的和最可靠地压制。"①密尔进一步发展了弥尔顿的思想，密尔认为："迫使一个意见不能发表是一种特殊罪恶"，因为"假如那意见是对的，那么他们是被剥夺了以错误换真理的机会；假如那意见是错的，那么他们是失掉了一个差不多同样大的利益，那就是从真理与错误冲突中产生出来的对真理的更加清楚的认识和更加生动的印象"②。

真正对思想的自由市场进行全面诠释的霍姆斯大法官，在"艾布拉姆斯诉合众国案"（Abrams v. United States）的判决中指出："想扼杀和自己的意见不同的言论是合理的逻辑，但是如果自己硬是要指鹿为马，最终仍会受到别人的唾弃。人们所欲求的最高的善，最好是通过观念的自由交易来实现。检验真理的最好办法，是让思想的力量本身在市场的公开竞争中获取承认。真理就是这些思想在竞争中赢得胜利的唯一条件，它们同时也是联邦宪法的理论基础。除非其所表达的言论自由有明显与即时的违法行为，否则任何言论的自由都是受到宪法第一修正案所保障的。"③霍姆斯对思想的自由市场的阐释被学者们视为密尔的追求真理学说的延伸，并且这种理论也为后续不同学者所继续发展下去。如弥尔顿·弗里德曼（Milton Friedman）认为："在思想市场上，只有当讲者与听者双方都能获利时，交易才会发生。同样，交易要想圆满完成，通常要求意见的分歧。很少有什么经历比与一个在一切方面都有着完全相同的看法的人进行交流更为乏味的了——尽管；在一切方面意见完全一致这种概念明显地只是一种不存在的、理想的模式。"④

在"丹尼斯诉合众国案"（Dennis v. United States）中，著名的自由派大法官威廉·道格拉斯（William Douglas）在他的不同意见书中提出："当各种思想为了争得受众而在'市场'上竞争的时候，全面和自由的辩论将揭示谬误并使之鲜有从者。即便是我们所憎恶的思想，也让它通过全面和自由的辩论来促使我们的预想和偏见得到验证。全面和自由的辩论不会让一个社会停滞不

---

① ［英］约翰·密尔顿：《论出版自由》，吴之椿译，商务印书馆1958年版，第46页。

② ［英］约翰·密尔：《论自由》，许宝骙译，商务印书馆1959年版，第17页。

③ Abrams v. United States, 250 U. S. 616 (1919).

④ ［美］弥尔顿·弗里德曼：《弗里德曼文萃》，高榕、范恒山译，北京经济学院出版社1991年版，第6页。

前,也不会对全部的文明四分五裂的压迫和禁止毫无防备。"①"纽约时报诉沙利文案"(New York Times Co. v. Sullivan)中,大法官威廉·布伦南(William Brennan)执笔的判决书援引了密尔的理论:"当信息涉及对由选举产生的政府官员所进行的批评时,即便是不真实的陈述,只要不是蓄意的谎言,都应受到第一修正案的保护。"②在"红狮广播公司诉联邦通信委员会案"(Red Lion Broadcasting Co. v. Federal Communications Commission)(简称"红狮案")中,联邦最高法院支持联邦通信委员会的"公平理论"及其"人身攻击约束规则",裁定其不受宪法第一修正案之非难。③ 法庭就"红狮案"中所争论的政府规范,引用了"沙利文案"援引的密尔的学说予以支持:"对作为代理人的广播公司来说,首先不应当把那些与它们所允许宣扬的观念相对立的思想隔绝禁止起来。一个人从自己老师的口中获知敌手的论点,或者当他们陈述时在场听取他们的不同意见都是不够的。这样做并不能对所争论的观点作出正确的判断,也不能让自己的头脑真正地接触到对立的观念。有些人真正地信仰这些观念,并以赤诚来捍卫它们,竭尽全力地为之奋斗,必须要听一听他们的声音。"④

　　与霍姆斯大法官所提出的思想的自由市场不同,布兰代斯大法官认为美国宪法对言论自由进行高度保障的基础是基于对自由讨论公共事务的考虑。思想的自由市场与自由讨论公共事务论的不同主要源于霍姆斯和布兰代斯两位大法官立场的不同,思想的自由市场理论所主要突显的是霍姆斯的自由主义倾向,即霍姆斯认为包括言论自由在内的各种自由是民众的基本权利形式,借由在思想的市场中发现真理的不可或缺是不能为政府所干涉和掌控的底线;自由讨论公共事务论所反映的是布兰代斯的共和主义倾向,即布兰代斯认为民众参与政治讨论以建设国家是民众的一项政治义务,也是美国的立国之本,只有保障言论自由,让民众自由地讨论国家的公共事务,方能消除多数暴政的弊端和危险。

---

① Dennis v. United States, 341 U. S. 494, 584(1951).

② New York Times Co. v. Sullivan, 376 U. S. 254 (1964).

③ Red Lion Broadcasting Co. v. Federal Communications Commission, 395 U. S. 367 (1969).

④ New York Times Co. v. Sullivan, 376 U. S. 254 (1964).

　　布兰代斯大法官对自由讨论公共事务论的阐释,主要体现在"惠特尼诉加利福尼亚州案"(Whitney v. California)的协同意见书中,布兰代斯认为:"自由最大的威胁是人民的懒惰。公开的辩论是民众的政治责任,同时也是美国政府得以立国的根本原则。立国的先贤们透彻地意识到,凡是由人设计和实施的制度都是有着弊端和危险的。他们同时也深知,若仅仅是利用民众对违反秩序的惩罚并不能保障良好的秩序;与之相比,压制民众的思想、希望和想象力是非常危险的。因为恐惧会导致压抑,而压抑会滋生仇恨,仇恨会威胁到合法政府的稳定和存在。因此,他们认为安全的途径是让民众自由的讨论自己所受到的不公平待遇以及对此的救济的机会,毕竟适当和适时的救济是可以抵消错误的法律的。基于对公共讨论中理性力量的信任,他们放弃了法律压制下沉默的机会,因为他们视法律为蹩脚的控制手段。同时,考虑到多数人统治可能产生的暴政,他们也修正了宪法以便确保言论的自由和机会的平等。"①

　　布兰代斯对自由讨论公共事务论的论述所强调的主要是公民的政治责任和政治道德。他认为,政府和社会不应当分离,任何个人都是社会的有机组成部分,政府的最终目的在于维护和增加民众的幸福。美国学者拉哈夫(Pnina Lahaf)认为,虽然霍姆斯和布兰代斯在对言论自由的维护中有着共同的目标,但是两者在对此目标维护所基于的理论基础方面却是不同的,这种不同主要根源于两者有着不同的社会经历,霍姆斯以学者和法官为职业的,崇尚自由主义和个人主义,与政治刻意保持着一定的距离;布兰代斯在出任大法官之前长期以律师为职业,其作为著名的劳工律师闻名全美,且他积极参加各种社会活动和政治运动,深信民众参与公共讨论是一项政治任务,是他们不可推卸的责任。②

(五)高度保护的核心原则

　　内容中立原则(content neutral)可谓美国言论自由观的核心原则,"联邦

---

① Whitney v. California, 274 U.S. 377~378 (1927).

② Pnina Lahav, Holmes and Brandeis: Libertarian and Republican Justifications for Free Speech, *Journal of Law & Policy*, Vol. 4, 1988, pp. 454~460.

最高法院在最近的开庭期内所作出的判决,几乎每一个关于言论自由的案件中,其判决结果在很大程度上都取决于法院是基于内容来定性法律,还是以内容中立来定性法律"[1]。内容中立原则起的主要是限制性的作用,即凡是违反内容中立原则而对言论自由进行的限制均违宪属无效。

内容中立原则之所以为言论自由的核心,主要表现在联邦最高法院对言论自由案件进行审查时,首要的也是最为关键的是判断对言论自由进行的限制是否是以言论的内容为基础作出的。"在美国众多的宪法星座中,只有一颗恒星闪耀天空,即禁止任何政府官员规定什么是政治、国家、宗教或其他思想问题方面的正统,或迫使人民以言语或行动承认其正统地位。"[2]政府不得根据自己是否喜欢言论所表达的内容来决定是否对言论自由进行限制。通常而言,内容中立原则主要包括两种情况:一是议题中立,二是观点中立。所谓议题中立,是指政府不能基于言论的议题而对其进行规制。譬如,若某项法律允许民众在公园内进行集会,但是却单独挑出关于战争的集会和关于罢工的集会,认为它们不是政府所许可的,那么这项法律就是对议题进行的限制。而所谓观点中立,是指政府不能基于言论所表达出的观点和内容而对其进行规制。[3] 例如,某项法律禁止民众发表反对战争的言论,但是却允许支持战争的言论,这项法律就是对观点的限制。当然,一项法律无论是基于观点还是基于议题而对言论自由进行限制,这项法律都被认为是违反内容中立原则的。

随着美国社会和法律的发展,对言论进行议题方面的限制有时会得到联邦最高法院的支持[4],但对言论进行观点方面的限制却从来没有得到过任何支持。因为基于观点进行的限制"构成这样一个潜在的危险,即政府不是试图推进一个合法的管理目标,而是通过强制而非劝导的方式来抑制那些不受欢

---

①　[美]欧文·乔姆伦斯基:《内容中立作为言论自由的核心:在联邦最高法院适用的若干问题》,龚艳译,载徐显明:《人权研究(第九卷)》,山东人民出版社 2010 年版,第 326 页。

②　West Virginia State Board of Education v. Barnette, 319 U. S. 624,642(1943).

③　Amy Sabrin, Thinking About Content: Can It Play an Appropriate Role in Government Funding of the Arts? *Yale Law Journal*, Vol.102,1993,p.1209,1220.

④　Burson v. Freeman, 504 U. S. 191 (1992); Lehman v. City of Shaker Heights, 418 U. S. 298 (1974).

迎的想法、信息或操纵公共辩论"①。因此,判断一项法律是否是以观点为基础的,对确定这一法律的合宪性来说是至关重要的。

内容中立原则的适用最初主要着眼于平等保护。"芝加哥警局诉莫斯利案"(Police Department of Chicago v. Mosley)(简称"莫斯利案")和"凯里诉布朗案"(Carey v. Brown)(简称"凯里案")这两个案件都涉及政府对在公共人行道上发表的言论进行的限制,法院在判决中依据平等保护条款宣布这些基于议题对言论进行的限制违背了宪法第一修正案对言论自由进行的保护。在"莫斯利案"中,马歇尔法官在判决书中写道:"因为芝加哥市区别对待不同的抗议示威者,因此我们援引宪法第十四修正案的平等保护条款对这项法令进行分析。"②法院还认为,该法限制了由宪法第一修正案明确保护的言论自由。芝加哥市的法令基于议题对言论进行的限制是宪法所无法容许的,因此法院判定该法违宪无效。正如马歇尔法官所宣称的那样:"芝加哥市的这项法令的核心问题在于,它基于议题禁止部分抗议示威活动,又对部分抗议示威活动表示允许。关于学校劳资纠纷的和平的抗议示威活动是允许的,但其他所有形式的和平抗议示威活动都是禁止的。判断这项可操作的区分的标准在于抗议示威活动所传递的信息内容。"③

"凯里案"与"莫斯利案"十分相似,在"凯里案"中联邦最高法院认为伊利诺伊州禁止在住宅周围进行劳动罢工纠察活动或示威集会活动的法律违反了宪法的规定。联邦最高法院再次适用平等保护条款裁决该法违宪。法院援引"莫斯利案"的判决并得出结论:"该法对特定议题的观点表达给予特惠待遇,关于劳资纠纷的信息可以自由传播,但关于其他所有议题的讨论都是受到限制的。……当政府规制对公共论坛中与言论相关的活动进行区别对待时,平等保护条款要求立法必须进行精密地剪裁以为实质性的国家利益服务,并且对它带来的任何区别的正当理由必须进行严格审查。"④

"凯里案"与"莫斯利案"之后,美国联邦最高法院逐渐将内容中立原则作

---

① Turner Broadcasting v. Federal Communications Commission, 512 U. S. 622, 641 (1994).

② Police Department of the City of Chicago v. Mosley, 408 U. S. 94, 95 (1972).

③ Police Department of the City of Chicago v. Mosley, 408 U. S. 95 (1972).

④ Carey v. Brown, 447 U. S. 461,462 (1980).

为分析宪法第一修正案的核心。在以后的具体案件中,当法院系统判断政府立法或其他政府措施是否侵犯言论自由时,他们通常首先确定其是否属于内容中立的规制,而后再分别依不同的标准进行审查。"基于内容的规则所包含的是政府根据说了什么信息的内容,而对表达实行的规范;而内容中立的规则所指的限定规范虽然有可能涉及为第一修正案所保护的表达,但却与其传递的信息无关。"①在特纳广播公司诉美国联邦通讯委员会案(Turner Broadcasting System, Inc. v. FCC)中,大法官安东尼·肯尼迪(Anthony Kennedy)认为:"基于言论的内容而对其进行压制、损害或施加特定负担的法令适用最为严格的审查。相反,与言论内容无关的法令适用中等审查。"②政府如果能够依据自己的偏好选择和控制公共讨论的议题的话,那么等于说政府扼住了追寻真理的咽喉,钳制住了思想的自由市场。"最重要的是,宪法第一修正案意味着政府没有权力因为表达的讯息、思想、议题或内容来对表达进行限制。"③因此,不管言论的具体内容为何,政府必须对所有言论一视同仁,不可以任自己的偏好而对其进行筛选。判断一项政府立法是否属于基于内容的规制,除了考察言论的内容之外,还需考虑政府的规制是否与"信息传播的影响"有关。若政府立法规制的目的与信息传播的影响相关,那么也可以判定其是针对内容进行的规制,即政府立法规制的目的是为了防止社会中的民众知悉某言论所表达的思想或信息所可能产生的影响时,这也属于针对言论内容的规制。因此,对言论自由进行的限制无论针对的是言论所表达的思想,还是该思想和信息所可能产生的影响,这些限制针对的都是言论所表达的内容。正如美国联邦最高法院所指出的:"内容的限制会使一个幽灵复活:实质上,政府会从思想的自由市场上驱赶某些想法和观点。"④因此,美国的言论自由观认为以言论的内容为基础对言论自由进行限制,往往使政府陷于扼杀真理、钳制思想的泥淖之中。

---

① [美]唐纳德·M.吉尔摩等:《美国大众传播法:判例评析(上册)》,梁宁等译,清华大学出版社 2002 年版,第 74 页。

② Turner Broadcasting v. Federal Communications Commission, 512 U. S. 622, 642 (1994).

③ Police Department of the City of Chicago v. Mosley, 408 U. S. 92, 95 (1972).

④ Simon & Schuster, Inc. v. Members of the N. Y. State Crime Victims Bd. , 502 U. S. 105, 116(1991).

二、美国仇恨言论法律规制的司法理论

　　言论自由在美国人看来具有至高无上的价值,美国联邦最高法院处理的有关言论自由的案件往往引起整个社会的持续关注,几乎每一个言论自由案件都会引发学术界、实务界甚至是普通民众的热烈讨论。正是因为言论自由这项基本权利如此重要,经由司法判决发展出来的裁判言论自由案件的司法理论显得十分复杂,尽管如此,美国联邦最高法院仍然发展出一套方法将其中的原则和标准适用到具体案件中。仇恨言论作为言论的一种类型也深受有关言论自由的司法理论的影响,除此之外,司法实践中也逐渐发展出处理仇恨言论问题所独有的原则和标准。

(一)美国言论自由司法理论的发展历史

　　虽然早在建国之初,美国的《权利法案》就对言论自由作出了明确规定,但在此后的 100 多年的时间里,美国联邦最高法院却很少专门解释和适用宪法第一修正案审判案件。言论自由作为一个话题真正走入美国法院系统的大门,始自于 1907 年的"帕金森诉科罗拉多州案"(Patterson v. Colorado)。主笔大法官霍姆斯指出:"一份报纸发表未判决案件真相的行为具有妨碍法官执法的倾向,因此是应当受到控告的。"①在该案中美国法院也首次提出了严格限制言论自由的"不良倾向"原则(the bad—tendency doctrine)。这一原则主要来源于英国普通法,流行于美国 20 世纪初的 20 多年时间里,是 20 世纪美国联邦最高法院在审理言论自由案件中适用的最为严厉的一项司法原则。至 30 年代和 40 年代,随着资本主义的深入发展,民众的权利意识和自我需求不断提高,联邦最高法院对言论自由的态度也有所变化,认为除非是公共利益的

---

　　① Patterson v. Colorado, 205 U. S. 454 (1907).

需要,否则对言论自由和出版自由进行的限制都是违反宪法的,在这一时期对言论自由的案件的处理主要适用霍姆斯大法官提出的"明显且现实危险(clear and present danger)"的司法原则。"明显且现实危险原则"认为,"只有政府能够证明明显和现实的具体言论可能导致骚乱或其他严重的颠覆性犯罪发生时,一个审判中的人才能受到惩罚。"①虽然这一原则早在 1919 年"申克诉合众国案"(Schenck v. United States)中就已提出,但其真正适用却是 1937 年的"恩登诉劳里案"(Herndon v. Lowry)。20 世纪 40 年代,明显且现实危险原则得到了联邦最高法院的普遍认同,成为审理煽动性言论诉讼案件的主要原则。"1940—1950 年的 10 年间,该标准广泛地适用于各类言论诉讼案,明显而现实危险原则进入鼎盛时期。"②除此之外,1931 年"尼尔诉明尼苏达州案"(Near v. Minnesota)的审判确立了禁止对新闻自由进行事先限制的宪法原则。③

二战后,美苏争霸的世界形势和美国国内麦肯锡主义横行的社会现状,迫使联邦最高法院对言论自由的解释采用了渐趋严格的标准,1951 年"邓尼斯诉合众国案"(Dennis v. United States)④中提出了对言论自由进行宽松审查的"实质性危害"原则,从而扩大了政府对言论自由的限制范围。此后,1961 年"柯尼斯伯格诉加州律师协会案"(Konigsberg v. State Bar of California)中,美国联邦最高法院又开始采用"利益平衡"原则。文森大法官提出:"在某一个案例中,当对宪法第一修正案所保障的言论自由行使时,其不利影响较为轻微,而保障公益的有利影响比较大时,此时法院的任务就是对两种相冲突的利益进行比较,以便决定何种利益需要更大的保障。当然,这种适用的前提是,当将明显而现实危险作为一个刚性原则来使用时,其对国家安全是明显荒谬的。"⑤这里所说利益平衡,是指在具体的案件中,将言论自由的价值和利益与和对该言论加以限制所保障的其他价值和利益进行比较和衡量,以保护这两者中较为重要的一方。这一原则主要在于对法益进行衡量,即"当特定行为

---

① James Macgregor Burns, J. W. Peltason, Thomas E. Cronin, *Government by the People* Prentice Hall,2007,p. 138.

② 焦洪昌、李树忠:《宪法教学案例》,中国政法大学出版社 1999 年版,第 28 页。

③ Near v. Minnesota, 283 U. S. 697 (1931).

④ Dennis v. United States, 341 U. S. 494 (1951).

⑤ Konigsberg v. State Bar of California, 366 U. S. 36 (1961).

因公共利益受到限制,而其限制却牵制间接、有条件、部分侵犯言论自由时,法律之责任即在这种具体案件中,权衡、比较这种相互对立之利益,决定予以何者以更大之保障"①。至 20 世纪 60 年代,美国社会形势急剧变化,民权运动的兴起带来的巨大影响促使美国联邦最高法院在对言论自由进行解释时趋向选择宽松的标准,并且区分了言论的不同类型,对其所认定的高价值言论和低价值言论适用不同的审查标准。在 1972 年的"芝加哥警察局诉莫斯利案"中,联邦最高法院又发展出了"双轨理论",即将政府对言论的管制措施区分为"基于内容的规制"和"内容中立的规制"两种,对前者适用较为严格的审查标准,而对后者适用较为宽松的审查标准。这一时期也出现了言论自由的新的表达形式,联邦最高法院也扩大了言论的范围,而不再将言论仅视为纯粹的言论。在 1968 年"合众国诉奥布赖恩案"(United States v. O'Brien)中,联邦最高法院提出了"奥布赖恩案检验标准"②,认为诸如焚烧国旗、焚烧十字架等行为也属于广义上言论的一种形式。在言论与行为二分的基础上,美国联邦法院还提出了象征性言论、言论附加等诸多涉及言论自由的概念。

(二)仇恨言论法律规制的基础理论

美国法院系统对言论自由案件的处理主要依托于类型化的方法,即根据一定的原则把涉及言论自由的案件予以分类,将有争议的言论,依据其自身的特征,归于某一言论类型,按照这一言论类型适用的原则和标准进行处理。美国法院处理言论自由常用的方法和基础性的理论主要是双轨理论和双阶理论。

所谓双轨理论(Two-track Theory)指的是法院在面对政府对言论自由进行规制的法律时,主要把政府的规制区分为"基于内容的规制"(content-based abridgment)和"内容中立的规制"(neutral on its face),对这两种类型的政府立法适用不同的审查标准。

双轨理论主要源于联邦最高法院对"芝加哥警察局诉莫斯利案"(Police

---

①　朱武献:《言论自由之宪法保障》,载《公法专题研究(二)》,辅仁大学丛书编辑委员会 1992 年版,第 33 页。

②　United States v. O'Brien, 391 U. S. 367 (1968).

Department of Chicago v. Mosley)的判决。厄尔·莫斯利经常独自一人在学校周围进行劳动罢工纠察活动,以抗议其在学校感受到的种族歧视。虽然他的罢工活动是和平的,但却违反了芝加哥市的法令。根据此项法令,在学校上课时间于学校建筑周围 150 英尺(米)范围内进行劳动罢工纠察活动或示威集会是被禁止的,除非这些活动是与劳资纠纷有关的、且是和平地进行的。马歇尔大法官执笔判决书,他指出:"因为芝加哥市区别对待不同的抗议示威者,因此我们需要援引宪法第十四修正案的平等保护条款对这项法令进行分析。""该法限制了由宪法第一修正案明确保护的言论自由。因为芝加哥市的此项法令是基于议题对言论进行的限制,这是宪法所不允许的,因此芝加哥市的法令违宪无效。"①马歇尔大法官对此案的焦点进行了分析:"芝加哥市此项法令的核心问题在于,它基于议题禁止部分抗议示威活动,又对部分抗议示威活动表示允许。关于学校劳资纠纷的和平抗议示威活动是允许的,但其他形式的和平抗议示威活动被禁止,从而判断这项可操作的区分标准在于抗议示威活动所传递的信息内容。由此而言,该项法令是基于内容而施加的限制。"除此之外,马歇尔大法官还指出:"言论自由最重要的意义就是政府没有权力基于言论所表达的讯息、思想、议题或内容而禁止该言论的表达。"②

联邦最高法院在莫斯利案后根据马歇尔大法官执笔的判决书发展出双轨理论。双轨理论的重点在于,区分了"基于内容的规制"和"内容中立的规制"。"'基于内容'的规则所包含的是政府根据'说了什么'——信息的内容,而对表达实行的规范;而'内容中立'的规则所指的限定规范虽然有可能涉及为第一修正案所保护的表达,但却与其传递的信息无关。"③在此理论的指导下,当面对具体的个案时,首先需要确定该项立法是属于上述两种分类中的哪一类,再分别依不同的标准加以审查判断其是否违宪。一般而言,对基于内容的法律规制进行的审查要比对内容中立的法律规制进行的审查适用更加严格的标准。对"基于内容的规制",主要指的是法律直接对某一言论所表达的内容进行规制。例如,法律规定不得发表有损领导形象的言论或者法律规定不得发

---

① Police Department of the City of Chicago v. Mosley, 408 U. S. 94, 95 (1972).

② Police Department of the City of Chicago v. Mosley, 408 U. S. 95 (1972).

③ [美]唐纳德·M. 吉尔摩等:《美国大众传播法:判例评析(上册)》,梁宁等译,清华大学出版社 2002 年版,第 74 页。

表侮辱白人的言论等。而所谓"内容中立的规制",指的是法律只是对言论发表的方式进行规制,而不限制这一言论所表达的思想或者对某议题的讨论。

将政府规制言论的法律进行如此区分的理由在于,国家保障言论自由的主要目的是防止政府基于言论所表达出的信息、思想、观点而禁止该言论的表达。如果是基于内容的规制,政府制定法律的目的显然是要压制其不喜欢的言论,从而在思想的自由市场上强制推行政府的统治模式,贯彻政府的意志,这显然和宪法保护言论自由的宗旨是背道而驰的。民主法治政府不应该基于"家长主义"①的态度,告诉民众什么思想是好的,什么观念是错的,也不能强硬地控制社会观念或价值,正确的做法是理应为公众能够自行作出价值选择和判断留有余地。内容中立的规制不针对特定的言论类型,其立法目的是为言论的发表提供一个安静合适的环境。因此我们认为,与其说内容中立的规制是对言论自由的限制,不如说它是对言论自由的保护。

基于内容对言论进行的规制包括基于观点的规制和基于议题的规制。所谓基于观点的歧视,是指政府只处罚持某种观点的言论,而不处罚持其他观点的言论。例如,法律只惩罚支持堕胎的言论,但对反对堕胎的言论则未作规定。对言论自由而言,政府的首恶是对观点的歧视,观点歧视做法会使政府有意识地介入某议题的公共辩论中,引导民众屈从其喜好的特定结论,这样一来容易使公共辩论或者说民主的运作遭到扭曲。因此,基于观点对言论自由进行的限制是宪法第一修正案所无法容忍的。所谓基于议题的规制,是指政府禁止任何人发表关于某一议题的任何意见。例如,禁止人们发表任何与种族问题有关的言论的法律,无论发言者是三 K 党、民权运动者还是普通民众都不能讨论这个问题,对言论自由进行的这种限制就是基于议题展开的。基于议题对言论进行的限制一般来说也不能通过宪法第一修正案的审查,但在特定情形下存在一些例外。针对这些例外情形,美国联邦最高法院发展出了双阶理论来处理这些涉及言论自由的复杂的问题。

所谓双阶理论(Two-level Theory),是指在基于内容对言论进行限制的前提下,当然主要是基于议题的限制,将言论区分为高价值言论和低价值言论,发表的言论蕴含的价值不同,其享有的言论自由的自由度也不同,法院对

---

①　对"家长主义"也需要进行具体的分析,不可一概而论,关于"家长主义"的研究参见孙笑侠、郭春镇:《美国的法律家长主义理论与实践》,载《法律科学》2005 年第 6 期。

其进行审查的标准也不同。

双阶理论源起于 1942 年"查普林斯基诉新罕布什尔州案"(Chaplinsky v. NewHampshire)。大法官弗兰克·墨菲(Frank Murphy)执笔该案判决书："众所周知,言论自由的权利并不是在任何时间、任何情况下都是绝对的。某些言论属于明确界定和严格限制之列,对这些言论予以禁止和惩罚并不会引起违宪问题。这些不受保护的言论类型包括淫秽(lewd and obscene)、亵渎(profane)、诽谤(libelous)以及侮辱(insulting)或挑衅言论(fighting words),这些言论本身将造成危害,或容易煽动即刻发生的扰乱治安。这类言论并非是任何思想或观念之表达的必要部分,并且它们对获得真理的社会价值微不足道,以至于即使这些类型言论能给社会带来任何利益,这些可能的利益也明显小于限制这些言论所欲维持之社会秩序及道德规范之社会利益。诉诸辱骂或人身攻击的方式并不是任何意义上的受到宪法保障的信息或观点的交流,将其当作犯罪行为进行惩罚并不会出现任何问题。"[①]在此案后,美国的法院系统开始以所谓的定义性衡量(definitional balancing)的分析途径,来界定那些不受保护的言论类型。法院对这些案件的审查并不是去衡量这些言论的价值与公共利益二者孰轻孰重,而是要界定所论争的这些言论在定义上是否属于不受保护的言论类型。"一旦所论争的言论被界定为属于不受保护言论的类型范围内,就无所谓内容管制和应受严格审查的问题了,因为此类言论从根本上是可以被禁止的。"[②]因此,当面对一个基于议题对言论进行限制的案件时,法官首先需要判断的是,论争的言论是属于高价值言论还是低价值言论。若该言论属于高价值言论的范畴,例如政治言论,那么法院应对该法适用严格审查标准,以判断该法的合宪性问题;若该言论属于低价值言论的范畴,例如挑衅言论,那么法院仅需对该法进行中度或者关联性审查即可。如果法院确定有关言论属于低价值言论的范畴,接下来通常会审查:"第一,限制或剥夺这些言论是否会产生任何宪法问题? 第二,所有这些言论是否会造成损害或者

---

　　①　Chaplinsky v. New Hampshire, 315 U. S. 568,572(1942).

　　②　John Hart Ely, Flag Desecration: A Case Study in the Roles of Categorization and Balancing in First Amendment Analysis, *Harvard Law Review*, Vol. 88,1975,p. 1482. Steven H. Shiffrin, *The First Amendment*, *Democracy*, *and Romance*, Harvard University Press,1990,pp. 11~16.

有直接导致扰乱治安的倾向？第三,这些言论在表达任何思想中所起的作用是否重要,探索真理的社会价值如何,对其进行限制以维护社会秩序和道德所体现的利益能否明显超过这些言论所能带来的好处？"[1]联邦最高法院在确认有关言论应否受到保护、限制或干预时,必须在该言论的价值与政府限制该言论所维护的利益之间寻求适当的平衡。

由上述分析可知,在高价值言论和低价值言论划分的背后,起主导作用的主要是利益衡量的思维方式,甚至可以这样说高价值和低价值的划分本身就是利益衡量的一个结果,只是在这种类型化的划分之后,便利了法官对所论争的言论进行的审查。因此,这种分类方式也被称为"类型化的利益衡量"方式。由于对言论自由的高度保护,美国法院在适用双阶理论时只需要把低价值言论界分清楚即可,因为在低价值言论范畴之外的言论皆属于高价值言论,而这些言论是受到宪法第一修正案保护的。综观美国联邦最高法院对涉及言论自由的案件进行的判决,我们可以发现低价值言论主要包括猥亵言论、色情言论、商业言论、诽谤言论、挑衅言论和煽动违法言论等。除此之外,还需注意的问题是一种言论即使被列入低价值言论的范畴,这也并不意味着该言论就完全不受保护,只是说该言论所受保护的程度较低罢了。

(三)仇恨言论法律规制的"借用性"理论

所谓仇恨言论法律规制的"借用性"理论,是指这些理论并不是单纯针对仇恨言论形成的,而是法院借用它们用以裁决、判断相关仇恨言论案件的相关理论的统称。按照双阶理论,言论被区分为高价值言论和低价值言论。美国法院系统对低价值言论进行了列举,主要包括猥亵言论、色情言论、商业言论、诽谤言论、挑衅言论和煽动违法言论等言论类型在内。虽然仇恨言论在社会生活中造成了许多负面影响,对社会中的弱势群体造成了程度不同的伤害,但是它并没有被归入低价值言论的范畴。因此,早期法院在处理仇恨言论的时候往往将其归入某些低价值言论范畴内。"对美国宪法的短暂历史来讲,作为宪法第一修正案例外的挑逗性言论(挑衅言论)为禁止某些形式的仇恨言论提

---

[1]　Chaplinsky v. New Hampshire, 315 U. S. 568 (1942).

供了正当理由。"①例如,"博阿尔内诉伊利诺伊州案"(Beauharnais v. Illinois),法院将仇恨言论按照群体诽谤对其进行处理;"布兰登堡诉俄亥俄州案"(Brandenburg v. Ohio),法院是以煽动违法言论处理仇恨言论问题的;近些年发生的"维克托拉诉圣保罗市案"(R. A. V. v. City of St. Paul)与"弗吉尼亚州诉布莱克案"(Virginia v. Black),法院是按照挑衅言论进行处理的。因此,下面主要对诽谤言论、挑衅言论和煽动违法言论的主要规制理论进行介绍。

其一,关于诽谤言论。所谓诽谤言论,是指以口头、书面或视听等多种形式,通过捏造事实损害他人名誉,以降低其社会评价的一种言论形式。美国法院通常把四类话语认定为是可以作为诽谤罪予以起诉的:"降低公众对其尊敬的话语;致使其遭到公众嘲笑、愚弄或挪揄的话语;致使其为高尚社区所不齿的话语;对其职业或专业造成损害的话语。"②在美国的司法实践中,对诽谤言论的规制主要体现在两个层面:第一个层面是,法院首先区分这种诽谤言论是公言论还是私言论。若属于公言论的范畴,主要适用实际恶意原则;若属于私言论的范畴,还需要另行区分。第二个层面是,对私言论,法院又区分为事实性言论和见解性言论两类。若一种言论属于事实性言论的范畴,主要适用真实抗辩原则;若属于见解性言论的范畴,适用合理评论的原则。

当诽谤言论涉及国家公职人员时,法院主要适用实际恶意原则。实际恶意,即"明知虚假或漠视真伪",指的是言论的发表者故意忽略虚假的言论,利用内容错误来对他人实施损害的一种意图或者心理态度。实际恶意原则是美国联邦最高法院在1964年"纽约时报诉沙利文案"(New York Times Co. v. Sullivan)中,针对公务员的批评发展而来的一项司法原则。该案中《纽约时报》刊登了一则标题为"关注他们的抗议之声"的广告,内容指责蒙哥马利的警察当局以残暴的行为镇压黑人领袖马丁·路德·金及其支持者,而沙利文此时是蒙哥马利市警察局的负责人。他认为这则广告损害了他的名誉权,遂以诽谤罪控告《纽约时报》,阿拉巴马州法院经调查后裁定《纽约时报》赔偿沙利

---

① ［美］詹姆斯·B.雅各布、吉姆伯利·波特:《仇恨犯罪:刑法与身份政治》,王秀梅译,北京大学出版社2010年版,第154页。

② 邱小平:《表达自由——美国宪法第一修正案研究》,北京大学出版社2005年版,第149页。

文 50 万元美金。但此案上诉至联邦最高法院之后,被全体大法官一致推翻,主笔意见书的布伦南大法官在意见书中阐明了实际恶意原则,"对公共问题的讨论应当是不受禁止的,且强健和广为开放的",因此在讨论的过程中通常就会携带着"针对政府和公职人员的激烈、刻薄甚至令人厌恶的攻击"。① 若此时要求言论的发表者必须保证其言论所述均为事实,会导致"自我审查(self—censorship)"的结果,从而也会阻碍对公共事务的自由讨论。布伦南大法官指出,宪法提供保障禁止公职人员在遭到有损他名誉的虚假指责时获得赔偿,除非他能证明这种指责是出于"实际恶意"的结果,即"明知虚假或者不计后果地漠视真伪"。②因此,凡是善意地报道政府公职人员执行公权力行为的言论,不论其内容的真实性如何,也不论其是否侵害了被报道的政府公职人员的名誉,均可受到宪法第一修正案的保护。只有被侵害的公职人员能够证明言论的发表者存在故意或重大过失时,相关法律才能追究他们不实言论的责任。

对私言论,法院又区分为事实性言论和见解性言论两类,对事实性言论主要使用真实抗辩原则,对见解性言论主要适用合理评论的原则。所谓真实抗辩原则,是指对一项侵犯他人名誉的私言论,只要言论的发表者能够证明其所陈述的内容是真实的,虽然该言论对他人的名誉造成了实质的侵害,但是也不构成诽谤的一种规制原则。真实抗辩原则来源于上文提及的"曾格案",该案中曾格的辩护律师汉密尔顿对陪审团宣称:"你们将以公正的裁决奠定一个崇高的基础,保证我们自己、我们的后代享有应有的权利,这就是把事实真相讲出来、写出来,以揭露和反抗专断权利的自由。"③此案确立了真实抗辩原则,即"只有谎言才构成中伤,才构成诽谤"④。除此之外,美国的成文法也确立了这一司法原则,美国《侵权行为法(第二次)重述》第 851 条规定:"就事实而作具有诽谤性之陈述者,如果该陈述为真实的,行为人无须就诽谤而负责任。"真实抗辩原则所适用的对象主要是事实言论,"报道内容真实,在美国,除极个别

---

①　New York Times Co. v. Sullivan, 376 U. S. 254 (1964).

②　[美]唐纳德・M. 吉尔摩等:《美国大众传播法:判例评析(上册)》,梁宁等译,清华大学出版社 2002 年版,第 179 页。

③　James Alexander, *A Brief Narrative of the Case and Trial of John Peter Zenger*, Stanley N. Katz ed. , Belknap press of Harvard University,1963,pp.78~100.

④　[美]唐纳德・M. 吉尔摩等:《美国大众传播法:判例评析(上册)》,梁宁等译,清华大学出版社 2002 年版,第 114、115 页。

的州以外,堪称为最有效的辩护对策。……不论是民事诽谤还是刑事诽谤起诉,除历史上罕见的个别离奇案件之外,被告如能从真实性上去为自己辩护,不管其动机如何,通常都能收到打赢这场官司的决定性效果"①。

对见解性言论主要适用合理评论的原则,所谓合理评论原则是指对一项侵犯他人名誉的私言论,只要发表者能够证明其言论是合理和适当的,即便该言论对他人的名誉构成了妨碍,但也不构成诽谤的一种司法规制原则。事实言论在于真假与否,而见解言论的重点在于合理与否,合理评论原则主要规制的是见解性言论。合理评论的特征主要体现在:"(a)其强调基于事实的意见而非对事实本身的报道这一特质;及(b)其宽延的范围,允许评论各种公共利益事宜而非仅仅限于带有公开性质的活动。"②通常而言,若要满足合理评论原则,一项意见或者见解的评论需具备四个要件:"(1)其须为一种意见(opinion)的表达而不是某一项事实(fact)的陈述;(2)其所发表的评论必须与公众利益相关;(3)发言者在评论时,须将其做评论所依据的事实一并发表,如果其所依据的是众所周知的事实除外;(4)发言者发表评论不能以损坏被评论人的名誉为唯一目的。"③因此,依照合理评论原则,"不论某一意见或评论是多么的荒谬或粗暴,也不论某一意见或评论是多么的不成熟、轻率与不严谨,均在法律的保障范围之内"④。法院在判断见解的适当和合理与否时,主要考虑的是见解所依据的事实是否被言论的发表者阐释清楚从而为大家所悉知,只要听众能够知晓事实的真相,就能对这一见解作出自己的判断。

其二,关于挑衅言论。所谓挑衅言论,是指可能直接导致言论的指向对象对言论的发表者采取暴力行为或者可能引起骚乱并危害公共秩序的一种言论类型。一般而言,挑衅言论的构成要件主要有三个:(1)对象的明确性。挑衅言论必须针对特定的受众,且是面对面地对他人进行语言的攻击。(2)言辞的挑衅性。挑衅言论须具有人身攻击、侮辱或者嘲弄他人的特征。(3)后果的严厉性。挑衅言论通常会引发言论对象的激烈的和暴力性的应对,从而容易酿

---

① 魏永征:《从证明真实到证明确信真实——怎样解决诽谤法实际存在的悖论》,载《时代传媒》2002 年第 6 期。

② [美]T. 巴顿·卡特:《大众传播法概要》,黄列译,中国社会科学出版社 1997 年版,第 47 页。

③ 林子仪:《言论自由与新闻自由》,台湾元照出版公司 1999 年版,第 251、253 页。

④ 欧爱民:《权利与原则:撩开说话的法律面纱》,载《河北法学》2006 年第 3 期。

成小规模的骚乱,危害社会和公共秩序。[①]

如上文所述,美国联邦最高法院在"查普林斯基诉新罕布什尔州案" (Chaplinsky v. New Hampshire)中判定挑衅言论不受宪法保护。在该案件中,查普林斯基因当众称呼市警察局局长为"该死的骗子"、"法西斯主义者"而逮捕,并被判犯有扰乱公共秩序罪。后上诉至联邦最高法院,墨菲大法官主笔的意见书指明,有些定义明确、限定严密的言论类型,如果对其加以禁止或处罚不会产生宪法问题,它们包括淫秽、亵渎、诽谤、侮辱以及挑衅言论。[②] 如果言论具有强烈的挑衅性,一般人听到后会以暴力进行回应,因此会导致对社会秩序的破坏,政府有权限制这样的挑衅言论。联邦最高法院认为,按照"明显且现实危险原则",当某一个人的言论会对公共安全、社会秩序产生明显并且是迫在眉睫的危害时,政府就有权对之加以限制。挑衅言论通过其特定的表达方式施加的伤害容易导致对公共安宁的即刻破坏,具有明显的挑衅性,且会诱发言论指向对象强烈的暴力回应,在一定条件下有可能引发一场骚乱,产生明显且现实的危害。因此,挑衅言论不受保护是宪法的内在要求,对这些言论予以限制和惩罚并不会引起违宪问题。[③] 通过对该案的审判,美国联邦最高法院对挑衅言论确立了"查普林斯基原则"。

查普林斯基案后,法院继续适用限制挑衅言论的规制原则,但逐步限缩了其适用范围。1962 年"斯特里特诉纽约案"(Street v. New York)中,斯特里特因违反纽约国旗保护法而被判有罪,在上诉到联邦最高法院后,法院推翻了争议的法律,并认为这仅仅是冒犯性的言论,从而并不能归为挑衅言论的范畴对其进行惩罚。[④] 1971 年"科恩诉加利福尼亚州案"(Cohen v. California)中,被告科恩在公众场合穿着印有"征兵真他妈操蛋"字眼的夹克,表达自己的反战言论,科恩因违反社会秩序安宁而被控有罪。联邦最高法院判决认为,该案并不适用挑衅言论原则,除非是淫秽物品或者针对具体个人或组织的言论,因其挑衅性而会导致暴力行为,否则不得限制令人讨厌的言论,法院认为科恩的

---

① 欧爱民:《言论类型及其法律保护——以美国法为视角》,载《甘肃政法学院学报》2005 年第 6 期。

② Chaplinsky v. New Hampshire, 315 U. S. 568 (1942).

③ Chaplinsky v. New Hampshire, 315 U. S. 568 (1942).

④ Street v. New York, 394 U. S. 576 (1969).

言论是受到宪法保护的言论。[①]　随后,1972 年"古丁诉威尔逊案"(Gooding v. Wilson)和 1974 年"路易斯诉新奥尔良市案"(Lewis v. City of New Orleans)中,联邦最高法院认定禁止咒骂警察的法令无效,因为这些法令涵盖过宽而违反了宪法。[②]

其三,关于煽动违法言论。所谓煽动违法言论,是指那些通过鼓动暴力方式反抗政府或主张以革命方式推翻现行政府的言论类型。美国建国后,延续英国法的传统"对煽动性言论的司法审查,美国联邦法院一直在恶劣倾向标准(Bad Tendency Test)和直接煽动性(Direct Incitement Test)标准之间徘徊。"[③]法院最初是以"恶劣倾向原则"来规制这种类型的言论的,根据恶劣倾向原则,只要言论发表者的言论对国家安全或者社会秩序有可能造成危害,那么国家和政府就有权力对其予以限制。但自 20 世纪 30 年代起,随着自由主义理念的兴起,法院逐渐采用"明显且现实危险原则"来规制这种言论。

所谓明显且现实危险原则,是指只有在政府能够证明某一言论可能导致明显和现实的骚乱或危险时,这种言论方能受到惩罚。早在"申克诉合众国案"(Schenck v. United States)中霍姆斯大法官就已提出明显且现实危险原则。霍姆斯大法官认为:"申克在传单中所说的一切均在被告的宪法权利范围之内。但是,每一行为的性质要视其发生的环境而定。对言论自由最严格的保护也不会保护一个人在剧场中高喊'失火了',而造成混乱。"霍姆斯清晰地界定了明显且现实危险原则的核心要素——言论的环境,他强调说:"每个案件的问题均在所使用的词句是否适合某种特定的环境,而且具有某种性质,以至造成一种明确和现实的危险,从而使得国会有权制止实质性的破坏变为现实……当国家处于战争状态,在和平时期可以谈论的许多事,而此时会对国家从事战争起阻碍作用,只要人们还在战斗,这种言论就不能容忍,而且任何法院都不会认为它是受到宪法权利保护的。"[④]布兰代斯大法官在"惠特尼诉加利福尼亚州案"(Whitney v. California)中也阐述了明显且现实危险原则,他

---

①　Cohen v. California, 403 U. S. 15(1971).

②　Gooding v. Wilson, 405 U. S. 518 (1972); Lewis v. City OF New Orleans, 415 U. S. 130 (1974).

③　[美]杰罗姆·巴伦、托马斯·迪恩斯:《美国宪法概论》,刘瑞祥等译,中国社会科学出版社 1995 年版,第 73 页。

④　Schenck v. United States, 249 U. S. 47(1919).

认为:"对严重伤害的恐惧不能为压制言论自由和集会提出理由。犹如人们不应该因害怕女巫而焚烧妇女。言论自由的功能是把人们从非理性的恐惧中解放出来。因为恐惧而压制言论自由,犹如认为如果实行言论自由,结果就会产生更加严重的危害一样。所忧虑的危险必须迫在眉睫,所要防止的危害是严重的,才能限制言论……明显而即刻的危险,它必须既是即刻严重的暴力又是可被预料或受到煽动的暴力;或根据过去的行为有理由相信这些煽动会被预料。"①因此,在以后的法院判决中,美国法院认为,政府要想限制一项言论就必须具备以下两项要件:一是迫在眉睫的危险。布兰代斯对此解释道:"危险是如此临近发生,以至于在我们有机会对之进行充分的讨论之前,它就可能发生。如果我们还有时间通过讨论来揭穿谎言和谬误,通过教育的方式来防止祸害,那么补救的方式就是更多的自由言论,而非强制性的缄默,唯有紧急情况才能证明压制的正当性。"②二是严重的危险。布兰代斯对此解释道:"一种言论有可能导致暴力或破坏财产的行为,这一点并不足以证明压制言论的正当性,它必须是有严重伤害国家之可能的言论。用来防止人们犯罪的方式通常是教育和惩罚违法行为,而不是剥夺人们自由言论和自由集会的权利。"③

(四)仇恨言论法律规制的特有理论

所谓仇恨言论法律规制的特有理论,是指美国法院系统专门针对仇恨言论所形成和发展的诸多规制原则,这些原则是美国法院针对仇恨言论所创制的,并且在创制后其适用一般也仅限于仇恨言论的范围之内。总体来说,美国仇恨言论法律规制的特有理论主要包括过于广泛原则和过于模糊原则。

所谓过于广泛原则(Overbreadth),是指政府对仇恨言论进行的法律规制范围过于宽泛,以致侵害到了应受宪法保护的言论自由。因此,当争议的法律实质上过于广泛,而且无法作限缩解释时,该法律规定往往由于违宪而归于无效。所谓过于模糊原则(Vagueness),是指争议的法律由于规定过于模糊,使得具有正常理解和审辨能力的一般的人在适用该法时皆需要猜测其意思,并

---

① Whitney v. California, 274 U. S. 379～380 (1927).
② Whitney v. California, 274 U. S. 379～380 (1927).
③ Whitney v. California, 274 U. S. 379～380 (1927).

且其在适用时还会产生不同的适用结果，故而该法本身无效。这两个原则主要适用于对校园言论规则的审查，1989 年"某人诉密歇根大学案"（Doe v. University of Michigan）、1991 年麦迪逊的"威斯康星大学邮报诉威斯康星大学学校当局案"（UWM Post，Inc.，Etal. v. Board of Regents of the University of Wisconsin）、1993 年"史格马齐兄弟会艾塔第六分会诉乔治梅森大学案"（I-OTA XI Chapter of Sigma Chi Fraternity v. George Mason University）、1994 年"席娃诉新翰普夏大学案"（Silva v. University of New Hampshire）和1996 年"柯汉诉圣伯那迪诺学院案"（Cohen v. San Bernardino College），法院都是依据过于广泛和过于模糊这两项原则对这些案件进行裁判的，上述案件中涉及的大学校园中的言论规则皆因违反宪法对言论自由的保障而被判无效①。在"柯汉诉圣伯那迪诺学院案"中，法院根据之前与大学教授在课堂上言论自由有关的判例，指出："任何法令或规定，如果因为其定义模糊不清与范围太广而有阻碍宪法第一修正案的执行之虞时，法院即可依照第五条与第十四条修正案的正当法律程序（due process）原则，要求其作更准确与明确的修正。"法院清楚地指出："基于三个理由反对任何法令或规定模糊不清：（1）这样的法令规定，因为未提供人们公平的警告，而导致无辜人民的自由被侵害。（2）这样的法令规定是基层官员为其面临的问题而提供的一个临时权宜和主观的解决方案，因之有犯武断行事与歧视之嫌。（3）一个模糊不清的政策，会负面地影响宪法第一修正案所保障的言论自由。"至于本案，法院认为"校方的政策模糊不清，所以违宪"②。

在其他的案例中，这两个原则也有所反映。例如，执笔"维克托拉诉圣保罗市案"的斯卡利亚大法官认为，圣保罗市的《偏见犯罪法》违宪的原因表现在两个方面，其中之一即在于"范围太广"。他指出："圣保罗市的法令宣称，本身符合部分本法院之前对挑衅言论的界定，但是其中以言论的议题为原则而限制人民的言论自由，并不符合最高法院在查普林斯基案中对挑衅言论的定义

---

① Doe v. University of Michigan，721 F. Supp. 852（E. D. Mich. 1989）；UWM Post，Inc.，etal. v. Board of Regents of the University of Wisconsin，774 F. Supp. 1163（E. D. Wis. 1991）；IOTA XI Chapter of Sigma Chi Fraternity v. George Mason University，993 F. 2d 386（4th Cir. 1993）；Silva v. University of New Hampshire，888 F. Supp. 293（D. N. H. 1994）；Cohen v. San Bernardino College，92 F. 3d. 968（9th Cir. 1996）.

② Cohen v. San Bernardino College，92 F. 3d. 968（9th Cir. 1996）.

范围,因此违宪。换句话说,虽然某些特定的言论,例如猥亵、诽谤和挑衅言论是可以制定法律加以限制的,因为这些言论含有宪法上可明令禁止的内容。然而,限制这些言论的原则并没有明文规定在宪法内容中,任何政府都不可以依照对其喜爱或厌恶,而立法限制这些言论内容中非明文规定的信息。"斯卡利亚大法官也举例说明了这一点:"例如,政府可以明令禁止诽谤,但是不可以进一步禁止只对政府不利的诽谤。"①

综上所述,我们可以把美国法院系统对仇恨言论的处理方式归纳为如下几个步骤。第一步:面对规制仇恨言论的法律,法院首先需判断该法是基于内容进行的规制还是内容中立的规制。若是内容中立的规制,分别适用时间、地点、方式的原则或者公共场所的原则进行处理;若是基于内容的规制,需考察其是基于观点的规制还是基于议题的规制。通常而言,基于观点的规制是宪法第一修正案所不能允许的,而基于议题的规制,适用类型化利益衡量的方式进行处理。第二步:对基于议题进行的规制,法院需要判断该法所规制的言论属于高价值言论还是低价值言论。若属于高价值言论的范畴,通常对其适用严格审查标准,这意味着对高价值言论进行规制的法律通常是与宪法不相容的;若争议的言论属于低价值言论的范畴,一般对其采用中度审查或关联性审查,除此之外还区分不同的言论类型适用不同的规制原则。第三步:一般而言,在低价值言论的范畴中,与仇恨言论具有相关性的言论类型主要有:煽动言论、诽谤言论和挑衅言论,可将仇恨言论纳入这些言论类型进行规制。对煽动违法言论,法律规制的原则主要是明显且现实危险原则;对诽谤言论,法律规制主要适用实际恶意原则、真实抗辩原则和合理评论原则;对挑衅言论,主要援引查普林斯基案的进路。第四步:对仇恨言论,尤其是校园仇恨言论的规制,法院还采用了过于广泛和过于模糊这两个原则,大学制定的校园言论规则凡是属于过于广泛和过于模糊的范畴之内,皆违反了宪法第一修正案对言论自由的保护。

上述美国仇恨言论的法律规制进路看似清晰明了,但实际上仍然存在许多问题。其中,最为主要的问题之一便是仇恨言论虽然历经诸多判决,但美国联邦最高法院却没有将仇恨言论明确纳入低价值言论的范畴,将其作为一种低价值言论予以明确的限制,这是目前美国仇恨言论法律规制亟待解决的一

---

① R. A. V. v. City of St. Paul, 505 U. S. 383, 384(1992).

大问题。虽然把仇恨言论归于其他低价值言论范畴的做法也可以起到规制仇恨言论的效果，但同时却将仇恨言论的同一内涵硬性地割裂了，这也造成了学理上对其进行归类的难题。因此，对仇恨言论而言，接下来的问题是能够在符合一定条件的情况下，将仇恨性言论划为一种低价值言论，使法院得以对其进行的规制适用宽松的审查标准。确立仇恨言论独立类型的意义不仅在于希望法院对规制仇恨言论的法律适用宽松的审查标准，更重要的是应当考虑到仇恨言论这一言论类型背后所涉及的诸多法益。法院目前仅承认身体、财产上的损害或威胁为重大急迫的利益，但是主张对仇恨性言论应予限制的人所考虑的不只是这些，心理上的创伤、同属一个群体的自我认同、民主政治公共辩论运作的顺畅等等这些都是应该承认的重要法益。

三、美国仇恨言论法律规制的司法实践

作为一个判例法国家，判例在美国的法律和社会生活中具有十分重要的作用，解读这些判例，我们可以获得很多有益的经验、教训和值得借鉴的理论资源。通过分析美国仇恨言论的相关判例，我们可以对美国司法领域关于仇恨言论的态度有一个总体的把握。经过研究我们发现，从 1940 年仇恨言论案件走入美国法院的大门之后至今的 70 余年里，美国法院对仇恨言论的态度总体来说是比较宽容的，虽然在早期关于仇恨言论的案件中曾出现过对其进行的限制。20 世纪 60 年代初民权运动风起云涌，其后至今的大约 50 年里，法院对仇恨言论这一棘手问题的处理结果基本上是对其持一个相对宽容的态度，只是近年来逐渐出现对宽容态度的微调，这种调整主要是联邦最高法院利用丰富的司法技术进行的，在本质上美国法院对仇恨言论的根本立场并没有发生改变。也正是在宽容仇恨言论—限制仇恨言论—宽容仇恨言论这样的变迁中，美国的法院系统发展出丰富的司法技术和理论以应对仇恨言论的法律规制问题。

（一）法律规制的宽容态度

1940 年的"坎特韦尔诉康涅狄格州案"（Cantwell v. Connecticut）（简称"坎特韦尔案"）是美国司法实践中第一件涉及宗教仇恨言论的案件。此案中的被告坎特韦尔是一位耶和华见证人，他在未经当局许可的情况下就在大街上传教，后经证实，他所传教的对象是两位天主教徒。除了用留声机解说宗教教义传教之外，他还劝人购买相应的宗教物品，因而激怒了当地的天主教徒，后被控有罪。康涅狄格州的法律规定："任何人非经行政机关许可，不得在街上传教或散发宗教书刊或劝人奉献金钱等有价物品，如有违反规定，则处以罚金或监禁。"地方法院根据此项法律规范判决其有罪。坎特韦尔不服，随即上诉，最后该案诉至联邦最高法院。联邦最高法院在审理后推翻了地方法院的判决，并在判决理由中指出："坎特韦尔的行为既不是可能对他人产生暴力的言论"，同时"也没有构成对公共和平与秩序"的明显且现实的危险①，因此不应受到法律的限制。虽然强调了言论自由的重要性，但针对这种仇恨言论的现象，联邦最高法院同时也指出："自由的行使存在限制，因为在现实生活中存在着许多在种族或宗教的自大妄想中生活的人，他们的威胁性活动具有很大的危险，这些危险在于他们试图煽动暴力并破坏和平，而其目的是剥夺他人享有的平等地行使言论自由的权利，且人们都熟悉这些事件所造成的危险，因此政府可以对超越这些限制的越轨行为进行惩罚。"②

"坎特韦尔案"后 1941 年发生的"新泽西州诉克拉普罗特案"（State v. Klapprott）也是同一时期有关仇恨言论法律规制的典型案例。克拉普罗特是纳粹组织"美德同盟"（American-German Bund Auxiliary）的成员，1940 年的6 月，克拉普罗特与本组织的许多成员在新泽西州的安多弗地区进行集会，在集会的过程中克拉普罗特以言语极尽羞辱犹太人，并号召大家展开对犹太人的战斗，以纯洁美国的政治和社会，随即克拉普罗特被新泽西州逮捕。按照《新泽西州种族仇恨法》的规定："任何人，在两人及其以上的场合，不论其使用语言，或发表足以煽动对任何种族、肤色、或宗教团体仇恨的言论，应处以轻

---

① Cantwell v. Connecticut，310 U. S. 308～309 (1940).
② Cantwell v. Connecticut，310 U. S. 310 (1940).

罪。"因此,新泽西州地方法院判决克拉普罗特有罪。克拉普罗特对这一判决不服,认为它侵犯了宪法第一修正案所赋予的言论自由的权利并提起上诉,最后全案上诉到新泽西州最高法院。新泽西州最高法院经过审理认为地方法院判决所依据的《新泽西州种族仇恨法》违反了宪法第一修正案和第十四修正案,该法被宣告无效。

新泽西州最高法院首席大法官布罗根(Brogan)所写的判决理由认为:"考诸这一案件的发生情形,克拉普罗特的言论确实是有碍于宪法对民众的良心自由和宗教自由的保障的,但是仅有这种妨害是否就能构成在法律上对这种言论进行限制的理由,这是有着深深疑问的,因此规制言论的法律的合宪性基础也是值得令人怀疑的。因为只有在一种言论威胁到新泽西州的存续时方能对这种言论施以限制,也只有基于这种理由的限制才是并不违反言论自由的宪法保障的。例如,一种言论若有害于公共福祉、腐蚀公共道德或者煽动犯罪、扰乱公共秩序等。在这些情况下,对言论自由进行限制是受到宪法保护的,但遗憾的是《新泽西州种族仇恨法》的立法目的却与以上情况都不符合。诚然,言论自由不是绝对的权利,但是与政府进行言论检查的危险比起来,后者的恶性更为重大,更何况对言论自由的滥用还有诽谤与造谣可用。"[1]判决还进一步指出,《新泽西州种族仇恨法》还存在三个方面的问题:一是此部法律中所规定的"仇恨"、"辱骂"、"敌意"等用语非常抽象且不易确定,从而这只能留给法院的陪审团在个案中予以认定,但这种认定的刑法裁量权对陪审团而言是不合适的。二是依照此部法律的规定,即便是家人、朋友或者同事之间的私下聊天内容也可能触犯该法律规定,因为私下的聊天也会涉及种族、肤色等话题。三是《新泽西州种族仇恨法》中的许多用语都是个人主观上的情绪感受,是否适合规定在法律里面是不无疑问的。因此,法院最后援用"明显且现实危险原则",宣告《新泽西州种族仇恨法》违反州宪法和联邦宪法对言论自由的保障。[2]

通过对上述两个案例的分析我们可以知道,20世纪40年代初美国法院对仇恨言论基本持相对宽容的态度,即不主张对其进行严格限制,对仇恨言论案件的处理主要依赖"明显且现实危险原则",即仇恨言论若构成"明显且现实

---

①　State v. Klapprott, 22 A. 2d 879~881(1941).

②　State v. Klapprott, 22 A. 2d 881~882(1941).

危险",则应当受到法律的规制,否则不应受到法律的规制。此原则的确立主要源于霍姆斯大法官在"申克诉合众国案"(Schenck v. United States)的判决理由。该案中,被告申克是美国社会党总书记,他在一战期间因散发抨击美国征兵违宪的传单,并煽动抵制征兵以维护权利而被地方法院判决违反 1917 年的《反间谍法》。申克认为地方法院的判决违反了宪法第一修正案对言论自由的保护,因而上诉到联邦最高法院。联邦最高法院经过审理一致认为申克构成犯罪,故维持原判决。霍姆斯在判决书中写道:"每个案子应考虑的问题是,这些话出于这种性质而用在这种场合,是否构成明显且现实的危险,以至于造成国会有权预防的严重后果。"[①]申克案之后一系列其他案例的判决表明,"战争并不是打击极端政治言论的唯一理由,共产主义号召暴力推翻现有政府的宣传活动也同样被视为违反了明显且现实危险原则"[②]。对这一原则的表述还体现于霍姆斯大法官在"埃布尔拉姆斯诉合众国案"(Abrams v. United States)判决中的不同意见书、霍姆斯大法官和布兰代斯大法官在"吉特洛诉纽约州案"(Gitlow v. New York)判决中的不同意见书、霍姆斯大法官和布兰代斯大法官在"惠特尼诉加利福尼亚州案"(Whitney v. California)判决中的协同意见书。明显且现实危险原则自 1919 年就已提出并随之得到适用,而仇恨言论的法律规制是 20 世纪 40 年代才出现的事情,此时法院除了适用明显且现实危险原则外,对随后发生的其他仇恨言论的案件也开始一并适用其他的原则进行判决了。

(二)法律规制的限制态度

与 20 世纪 40 年代初的上述两个案件不同,从 1942 年"查普林斯基诉新罕布什尔州案"开始,到 60 年代中期民权运动风起云涌的这大约 20 年的时间里,美国法院系统对仇恨言论的态度有了巨大的转变,并且确立了新的审判原则。总体上来说,美国法院在这一时期对仇恨言论持一个相对严格的态度,即

[①]　Schenck v. United States, 249 U. S. 52 (1919).

[②]　Dennis v. United States, 341 U. S. 494 (1951); Whitney v. California, 274 U. S. 357 (1927); Brandenburg v. Ohio, 395 U. S. 444 (1969); Gitlow v. New York, 268 U. S. 652 (1925).

将仇恨言论归于低价值言论的类型,分别按照不同低价值言论类型的不同处理原则对其进行审判。

在"查普林斯基诉新罕布什尔州案"(Chaplinsky v. New Hampshire)中,被告查普林斯基曾在罗彻斯特的街道中散发所在宗教的宣传物品,这引发了部分市民的抗议,他们随即向执法官鲍尔林报告,并称查普林斯基公然抨击所有的宗教,并把它们斥为"诈骗犯"。在接到报告后,鲍尔林为了避免引发不必要的骚乱,随之带走了查普林斯基,而查普林斯基则称鲍尔林是"遭天谴的诈骗犯,该死的法西斯"。依据新罕布什尔州保护公共安宁的法律规定:"禁止对合法的身处于街道或其他公共场所的人士给予无礼、嘲讽或者令人生厌的言辞。"查普林斯基因咒骂司法官而被控有罪,后查普林斯基一路上诉到联邦最高法院,他认为新罕布什尔州的法律侵害了其享有的言论自由的权利。

最高法院在对此案进行审理后维持了对查普林斯基的有罪判决,但同时也将新罕布什尔州对言论进行规制的权力进行了限定。"众所周知,言论自由的权利并不是在任何时间、任何情况下都是绝对的。某些言论属于明确界定和严格限制之列,对这些言论予以禁止和惩罚并不会引起违宪问题。这些不受保护的言论类型包括淫秽(lewd and obscene)、亵渎(profane)、诽谤(libelous)以及侮辱(insulting)或挑衅言论(fighting words),这些言论本身将造成危害,或容易煽动即刻发生的扰乱治安。这类言论并非任何思想或观念之表达的必要部分,并且它们对获得真理的社会价值微不足道,以至于即使这些类型的言论能给社会带来任何利益,这些可能的利益也明显小于限制这些言论所欲维持的社会秩序和道德规范的社会利益。诉诸辱骂或人身攻击的方式并不是任何意义上的受到宪法保障的信息或观点的交流,将其当作犯罪行为进行惩罚并不会出现任何问题。"[1]基于上述分析,新罕布什尔州的此项法律是符合上述标准的,因此也是具有相当的合宪性的,因为其只禁止"破坏治安的面对面的言论,如果发言者所发表的对治安构成破坏的言论,包括'经典'的挑衅言论,也包括目前使用的不那么'经典'但同样导致暴力的言论,还包括亵渎、淫秽和威胁等其他言论"[2]。

虽然这一案例对仇恨言论的规制开辟了新的道路,但是这种道路并没有

---

① Chaplinsky v. New Hampshire, 315 U. S. 571,572 (1942).

② Chaplinsky v. New Hampshire, 315 U. S. 573 (1942).

开拓出多大的范围,诚如冈瑟先生所言:"虽然在理论上人们仍认可宪法法院对查普林斯基一案的判决,但是对这一判决在此后司法实践中的效力,人们是持深深的怀疑态度的。"①因此,在司法实践中以此为进路对仇恨言论的规制也显得力不从心。"查普林斯基案"虽然不是有关仇恨言论的最早的案件,但其影响力却是当时相关判决中最深远的。

"查普林斯基案"开辟了处理仇恨言论的新通道,随后的"博阿尔内诉伊利诺伊州案"(Beauharnais v. Illinois)再次确认了该案的进路。该案被告博阿尔内是当地一个种族主义组织"白人联盟"的主席,他在街头散发传单,并呼吁芝加哥官方应当阻止黑人对白人的各种侵占、骚扰、与入侵行为,鼓励芝加哥的白人们联合起来对抗黑人,"如果这样子说服……都还不能把我们白人团结起来,那么就等着让黑人的强奸、抢劫、刀枪和大麻来团结我们吧!"《伊利诺伊州群体诽谤法》规定:"禁止在公开场合发表将属于某一种族、肤色、信仰或宗教的公民,描述成邪恶、爱犯罪、不纯洁或不具德行的言论。"因此,被告博阿尔内被判 200 美元的罚金。被告以明显且现实危险原则进行抗辩,认为伊州法律侵犯了他言论自由的权利,该案后上诉至联邦最高法院,大法官费里克斯·弗兰克福特(Felix Frankfurter)主笔的多数意见书驳回了被告的抗辩。

大法官弗兰克福特重述了"查普林斯案"确立的原则,即某些言论属于明确界定和严格限制之列,对这些言论予以禁止和惩罚并不会引起违宪问题。这种言论不是受到宪法保障的言论,法院不需适用"明显且现实危险"原则去处理。"虚伪地指称他人是强暴犯、劫匪、持有刀具枪械、吸大麻的行为是诽谤,这是没有人会否认的事情。本案的问题,在于宪法第十四修正案是否阻止政府去处罚这一种针对一个群体而大量散布的诽谤行为。既然用前述的方式诽谤个人,都可构成诽谤罪,那么就更不能否认说,对用同样的方式对特定一群人的诽谤,政府是具有管制的权力的"②。所以,联邦最高法院认为州政府具有这种权力,判决还指出:"从 1837 年杰出的废奴主义战士洛夫乔伊被谋杀,到 1951 年西塞罗骚乱,伊利诺伊州种族之间的局势一直十分紧张,经常导致暴力和破坏性后果。伊州曾经发生过的种族暴动显示,该州政府并不是毫

---

①　Gerald Gunther, *Stanford University Campus Report*, May 3, 1989, p. 18.

②　Beauharnais v. Illinois, 343 U. S. 258 (1952).

无理由地限制这些诽谤种族群体言论的"①。本案的判决以五比四的比例做成,大法官胡果·布莱克(Hugo Black)、斯坦利·里德(Stanley Reed)、威廉·道格拉斯(William Douglas)和罗伯特·杰克逊(Robert Jackson)持少数意见。大法官布莱克的不同意见书认为,"诽谤罪原本处罚的是诽谤个人的行为,这是定义清楚、范围限定明确,且宪法对此也有所承认的概念。现在群体诽谤法将处罚对象扩张到对群体的诽谤,这是压制了对公共事务的讨论,侵犯了宪法第一修正案所要保障的权利。宪法第一修正案对这种法律应该是绝对禁止的。"②大法官里德的不同意见书着墨于伊州法律过于模糊的问题,他质疑此部法律中"德行、嘲弄、污名等词汇的意义是否具有清晰明确的范围"③。大法官道格拉斯认为:"希特勒及其纳粹政权显示了通过蔑视、嘲笑和侮辱的方式来消灭一个种族的阴谋是多么的邪恶。我愿意承认在我们国家内可以对针对一个种族或群体进行的这种行为提起公诉。"虽然如此,他仍然加入布莱克与里德的不同意见,因为"多数意见过于顺从立法部门的判断,如果任何公共利益的考量都可以大过宪法第一修正案的明文规定,那么对言论自由将有明显且现实的危险"④。杰克逊大法官同意"言论自由的滥用会撕裂社会、迫害少数族群",但他同时也认为"以基本自由作为代价去对抗仇恨的做法则是选择错了道路"。⑤

　　"查普林斯基案"和"博阿尔内案"是美国法院关于仇恨言论明确表明限制态度的为数不多的案件,这两个案件在言论类型化的基础上将仇恨言论归于低价值言论类型,将其排除在宪法第一修正案的保护之外,但是这两个案件仍然引发了巨大的争议,就连联邦最高法院大法官之间也发生了激烈的争辩,关于言论自由的价值、言论类型化的分类方法、高价值言论和低价值言论的价值、种族间的平等、仇恨言论的危害等问题引起了人们的热议。

---

① Beauharnais v. Illinois,343 U. S. 259 (1952).

② Beauharnais v. Illinois,343 U. S. 271~272 (1952).

③ Beauharnais v. Illinois,343 U. S. 277,284(1952).

④ Beauharnais v. Illinois,343 U. S. 284~287(1952).

⑤ Beauharnais v. Illinois,343 U. S. 304~305(1952).

(三)重返仇恨言论的宽容态度

60 年代民权运动风起云涌,美国社会更加关注自由问题,在"博阿尔内案"后不久,发生了"纽约时报诉沙利文案"(New York Times Co . v. Sullivan)(简称"沙门文案")。该案是美国言论自由史上具有里程碑意义的重大案件,大法官布伦南执笔该案多数意见,他指出"公共讨论应当是没有限制、强而有力且开放的"①,从而使美国联邦最高法院对言论自由的态度从"查普林斯基案"的相对严格转变为较为宽容,"沙利文案"确立的这一态度对此后的仇恨言论的法律规制产生了深刻的影响。"虽然联邦最高法院从没有明确推翻博阿尔内案的判决,但其后的意见书却使得这一判决失效,并重新认可了宪法第一修正案,甚至保护侵害团体的歧视性表达。"②"沙利文案"后,从 20 世纪 60 年代末至今几乎每 10 年发生一起关于仇恨言论的重大案件,本书将挑选其中较具代表性的案件对其进行分析,以从总体上把握美国法院对仇恨言论的实质态度。

"沙利文案"后发生了 3K 党公开辱骂黑人和犹太人的"布兰登堡诉俄亥俄州案"(Brandenburg v. Ohio)。该案被告布兰登堡是 3K 党成员,在一段录像中他公开宣称:"我们并非报复性的组织,但是如果我们的总统、我们的国会和我们的最高法院继续压制白人和高加索种族,将很可能迫使我们采取一些复仇行动。"同时他还宣称:"黑鬼应该被遣回非洲,犹太人应该回到以色列。"因公开鼓吹种族歧视和暴力的反社会行为,布兰登堡被控违反了俄亥俄州《有组织犯罪防治法》。该法规定:"任何煽动、教导或帮助教唆犯罪、破坏或暴力等偏激非法手段,以变更产业所有或管制状态,或影响政治变更之言论,或协同参与此类组织及其活动者,以重罪论罚。"③布兰登堡后被州地方法院判决 1000 美元的罚款和 10 年的监禁。但此案在上诉至联邦最高法院后,联邦最高法院却推翻了地方法院的有罪判决,并判定俄州的《有组织犯罪防治法》违宪无效。

---

① New York Times Co. v. Sullivan, 376 U. S. 270 (1964).
② Gerald Gunther, *Constitutional Law* ,Foundation Press,1985,p. 1055. 1985).
③ Brandenburg v. Ohio, 395 U. S. 444 (1969).

首席大法官厄尔·沃伦(Earl Warren)执笔判决书,他指出:"宪法对言论自由的保障,不允许政府对任何主张暴力或主张不遵守法律的言论进行禁止或限制,除非该言论是以煽动他人从事立即的违法行为或产生立即的非法行为为目标,而且该言论的确会煽动或产生这种立即的违法行为,才可以对此进行限制或惩罚。"而本案中"上诉人单纯从理论上教唆采取暴力行动,或者在道德上强调其可能性和必要性,并不等同于为实施这种暴力行为而做组织上的准备。如果法律不能明确区分这两种情况,就没有权力剥夺公民受第十四修正案所保护的自由权。宪法保护这种谴责性的言论免受政府的监控"①。因此,"布兰登堡案"中联邦最高法院所主张的"煽动立即违法行为"和"查普林斯基案"中只要求对引发即刻暴力的言论进行惩罚的表述是十分类似的。② 虽然,联邦最高法院在"布兰登堡案"的判决中没有提及"查普林斯基案",但是推翻了"惠特尼案"(Whitney v. California)的判决,裁定州政府立法禁止公民鼓吹暴力或鼓吹违法的法律违反了宪法因而无效。

布兰登堡案可以视为是联邦最高法院对于煽动言论作出的最新判决,这一判决的着力点主要在于最高法院如何应对政府对于煽动言论的法律规制措施,它有力地调和且解决了两种矛盾观点间的冲突,即那些基于安全考虑而主张加强政府对言论进行控制的观点和那些基于思想自由市场的考虑而主张尽可能采取更多言论的观点。"布兰登堡案"的判决结果表明,联邦最高法院对于煽动言论的处理所依从的仍是布兰代斯和霍姆斯所提出的明显且现实危险原则。自"布兰登堡案"判决至今,虽然有极少数案件曾经挑战过此一判决适用的外部界限,但这些挑战皆以失败告终,由此这一判决结果仍适用于判断那些对煽动言论进行规制的法律的合宪性问题。

"布兰登堡案"后,发生了纳粹团体在犹太人聚居区进行反犹示威游行活动的"科林诉史密斯案"(Collin v. Smith)。"布兰登堡案"和"科林诉史密斯案"堪称美国法院从限制仇恨言论转向为宽容仇恨言论的拐点,"科林诉史密斯案"没有适用"博阿尔内案"的判决,在对仇恨言论的宽容之路上又迈进了一步。

1977年,美国新纳粹团体国家社会党(National Socialist Party of Ameri-

---

① Brandenburg v. Ohio, 395 U.S. 447 (1969).
② Whitney v. California, 274 U.S. 357 (1927).

ca)计划在伊利诺伊州斯科基镇举行反犹示威游行活动。伊利诺伊州斯科基镇是芝加哥北方的村镇,居民大部分是犹太人,并且其中不少是当年纳粹集中营的幸存者。斯科基镇官员向州法院申请禁制令,但是后来为法院所推翻,见游行势在必行,斯科基镇急忙发布了三道法令反制,依照在镇法令中的编号,它们分别是第994号、第995号、第996号法令①,斯科基镇遂依据这些法令驳回了国家社会党的游行申请。被驳回申请后,国家社会党向地区法院提起诉讼请求撤销这三道法令,地区法院宣告斯科基镇的这三道法令违宪。斯科基镇又上诉到联邦第七巡回上诉法院,法院同样判决,斯科基镇的法令违宪,且对国家社会党的游行申请不得以可能违反前述法令为由驳回,斯科基镇亦不得以收取保证金之方式阻挠游行。②

巡回法院法官黛安·沃德(Diane Wood)主笔判决书,法院指出,首先,"斯科基镇未主张国家社会党的游行会引起立即、面对面的肢体暴力冲突,本案中的第995号法令无法落入既有的不受保障言论的范围"。其次,斯科基镇指出第995号法令所处罚的言论内容是无益于社会,且构成对事实的虚伪陈述。法院认为:"展示纳粹党徽、制服是传达了纳粹的意识形态,而这与事实的真假与否无关。进一步言,即使认为纳粹意识形态是文明社会所不接受的,也不应由法律去矫治它。"再次,斯科基镇认为,第995号法令所处罚的是鼓吹种族仇恨的言论,依联邦最高法院对"博阿尔内案"的意见书,这种言论是可以处罚的。巡回法院认为本案不适用"博阿尔内案",主要在于:一是"博阿尔内案"之所以会有此判决结果,是因为受规制的言论很可能引起暴力冲突,但是考诸本案,并未发现有暴力冲突的可能。进一步值得怀疑的是,"博阿尔内案"之后,联邦最高法院有一系列的关于言论自由的判决,但都没有适用"博阿尔内

① 第994号法令规定,五十人以上的集会或者游行,应获得申请许可。许可的要件包括三十万元的公共责任保证金(public liability insurance),与五万元的财产损害保证金(property damage insurance)。此外还包括应当经过合适的公务员调查,且调查未发现有犯罪、妨碍公共秩序与善良风俗(depravity and lack of virtue)或煽动基于宗教、种族、族裔、国籍或地域上之暴力、仇恨或敌意的事情,否则违者处五到五百元的罚款。第995号法令规定,禁止在斯科基镇内散发鼓吹或煽动对种族、国籍或宗教群体仇恨的物品。散发物品包括出版、展示或散布海报、标志、手册、文件,以及具有象征意义的标志与衣服之公开展示。第996号则是禁止游行时穿军服。Village Ordinance No. 77-5-N-994,995,996.
② Collin v. Smith,578 F. 2d 1210(7th Cir. 1978).

案"的意见,其仍能适用与否不无疑问。二是即使真有暴力冲突,在本案的情况下,斯科基镇也有足够的时间应对。最后,斯科基镇认为,国家社会党的游行会造成当地大屠杀幸存者的心理创伤。巡回法院认为,心理创伤的确可以作为民事上的侵权类型而请求赔偿,但是这并不代表可以用刑法去处罚那些造成此类创伤的行为。基于上述分析,法院判决斯科基镇的三项法令违宪,且斯科基镇也不能驳回游行的申请。① 后全案上诉到联邦最高法院,联邦最高法院没有受理。但哈里·布莱克门(Harry Blackmun)大法官和拜伦·怀特(Byron White)大法官认为法院应当受理此案,原因有二:一是巡回上诉法院对本案的审理结果与"博阿尔内案"有冲突之处,而联邦最高法院又未废弃"博阿尔内案"的见解,因此联邦最高法院有解决这个冲突的必要。二是新纳粹党要举行的游行,从它的地点、方式看起来,就像在人潮众多的戏院里大叫失火一样,限制这样的行为对言论自由并不会有所妨碍。② 可见,关于是否限制仇恨言论仍然存在许多争议,但法院的判决结果仍然是坚持了对仇恨言论的相对宽容的态度。

通过对"布兰登堡案"和"科林案"的分析,我们可以看到此时美国法院对仇恨言论的态度已经渐趋宽容,在实质上已经改变了"查普林斯基案"和"博阿尔内案"确立的限制仇恨言论的态度,这包括:表达仇恨的言论是受保障的、政府不能禁止展示例如纳粹党徽的仇恨象征物、政府不能因为一种言论会深深地冒犯听众,或是引起暴力而禁止该言论的发表。"该案的判决就像沙利文案那样,废除了作为博阿尔内案判决前提的查普林斯基案确定的原则,即对诽谤的惩罚从来不会被认为能够引发任何宪法问题",正因如此,法院质疑"在宪法诽谤案件后,博阿尔内案的判决已经不再是良好的法律"③。在这两个案件之后,仇恨言论不再当作群体诽谤而被排除在法律保护之外。在当时看来,对言论自由保障范围的扩大已为大势所趋。随后,20世纪80年代末90年代初发生的两起校园仇恨言论的案件进一步表明了美国法院对仇恨言论的宽容态度。

20世纪80年代至90年代,美国大学尤其是公立大学校园内经常发生种

---

① Collin v. Smith, 578 F. 2d 1204,1205 (7th Cir. 1978).

② Smith v. Collin, 439 U. S. 916 (1978).

③ Collin v. Smith, 578 F. 2d 1205 (7th Cir. 1978).

族间的骚扰和攻击事件,除此之外,淫秽言论、威胁言论、针对某一群体发表的诽谤等伤害性言论也十分猖獗,鉴于这种情况,很多大学制定了针对校园仇恨言论的言论规制(campus speech code)以阻止校园仇恨言论造成伤害,由此引发了学术界、实务界对校园言论规则的热烈讨论。"某人诉密歇根大学案"和"威斯康星大学邮报诉威斯康星大学案"是有关校园仇恨言论的较具代表性的案例,两案最后的判决结果均以校园言论规则的失败而告终,美国法院继续坚持其对仇恨言论的宽容态度。

"某人诉密歇根大学案"(Doe v. University of Michigan)中,密歇根大学董事会考虑到该校校园内曾发生过数十起种族间的骚扰和攻击事件,在经过长时间的商讨后于 1988 年 4 月通过了一项反歧视政策。"本政策适用于教育、学术中心,诸如教室及其建筑、图书馆、实验室、活动中心。在这些区域内有下列行为者,应受惩罚:任何因对方的种族、民族、宗教、性别、性倾向、信仰、国籍、祖籍、年龄、婚姻状况、身心障碍及越战退伍身份,而对其进行污名化或加以迫害之言语及肢体行为;且(1)此行为对对方的学术成果、就业、学校补助的课外活动、个人安全造成了明示或暗示的威胁。或(2)具有干扰对方学术成果、个人安全的目的,或造成此效果。或(3)创造出对从事学术、就业、学校补助的课外活动具有令人感到恐惧、敌意、贬抑的环境。"① 该校的一名学生认为此项政策侵害了他的言论自由遂提起诉讼,全案最后由联邦地区法院作出判决,宣告密歇根大学该项政策违宪。

联邦地区法院认为,这项政策之所以违宪在于两个方面:一是过于广泛,二是过于模糊。(1)对过于广泛方面,地区法院首先区分了受保障的言论和不受保障言论的范围,然后看这项政策是否属于受保障言论。"不受宪法第一修正案所保障的,首先是纯粹的行为,大部分的歧视行为皆属此类。在言论的部分,可受政府管制的范围相当有限,从以往法院的判决先例来看,政府可进行管制的言论包括:挑衅言论,从而在某些情况下大学校方可禁止种族、民族的绰号、谩骂与侮辱,这些言论不但造成了受害方情绪上的挫败感,同时也构成对财产损害与肢体暴力的威胁;同时煽动违法行为的言论也在禁止的范围之列;还有产生敌意工作环境的种族与性别骚扰,也可以请求赔偿;色情言论也是受到法律管制的;此外,粗俗、令人不快、令人震惊的言论也不受宪法的绝对

---

① Doe v. University of Michigan, 721 F. Supp. 852 (E. D. Mich. 1989).

保护;还有针对个人的诽谤和针对群体的诽谤;最后是政府基于时间、地点和方式的言论管制。"①虽然如此,但这并不代表着密歇根大学就可以对下述言论进行管制:"一是,在效果上,校方并不认同某些思想或信息传达的言论;二是,仅因为某种类型的言论冒犯了大多数人就禁止它。尽管被告校方宣称,此项政策并不会适用于受第一修正案保障的言论,但是法院通过对受惩罚的案件进行检查,发现确实有涵盖到受保障言论的情况。如校方并未将教室内的学术讨论排除在外,也未区别说话者有意伤害或无心之过的情况。更有甚者,校方在告知学生其可能触犯反歧视政策之前,并未认真考虑过学生的言论是否受第一修正案保障,而以暗示性威胁的方式要求学生自请处分。"②很明显的,此项政策不管在字面上,或是施行上,都是涵盖过广的。(2)整体而言,此项政策无法让人查知规范的范围,也无法在受保障与不受保障的行为之间作出概念上的区分。该政策的前段:"污名化"、"加以迫害",是一般、难以清楚界定的用词。而且,言论本身会造成污名化或是迫害他人,但这并不代表其不受宪法第一修正案的保障。政策后段"造成威胁"、"造成干扰"的部分,也无法让人清楚知道何种行为会造成威胁或干扰,哪些政策不会造成威胁或干扰,这使任何该校的学生都必须猜测自己的行为是否会被处罚。因此,这项政策在字面上过于模糊,而在执行上又会违反正当法律程序的保障。③ 综上所述,联邦地区法院认为密歇根大学颁布的这项政策违背了宪法的规定。

"密歇根大学校园言论规则案"判决后约两年威斯康星大学也发生了有关校园言论规则的案件,即"威斯康星大学邮报诉威斯康星大学案"(UWM Post, Inc., etal. v. Board of Regents of the University of Wisconsin)。本案中的原告,包括麦迪逊的威斯康星大学邮报以及其他学生,他们向威斯康星州的地方法院提起诉讼,控告威斯康星大学董事会所制定的《威斯康星大学规则(The UW Rule)》因为"范围太广"与"模糊不清"而违反了美国宪法第一修正案对言论自由的保护。威斯康星州地方法院判决原告麦迪逊的威斯康星大学

---

① Doe v. University of Michigan, 723 F. Supp. 852 (E.D. Mich. 1989).
② Doe v. University of Michigan, 724 F. Supp. 852 (E.D. Mich. 1989).
③ Doe v. University of Michigan, 725 F. Supp. 852 (E.D. Mich. 1989).

邮报以及其他学生胜诉。①

首席法官沃伦·厄伯恩（Warren Urborn）在判决书中指出，就挑衅言论的定义而言，威斯康星大学董事会在制定《威斯康星大学规则》时的四项原则皆没有达到其要求的条件。第一项原则是限制具有种族偏见或歧视性质的言论，但并没有指出这种言论需要具备破坏和平的意图；第二项原则虽然指出了限制的言论是针对个人的，但是在执行过程中没有要求同时具有破坏和平的情况发生；第三项原则限制贬损种族、性别、宗教等的言论，确实是属于挑衅言论的范畴，但并未限制那些会破坏和平的言论；第四项原则限制会制造一个具有威胁性、有敌意的或贬损环境的言论，虽然其包含了有破坏和平之虞的行为，但同时也包含了不会导致暴力行为的情况。基于上述理由，厄伯恩法官认为由于《威斯康星大学规则》包含了许多不会导致暴力行为且破坏和平情况发生的言论，因此并不符合联邦最高法院对挑衅言论定义所要求的条件。《威斯康星大学规则》对无论是有可能还是没有可能导致破坏和平情况的言论都加以限制，这并不符合联邦最高法院对不保障言论自由的要求条件。威斯康星大学董事会曾言及，自身是采用查普林斯基案中的衡量原则，且认为《威斯康星大学规则》是对具有很少的社会价值和会造成伤害的结果的言论加以限制的。但是在联邦最高法院的以往案例判决中，并没有指出下级法院可以依照这一原则划定新的不受宪法保障的言论自由的类型，而且法院唯有在内容中立的原则下才能引用衡量原则。况且《威斯康星大学规则》所限制的言论并不一定会造成暴力的反应，所以可为校园带来的利益也不一定是相当大的，而且《威斯康星大学规则》光凭言论的侮辱性质而加以限制，也不符合最高法院的衡量标准。② 基于上述种种理由，法院判决《威斯康星大学规则》违宪。

上诉两件校园仇恨言论案件并未走进联邦最高法院，在州法院就得到了解决，判决结果表明大学校园仇恨言论进行的基于保护种族间平等、维护校园秩序、促进各种族学生受教育权的实现等利益的考虑而制定的言论规则皆违背了宪法第一修正案对言论自由的保护，对仇恨言论进行限制以维护平等的

① UWM Post, Inc. , etal. v. Board of Regents of the University of Wisconsin, 774 F. Supp. 1163 (E. D. Wis. 1991).

② UWM Post, Inc. , etal. v. Board of Regents of the University of Wisconsin, 774779 F. Supp. 1163 (E. D. Wis. 1991).

价值的做法并不能超越宪法规定的范围。

"威斯康星大学校园言论规则案"后不久,美国联邦最高法院对另一件仇恨言论案件进行了审理,即"维克托拉诉圣保罗市案"(R. A. V. v. City of St. Paul)。此案中联邦最高法院放松了对仇恨言论的规制,其关于该案作出的判决堪称美国历史上关于仇恨言论宽容态度的极致表现,直到今天仍然没有任何案件能超越该案判决所坚持的对仇恨言论的宽容程度。

1990年3月,明尼苏达州圣保罗市的一个白人社区中住进了一户黑人家庭,在同年6月的某日清晨,这户黑人后院的栅栏上被放置了一个燃烧的十字架,后查明放置者是维克托拉,随后他被逮捕,并被控违反了圣保罗市《偏见犯罪法》。该法规定:任何人在公共场所或私人财产上放置或陈列标志、物品、称号、特征或石刻,包括,但不限于燃烧之十字架、纳粹党徽,而使人知或可得而知其能惹起对他人基于种族、肤色、性别、信念、宗教之愤怒、警告或怨恨者,构成妨害治安之行为,而须宣告轻罪。在地方初审法院审理时,法院驳回这一指控,认为这一指控是基于内容对言论进行的限制,从而违背了内容中立原则,因此是违宪的。随后,明尼苏达州最高法院推翻了初审法院的判决,认为该指控并不是基于内容的指控,而是"唤起他人激愤、惊恐或愤怒等情绪的挑衅言论",而"挑衅言论"是一种不受宪法第一修正案所保护的言论类型。[①] 后全案上诉至联邦最高法院,九位大法官一致认为圣保罗市的此项法令违宪,但在判决理由上却分裂为五比四[②]。

大法官斯卡利亚执笔多数意见书,他指出包括淫秽、诽谤与挑衅言论在内的诸多类型的言论是不受保护的,从而"这些类型的言论并不在宪法保障的范围内"或"言论自由的保护并不及于此",因此法律就可以对这些领域内的言论进行规制,但是这并不意味着政府可以对这些言论施加额外的内容歧视。[③] 政府可以禁止挑衅言论,因为挑衅言论作为一个类型是不受宪法所保护的,这已经为前述的一系列案例所支持,然而政府依然不得基于对挑衅言论所表达

---

① Inre Welfare of R. A. V. , 464 N. W. 2d 507, 510 (Minn. 1991).

② 多数意见书由大法官安东宁·斯卡利亚(Antonin Scalia)主笔,并获威廉·伦奎斯特(William Rehnquist)、安东尼·肯尼迪(Anthony Kennedy)、戴维·苏特(David Souter)和克拉伦斯·托马斯(Clarence Thomas)四位大法官的支持,除了代表法院立场的多数意见书外,另有三份协同意见书。R. A. V. v. City of St. Paul, 505 U. S. 378、379 (1992).

③ R. A. V. v. City of St. Paul, 505 U. S. 383, 384(1992).

的特定信息而管制。斯卡利亚大法官认为："禁止次级内容歧视有两种例外：一是当次级内容歧视的基础恰好完全符合这种类型言论可受禁止的原因。二是被管制的次级类型言论恰好具有特定的间接效果。根据这些标准，圣保罗市的规定即便符合挑衅言论的定义，但是由于它仅仅限制那些'因种族、肤色、信仰或性别原因'而为的挑衅言论，这就构成了次级的内容歧视"①。在该案中，明尼苏达州最高法院对圣保罗市的法令进行了限缩解释，即该法令仅适用于那些会挑起关于种族、肤色、宗教、性别的暴力的挑衅性言论，但联邦最高法院却认为，"这些法令在表面上仍属违宪，更进一步说，圣保罗市的这项法令不仅构成了内容歧视，它甚至也在一定程度上构成了观点歧视"②。最后，联邦最高法院判定圣保罗市该法令违宪无效，"其保护那些因为其属于历史上被歧视的群体的目的，并不能成为判定该法令合宪性的理由"③。对该案的判决理由部分，大法官怀特表达了不同的观点，他在该案的协同意见书中认为："圣保罗市的这项法令承载过多，因为它不仅认为不受宪法第一修正案所保护的言论违法，即便是宪法第一修正案保护的言论它也进行了惩罚。"但他同时对多数意见书中的"禁止次级内容歧视"表达了担心，认为"借由将挑衅言论界定为某种形式的辩论，多数意见将仇恨言论正当化为某种形式的公共辩论了"④。从而，这样的判决理由会阻碍政府对仇恨言论管制的决心。由此而言，在此案中联邦最高法院不再将仇恨言论视为不受保护或者受到较少保护的"挑衅言论"，而是在次级歧视的指引下，大幅限缩了规制仇恨言论的空间。

依据维克托拉案的多数意见，法律可以禁止一切"破坏秩序"的言论，但是不能限缩言论的范围，仅仅只限制仇恨言论，也就是说可以限制挑衅言论，但不能以"种族"为由限制挑衅言论，因为这样就构成了次级内容歧视。该案的判决是迄今为止联邦最高法院对仇恨言论最为宽容的态度，政府要想限制仇恨言论就不能把它单独拿出来说事，而只能将其放置在挑衅言论的类型内进行限制，否则将因构成次级内容歧视而被判危险无效。"维克托拉案"的判决大大限缩了政府限制仇恨言论的空间，在实质上甚至是间接剥夺了政府的这

---

① R. A. V. v. City of St. Paul, 505 U. S. 388，389(1992).
② R. A. V. v. City of St. Paul, 505 U. S. 391(1992).
③ R. A. V. v. City of St. Paul, 505 U. S. 391(1992).
④ R. A. V. v. City of St. Paul, 505 U. S. 397(1992).

种权力。

"维克托拉案"判决后美国各州纷纷援引该案之判例,宣告诸多类似圣保罗市的立法文件违宪①,并且在美国的法院系统和社会民众的观念中焚烧十字架逐渐成为一种受宪法保障的言论。但是该案也引发了司法界、学术界乃至整个社会的关注,甚至遭到不少法官、学者和民众的批评,该案判决表明仇恨的表达也是一种受到保护的信息,这是否意味着人们可以随便在黑人家的院子里焚烧十字架呢?除此之外,联邦最高法院在维克托拉案中所确立的标准太过抽象化和技术化,从而得出的结论无法符合现实的需要,由此也就给后续发生的仇恨言论案件造成了很大的困难。"维克托拉案"后,联邦最高法院在"威斯康星州诉米切尔"和"弗吉尼亚州诉布莱克"(Virginia v. Black)两案中,皆区分出这两个案件与维克托拉案的不同点,使争议的法律免受联邦最高法院的严格审查:在"米切尔案"中,联邦最高法院区分了行为与言论的区别,从而直接排除了维克托拉案的适用;而在"布莱克案"中,联邦最高法院是将争议的法律文本解释为"维克托拉案"的例外情况。总体而言,联邦最高法院对"米切尔案"和"布莱克案"的判决虽然采取了某些司法技术,没有继续适用"维克托拉案"的判断,但是也未推翻"维克托拉案"的判决,仅仅是在技术上稍稍收敛了对仇恨言论的宽容态度,但是其本质态度在本质上并没有改变。

在"维克托拉案"判决之后不久,联邦最高法院旋即又作出了"威斯康星州诉米切尔案"(Wisconsin v. Mitchell)的判决。本案中一群黑人青少年在看完电影《烈血暴潮》后,其中一位名叫米切尔的人提议殴打路过的一位白人男孩,后来这群黑人青少年把这位白人男孩打成重伤。因此,米切尔依重伤罪被起诉。威斯康星州的法律规定:"行为人实施犯罪,而在犯罪意图上因种族、宗教、肤色、残障、性倾向、原国籍或祖籍而选择犯罪被害人或犯罪所破坏之财产者,依其既有之犯罪形态为轻罪或重罪,各自加重其刑。"由于米切尔是以种族的因素选择被害人的,其犯罪具有煽动种族仇恨的动机,因此被加重刑罚,所受徒刑由 2 年加重到 7 年。但米切尔主张,威斯康星州的此项法律侵害了其

---

①　需要我们注意的是,与德国的违宪审查相比,美国最高法院在行使违宪审查时更多地依赖于自我的克制,从而联邦最高法院的违宪审查所引发的议论较多,违宪审查在美国社会中一直存在着违宪审查权的民主正当性问题。韩大元:《论宪法解释程序中的合宪性推定原则》,载《政法论坛》2003 年第 2 期。

言论自由,因而违反了宪法。威斯康星最高法院在审理此案后认为,此项法律中立法者所处罚的是其所认为具有侵犯性的思想,从而违反了宪法第一修正案的规定,因此判决米切尔胜诉。但是威斯康星最高法院的这一审理结果却没有为联邦最高法院所接受。

联邦最高法院首席大法官伦奎斯特主笔该案判决书,他首先将本案和"维克托拉案"作了区分:"在维克托拉案中圣保罗市的《偏见犯罪法》所针对的是言论,而本案中的法令所针对的却是行为。"①同时,伦奎斯特也着重强调了威斯康星州制定该项加重刑罚法令的基本理由:"他们认为被告人的行为会对个人以及社会造成重大危害。正如该州所言,基于偏见而实施的犯罪会对受害者造成明显的情感伤害,更有可能引发报复性的犯罪,从而危害到社会的安定。该州防治这些明确危害的愿望,已经为它这项加重刑罚的立法提供了充分的解释。"②意见书也驳回了被告的主张,被告认为威斯康星的这项立法将使得人们由于顾及"如果将来自己犯下了在这一法令约束范围之内的罪行"会被加重处罚,因此影响了他们的自由表达。但是伦奎斯特认为,被告的这种观点是软弱无力的。"我们被告知了这样一种情形,即公民由于担心自己在审判时会由于自己的某种偏执信仰而被加重惩罚,就自行压制此种信仰,而其接受审判的原因是因为自己对于他人的人身和财产实施了犯罪。可以说,被告的此种辩解是诡辩,它并不能支持被告所称的该法令覆盖过宽的诉讼主张。"③第一修正案并不排除"将言论当做证据使用",用它来证明某项犯罪的动机、意图或者构成。从而伦奎斯特认为,"对基于偏见而实施的行为加重刑罚处罚是合法的"④。

美国联邦最高法院在 2003 年作成的"弗吉尼亚州诉布莱克案",也是有关焚烧十字架的案例,联邦最高法院最终承认政府可以以"真实威胁"为由,对以焚烧十字架的方式表达的仇恨言论进行限制,但是这并不意味着就完全推翻了维克托拉案的判决,更不意味着对仇恨言论的态度发生了本质的改变。美国联邦最高法院仍然坚持其言论自由观的核心价值理念即思想的自由市场以

---

①　Wisconsin v. Mitchell, 508 U. S. 487 (1993).

②　Wisconsin v. Mitchell, 508 U. S. 488 (1993).

③　Wisconsin v. Mitchell, 508 U. S. 488 (1993).

④　Wisconsin v. Mitchell, 508 U. S. 488 (1993).

及内容中立的核心原则,因此我们说在实质上美国联邦最高法院对仇恨言论的态度并未发生根本转变,只是利用司法技术对其宽容态度进行了微调。

"弗吉尼亚州诉布莱克案"(Virginia v. Black)是两起焚烧十字架案件合并审理的案件,因此就具有两组当事人:其一是布莱克率数十名 3K 党成员,在经过土地所有权人同意后在其上举行 3K 党集会,集会结束时众人公然焚烧一副大十字架;其二是埃利奥特等人为报复其黑人邻居,驾车闯入其黑人邻居的土地,并在距其房子约二十英尺(米)处焚烧一幅十字架。上述两组被告皆因触犯弗吉尼亚州《焚烧十字架法》的相关规定被判有罪,弗吉尼亚州的《焚烧十字架法》规定:"任何人意图威胁其他个人或团体,而于他人财产、公路或其他公共场所,焚烧或导致焚烧十字架,为违法之行为,违反本条规定者触犯第六级重罪。任何焚烧十字架之行为均为意图威胁其他个人或群体之初步表面证据。"在判决后,两组被告均向弗吉尼亚州最高法院上诉,弗吉尼亚州最高法院援引维克托拉案之判决,认定弗吉尼亚州该法与维克托拉案中圣保罗市禁止仇恨言论的法律本质相同,均是专门挑选特定类型的言论予以限制,因此宣告弗吉尼亚州该法禁止焚烧十字架的相关条款违宪。[①] 随后,两组被告以弗吉尼亚州该法违反宪法第一修正案为由上诉至联邦最高法院,联邦最高法院以 5∶4 微弱多数作出判决,认定弗吉尼亚州禁止焚烧十字架行为的立法合宪,但是将焚烧十字架行为直接推定为意图恐吓的规定违法,所以将本案发回重审。

大法官桑德拉·奥康纳(Sandra O'Connor)主笔多数意见[②],多数意见开篇即用很长的篇幅对"焚烧十字架"的行为进行分析,3K 党与焚烧十字架具有悠久的历史关联,且 3K 党焚烧十字架以煽动种族仇恨的做法在美国由来已久。[③] 焚烧十字架被当做是恐吓他人、预告危险的工具,是一个"仇恨象征",虽然焚烧十字架传达的并不一定都是恐吓的信息,但是焚烧十字架者的目的,却往往是造成接受信息的人恐惧生命遭受侵害,历史经验显示,"焚烧十字架

---

① Virginia v. Black,538 U. S. 348,350,352(2003).

② 大法官奥康纳主笔之多数意见得到大法官伦奎斯特、史蒂芬斯、斯卡利亚、布莱尔的连署支持,而除多数意见之外尚有四份协同或不同意见书,有的是协同,有的是一部分协同而另一部分不同。大法官托马斯独自发表了一份不同意见书;大法官苏特发表了一份部分不同意见书;大法官肯尼迪和金斯伯格分别发表了协同和不同的意见书。

③ Virginia v. Black,538 U. S. 352～357(2003).

后通常伴随着伤害甚至死亡,这种威胁并非凭空想象"[①]。宪法第一修正案允许政府在一定范围内可以"惩罚那些会引起伤害或能立即破坏安宁的言论,而对生命身体伤害的真实威胁(true threats)更是在禁止之列。对真实威胁的处罚,并不以行为人后来实现该危害为必要,其处罚的目的是要保护个人免于暴力的恐惧与干扰"[②]。

弗吉尼亚州最高法院认为,依据联邦最高法院对"维克托拉案"的判决,本案中《焚烧十字架法》也是针对内容的议题作差别待遇的,因此违宪。奥康纳反对这种认识,"它们之间是具有很大区别的,这主要体现为:首先,由于《焚烧十字架法》的规定是以'威胁意图'为处罚要件,将处罚对象限定在一定范围内;且仅规定不得焚烧十字架,而未对焚烧十字架是传达种族或性别或其他议题的想法有所区分。其次,维克托拉案也不是全然禁止议题的限制,由于焚烧十字架是一种特别恶劣形式的威胁,因此弗吉尼亚州政府不必禁止所有有关恐吓的讯息,而仅需处罚焚烧十字架即可,这完全符合维克托拉案中所允许的第一种例外情况"[③]。虽然在本案中联邦最高法院发展出了"真实威胁"的原则,即联邦最高法院许可政府可以禁止或限制"以威胁为目的"的仇恨言论,但是本案仍然深受维克托拉案确立的"内容中立"原则的影响,政府仍然不能以"种族"作为限制仇恨言论的理由,并且在适用"真实威胁"原则的时候也不能以"种族"为动机要件,因此我们说经由本案所创造出来的对仇恨言论进行限制的空间相当有限,相较于"维克托拉案"并没有发生本质的改变,联邦最高法院只是以"真实威胁"原则的创设对其关于仇恨言论的宽容态度进行了微调。

审视上述关于美国仇恨言论的诸多案例,我们可以发现,联邦最高法院对仇恨言论的态度主要具有如下总体特征:就对仇恨言论进行法律规制而言,美国法院普遍比较倾向于宽容仇恨言论。这种倾向主要源于两方面的原因:一是美国传统言论自由观一直主张对言论自由进行高度保护,赋予了宪法第一修正案极高的价值,故而比较容易容忍那些冒犯性或者极端性的言论,为了保护言论自由宁愿进行必要的牺牲;二是仇恨言论在规制方面存在着巨大的困难,对仇恨言论进行规制既容易陷入滑坡谬误,又容易面临规制理论与规制措

[①]　Virginia v. Black, 538 U. S. 357(2003).
[②]　Virginia v. Black, 538 U. S. 358～360(2003).
[③]　Virginia v. Black, 538 U. S. 358～360(2003).

施不足的困境。对仇恨性言论这一言论类型,联邦最高法院在早期的"博阿尔内案"中,主要是以"群体诽谤"这一类型加以处理的;而等到后来的"布兰登堡案",法院则更换为是以"煽动违法言论"进行处理;再至"维克托拉案"中,又改为是按照"挑衅言论"进行规制;直到"布莱克案",又是按照"真实威胁"的进路加以规制的。"布莱克案"虽然走出了"真实威胁"的新路,但是比较而言,其在很大程度上仍是受"维克托拉案"所支配,联邦最高法院虽然限缩了对仇恨言论的宽容,但其本质态度并未发生根本转变,经由"布莱克案"所创造出来的对仇恨言论的规制空间其实极其有限。

四、美国仇恨言论法律规制的总体评价

(一)美国仇恨言论法律规制的总体特征

通过对上述美国仇恨言论法律规制的理念、司法理论和司法实践的分析,我们可以得出美国仇恨言论法律规制的总体特征,这主要体现在三个方面:

第一,对于言论自由的高度保障。如上文所述,言论自由的高度保障是美国社会最为崇尚的价值,也是美国人最引以为傲的事情。"我们的栖身地——今日美国——乃是世界上言论最为开放的社会。美国人在思想和言论方面,比起其他任何国家的人来说,都更为自由。"[1]此种特征虽然为美国所津津乐道,但它却对其他诸如人的尊严、平等等重要价值提出了严峻的挑战。正如同我们在诸多案例中所看到的那样,美国秉持言论自由为立国之本,许多针对仇恨言论的法律规制措施往往因为违反了美国宪法第一修正案对言论自由的高度保护而被宣告违宪无效。这样一来也就使得仇恨言论法律规制的美国进路和其他国家的做法有了显著的区别,在全世界几乎都在与仇恨言论进行斗争

---

① [美]安东尼·刘易斯:《言论的边界:美国宪法第一修正案简史》,徐爽译,法律出版社 2010 年版,第 1 页。

的时候,美国进路显得那么格格不入、孤傲不群。

第二,对于仇恨言论相对宽容的态度。基于对言论自由的深刻理解,美国社会对仇恨言论持一个相对宽容的态度,有限度的容忍和接受仇恨言论。例如,有许多美国学者提议:"我们既有发表提倡种族和谐言论的自由,同时也可以推行种族仇恨的言论。这正是言论自由的魅力所在。"①除此之外,美国的司法实践也对其进行了实践性的应和。例如在"科林诉史密斯案"中,法院认为纳粹团体发表对于犹太人的仇恨言论并不应受限制,而这对欧洲国家而言几乎是无法理解和接受的。再如,关于焚烧十字架的典型的仇恨言论案件"维克托拉案"和"布莱克案",联邦最高法院坚持了自布莱登堡案确立的对仇恨言论的相对宽容的态度,虽然承认焚烧十字架这样的仇恨表达具有严重的社会危害性,但仍然不能以"种族"为由对其进行限制,因为这种限制违反了美国言论自由观的核心价值理念"思想的自由市场理论"和内容中立的核心原则。

第三,对仇恨言论的法律规制发展出了丰富的司法理论和司法技术。仇恨言论在美国社会中所受到的法律规制并不少见,虽然没有受到宪法的明确保护或禁止,但是很多州政府和市政府都制定了诸如禁止种族偏见、禁止焚烧十字架之类的法律或法令,法院也通过判例的形式表明了对仇恨言论进行法律规制的态度。这些判例,主要是联邦最高法院关于仇恨言论的判例,虽然在早期对仇恨言论的态度有所反复,但自"布兰登堡案"后几十年来一直坚持相对来说比较宽容的态度,在对这些案件进行审判的过程中美国联邦最高法院发展出了丰富的司法理论和司法技术,如言论的类型化划分、双轨理论、双阶理论、明显现实危险原则、真实威胁原则等等以对社会生活的需求进行回应,从而真正实现了法的回应性,"回应型法回应的不是守法者的意志,而是回应生活本身——并通过司法者的能动性来回应。根据这种法律的界定,社会主体的需要——人们的社会生活——是克服法律机械和僵化的关键"②。除此之外,美国对于仇恨言论法律规制进行裁断的衡量方法也是其重要的司法贡献。可以说,这诸多的司法理论和司法技术对于其他各国对仇恨言论进行法

---

① Nadine Strossen, Regulating Racist Speech on Campus: A Modest Proposal?, *Duke Law Journal*, Vol. 1990, 1990, p. 535.

② 谢晖:《全球化、社会转型和中国法制模式的选择》,载《河南省政法管理干部学院学报》2007 年第 1 期。

律规制也具有重要的参考借鉴意义。

（二）美国仇恨言论法律规制的优劣分析

对于仇恨言论的法律规制，美国进路的最大优点主要体现在两个方面：一是对于言论自由几乎进行了最高程度的保护，从而使得即便是仇恨言论，只要此种言论对于其目标对象还没有构成明显而现实的危险，或者是仇恨言论所传递的信息被其他民众所否定，那么美国进路对仇恨言论持一个相对宽容的态度，通常采取容忍的做法。而且此种做法也具有其可取之处，因为在此种情况下，"对于仇恨言论进行规制所带来的危险，以及仇恨言论转而通过秘密方式进行传播的危险，可能比起放任仇恨言论所带来的伤害更加严重"[①]。因此，美国进路能够更加有效地维护民众言论自由的基本权利，巩固其民主法治的宪政制度；除此之外，也使得思想的自由市场极度繁荣和发达，在头脑风暴的竞争中更容易吸引全球优秀人才的迁入，提高国家在国际社会的竞争力。二是在理论上，美国进路对于受规制的言论和不受规制的言论进行了相对清晰的划分，内容中立原则、双轨理论和双阶理论等司法理论皆是美国社会对于仇恨言论法律规制的重要理论贡献。

美国进路的优点如此，但与德国进路相比，美国进路的缺陷也是较为明显的。美国进路对于仇恨言论法律规制的理论前提、司法形式，对仇恨言论所造成的危害的认识以及对人的尊严、平等等价值的理解皆存在着巨大的缺陷。

首先，在理论前提和司法形式方面，美国进路低估了仇恨言论所造成的实际影响与潜在危害，并且高估了人的理性对于仇恨言论的消解作用。美国司法实践过于注重形式主义，忽略了对于仇恨言论双方主体实质社会地位的关注。自上世纪 60 年代起，由于民权运动的高涨，美国联邦最高法院开始大张旗鼓地保障各类基本权利，但这也使法院介入了许多政治争议之中，引起司法违宪审查正当性的"反多数难题"，即为何少数人的大法官可以推翻民众的多数意见，在这其中是否存在大法官以个人价值观替代民众集体决议的危险？为了洗去此种嫌疑，联邦最高法院逐渐倾向于用中立、客观的立场进行审判，

---

① 　Michael Rosenfeld, Hate Speech in Constitutional Jurisprudence: A Comparative Analysis, *Cardozo Law Review*, Vol. 24, 2003, p. 1558.

以取代先前主观性和政治性的价值判断,在具体解释方法上主要采用文本主义和原意主义。在内容中立原则的指导下,美国联邦最高法院逐渐发展出多项裁判言论自由案件的准则和标准。此后,美国法院将裁判言论自由的这些原则和标准逐渐适用于其他领域中,从而使言论自由越来越成为一般化和普遍化的产品,其结果也导致了宪法第一修正案被一般化和技术化。除此之外,美国法院系统也渐趋陷入操作和堆砌各式各样言论自由的准则和标准的境地中,由此也使得言论自由的价值在此种机械式的操作中存在消失殆尽的风险。例如,在维克托拉案中,法院基本上将内容中立的标准绝对化了,即法院将禁止内容歧视原则的适用不仅及于高阶言论,同时也扩张到不受宪法保障的低阶言论范畴中,从而使得政府对于仇恨言论管制的空间日益缩小。通过此案可以清晰地看出,美国联邦最高法院在适用言论自由的诸项标准时,忽略了种族主义在美国社会中的现状,同时也忽视了这一案例所处的历史和社会背景。"联邦最高法院只关心有十字架被烧了,却不问是谁在谁家院子里烧十字架。对于联邦最高法院而言,这里'谁'的身份并不重要,但实际上这却是个需要严肃认真对待的问题"①。

其次,在仇恨言论造成的影响方面,美国历史上长期存在种族紧张关系的局面,但美国却并没有表现出对受害者的尊严、安全和自治足够的、甚至更多的关注,反而是对于针对少数群体所发表的仇恨言论持容忍的态度。同样,美国进路也忽视了仇恨言论所造成的仇恨情绪的蔓延以及种族主义仇恨情绪在白人群体中的隐匿。当然,仇恨言论除了在美国国内造成的负面影响之外,考虑到现代传播技术尤其是互联网的发展,在美国境内产生的仇恨言论往往在很短的时间甚至是几秒钟之内就会在世界范围内蔓延,例如在美国产生的新纳粹言论通过网络已经散布到世界各地,美国法院在判断是否对这些言论进行宪法保护的时候,应当考虑某些国内仇恨言论在国外所造成的严重影响。

再次,就对宪法文本的解释而言,美国法院过于强调宪法第一修正案所规定的言论自由,却忽略了同等重要的第十三修正案和第十四修正案。"在有关平等之基本自由完全充分的图式(full and adequate scheme of equal basic liberties)——该图式是与所有人都享有自由的类似的图式相容的——中,每一

---

① Charles R. Lawrence Ⅲ, Crossburning and the Sound of Silence:Antisubordination Theory and the First Amendment,*Villanova Law Review*,Vol. 37,1992,p. 787、791.

个人都享有一种平等的权利"①,故宪法上的基本权利应整体以观,对于宪法的解释不能偏重于某一条文,而忽视同等重要的其他条文。宪法第十四修正案所代表的是完整和平等的公民权,而大部分法院对于仇恨言论案件的判决结果却是牺牲平等的公民权,以成就言论自由的权利。在维克托拉案中,法院认为第一修正案不允许政府在种族议题与政治结社议题之间、乃至种族仇恨与种族宽容间给出差别待遇,但是法院若考虑到第十三和第十四宪法修正案条款,就会发现这其实提供了政府正当化此种差别待遇的基础。由此而言,宪法第十三和第十四修正案所揭示的反歧视的价值足以成为抑制言论自由绝对价值的重大宪法利益。

最后,在传递信息方面,由于拒绝遏制大多数仇恨言论,美国进路更像是一把"双刃剑"。一方面,在美国这样建国后民主制度根深蒂固的国家,"容忍仇恨言论表明美国有信心战胜那些散布的仇恨言论和散布仇恨言论的人"②;另一方面,在美国现今种族关系紧张、歧视和仇恨问题严重,容忍仇恨言论会加强种族主义和歧视主义,从而阻碍仇恨言论的受害者充分和真正地融入美国社会。

---

① [美]约翰·罗尔斯:《政治自由主义》,万俊人译,译林出版社 2000 年版,第 309 页。

② Lee C. Bollinger, *The Tolerant Society: Freedom of Speech and Extremist Speech in America*, Oxford University Press, 1986, p. 7.

第四章

仇恨言论法律规制的德国进路

　　德国和美国相似,也承认言论自由对观念的形成和个人自治具有至关重要的作用,对民主社会和公民个人具有特殊的重要性。德国宪法法院在一系列的案例中也确认了言论自由的这种价值:"自由地进行信息和观念的交流是寻找真理、实现民主法治、对个人和公共事务进行判断以及排除使用暴力的必要性之依托。"①自由地表达观点是人性最直接的表现,也是最重要的人权之一;对一个自由民主国家而言,唯有通过持续的言论争辩和观点碰撞,民主制度之基本要素方有实现之可能。因此,我们说言论自由在某种意义上可以称为所有自由的基础,"几乎是任何一种自由形式的母体和不可缺少的条件"。②对言论自由价值的这种认识,是包括德国和美国在内的几乎所有的民主法治国家的共识。但在共识在外,德国的言论自由观和美国的言论自由观仍存在着巨大的差异,即言论自由在德国并不是一项优先受到保护的权利,它在与人的尊严、名誉权和荣誉权等重要宪法价值发生冲突的时候往往属于从属地位。关于仇恨言论的法律规制,德国进路主要着眼于仇恨言论的伤害性,对仇恨言论进行的法律规制不管是理念还是手段均以保证人的尊严和平等为目的,主张严格限制仇恨言论,为了保障人的尊严这一至高无上的价值的实现,宁愿在言论自由方面作出必要的牺牲。对仇恨言论法律规制的德国进路的认识,本书主要从理念、文本和实践三个方面进行考察和研究。

---

① 　7 BVerfGE 198, 208 (1958); 69 BVerfGE 315, 347 (1985).
② 　Palko v. Connecticut, 302 U. S. 319, 327(1937).

一、德国仇恨言论法律规制的理念基础

（一）仇恨言论法律规制的观念分析

与美国相似,德国言论自由的正当化基础也是奠基在关于民主政治、个人自治和对追求真理的相关理论中的。但是,德国社会对民主政治、个人自治和追求真理的理解却与美国社会不完全相同。因此,德国对言论自由性质和范围的界定也就与美国形成了鲜明的对比。首先,由于德国宪法秉持"防御型民主"的理念,因此德国的民主并不能容忍那些极端的反民主言论,譬如否认民主政治的仇恨言论或者种族仇恨言论和以宪法权利为攻击目标的仇恨言论等。"对这项普遍规则,德国《基本法》提供了数项例外。这些例外来自防御型民主理论。"①其次,在追求真理方面,德国的言论自由理论也不包含美国密尔式的预设前提,这从德国宪法法院的司法实践中可以清晰地看出。德国宪法法院坚信"谎言和错误并不值得保护,并且这并不妨碍对真理的追求"②。最后,德国关于个人自治的理论也并非以发言者的个人自治为中心。德国的自治理念主要在于寻求权利和义务的平衡,个人与社会的平衡,表达者的自我表达权利和听众尊严权的平衡。

美国宪法主要受洛克思想的影响,将宪法权利视为公民不可剥夺的、且优先于市民社会的基本权利类型;而德国宪法主要沉浸在康德的规范框架内,相较于美国宪法,这种规范框架要求对权利和义务的衡量必须兼顾国家与公民。因此,德国宪法认为,包括言论自由在内的宪法权利具有双重属性:一方面,它们是消极权利,即和政府相对抗的权利;而另一方面,它是积极权利,即需要政

① Donald P. Kommers, *The Constitutional Jurisprudence of the Federal Republic of Germany*, Duke University Press, 1989, p. 367.
② 90 BVerfGE 247(1994).

府的积极倡导和支持。言论自由的积极权利属性,决定了其实现既需要依赖于宪政国家的支持和保障,同时也需要国家对公民的言论自由进行适当的规制,以平衡国家权力和责任的要求,因此德国政府就对仇恨言论承担了诸多宪政责任,尤其是对那些针对犹太人的仇恨言论。总体来说,与美国相比,德国仇恨言论的法律规制在观念方面的特点主要体现在两个方面:一是,人的尊严是德国宪法的首要价值,因此当言论自由与人的尊严发生冲突时,言论自由往往受到诸如人的尊严这一宪法基本价值和诸如名誉和人格等宪法基本权利的限制;二是,纳粹统治期间对犹太人的暴行,尤其是纳粹政权对种族歧视、种族仇恨的宣传最终导致了纳粹大屠杀(Holocaust)惨剧的发生。这一事件不仅给德国社会和民众造成了深深的伤害,而且更让人们对涉及种族的仇恨言论深恶痛绝,因此当某种言论对犹太人群体可能存在伤害时,德国社会对这种言论就会表现出高度的敏感和警惕。

1. 人的尊严宪法价值的确立

西方哲学发源于古希腊,对许多哲学命题的追寻皆须自古希腊入手,对人的尊严的研究也不例外。与罗马辉煌的制度建设相比,古希腊所孕育的主要是众多意义深远的思想理念和精神价值,其中人本主义是这众多思想理念的核心。人本主义主要表现的是:"以人为中心的一种世界观,这种人本主义强调的是人的价值,要求尊重个人的独立人格、正当利益和尊严,以人的自我完善和发展作为追求的理想。它鼓吹人性以反对神性,歌颂人的创造能力,肯定人追求自由与幸福的权利。"①因此可见,在古希腊的人本主义研究中已经内含了人的尊严的价值和意义。同样的,人的尊严在西方基督教的教义中也有着明显的反映,从而基督教对人的尊严价值的确立也具有重要的影响。基督教声称:"上帝按照自己的形象造人,人是上帝的儿女,由此人基于人自身就应予以尊重。"从而神学家们认为,因为人都是上帝按照自己的形象创造的,所以我们每一个人都具有天赋的神性和价值。因此,人就具有了与生俱来的凭借人之作为人便具有的普世尊严。"通过宣传人由神创造,由基督耶稣拯救,因而在神面前的人是平等的理念,确立了人类尊严的思想,是基督教给西欧乃至

---

① 刘文泰:《论希腊古典文化的理性与人性》,载《史学月刊》1998 年第 5 期。

更广阔的人类世界带来的贡献,它构成了中世纪以后,西欧人类观的基本哲学。"①

宗教上确立的人的尊严这一命题,也为哲学中的研究奠定了基础,而完成哲学中这一研究的主要是思想家康德,他在理论上建构和论证了这一命题。康德认为人的存在具有两重性,人在自然之中是有限渺小的存在,因其具有理性而超越于一切自然存在物之上,成为"目的王国"中的成员,"你的行动,要把你自己人格中的人性,和其他人身中的人性,在任何时候都同样看作是目的,永远不能只看作是手段"②。从而"人是目的",就成为康德确立人的价值与尊严的出发点。于此,康德进行过明确的阐述:"人在任何时候都是目的,永远不能仅仅看做是手段。人生道德行为的唯一的、绝对的目的就是人自身。人的理性就本性来说就表明自己自在的就是目的,是使用物的,而绝不可被当作物、手段使用的。因而它必须是被尊重的对象。原因在于:人格有着无上价值。在目的王国中的东西,要么有价值,要么要有尊严。'一切有价值的东西能被其他东西所代替,这是等价的;与此相反,超越于一切价值之上,没有等价物可代替,才是尊严。"③经过康德的大力论述和确证,人的尊严理念在哲学领域中树立了崇高的地位。相较于前述的神学思想,康德思想中尊重个人自我决定和自我负责的能力,更为提升了个人存在的价值,因此人的尊严也就获得了更为具体的内涵。在德国宪法法院的判决中,对"人"的考量也是趋向于从"自我决定"和"自我发展"的方向进行解释的,这也显露出康德哲学思想对"人的尊严"这个概念的影响。

德国《基本法》第 1 条规定:"人的尊严不可侵犯。一切国家权力皆有责任,去尊敬与保护之。"因此,确定了人的尊严的宪法地位。基于德国《基本法》第 1 条的规定,如何理解人的尊严的内涵? 于此,主要有两种界定方式:一是正面的界定,"人的尊严与时间及空间均无关,而是应在法律上被实现的东西,它的存立基础在于:人之所以为人乃基于其心智(Geist);这种心智使其能有

---

① [日]星野英一:《私法中的人——以民法财产法为中心》,王闯译,载梁慧星:《民商法论丛(第 8 卷)》,法律出版社 1997 年版,第 159 页。

② [德]康德:《道德形而上学原理》,苗力田译,上海人民出版社 1986 年版,第 81 页。

③ [德]康德:《道德形而上学原理》,苗力田译,上海人民出版社 1986 年版,第 87 页。

能力自非人的本质脱离,并基于自己的决定去意识自我、决定自我、形成自我"①。二是反面的界定,如联邦宪法法院认为,"当个人在国家中完全被当做为一个客体时,就抹杀了人的尊严"②。虽然德国《基本法》第1条的规定表明人的尊严具有的核心宪法价值,但该规定却并不是一项具体权利,因此需要与其他具体条款合并使用方能起到应有的作用。德国《基本法》的第1条和第2条属于一对共生体,人的尊严条款的适用几乎总是和第2条连同考虑的。德国《基本法》第2条所表达的是发展个性自由的普遍权利,其规定:"人人享有个性自由发展的权利,但不得侵害他人权利,不得违反宪法秩序或道德规范。"由此而言,德国《基本法》中所确立的人的尊严主要包括两个方面的内容:一是个人自尊,二是对社会积极评价的诉求。个人自尊所言及的是,人作为精神载体,本身即体现了一种自我的伦理价值,这表明人的尊严具有主观性质;而对社会积极评价的诉求所论述的是,人的尊严位于社会价值体系的核心,社会对个人的首要责任即在于对个人诉求的实现和满足,因此表明人的尊严具有客观性质。人的尊严的主观性质可以自"人口普查案"(Microcensus Case)中清晰地看出,在此案中,宪法法院认为:"为了其个性以自由与负责的方式发展,国家必须为个人保留内在空间。在这个空间之内,个人是自身的主宰。因此,个人可以'完全排斥外在世界,独自退回内在主体,并享受其隐居的权利'。"③而人的尊严的客观属性在"伊朗皇后苏瑞亚案"(Princess Soraya Case)的判决有清晰的表述:"个人的个性和人格必须在社会和集体构架之内获得自由享受与发展;在反映于宪法保护的基本权利的价值秩序中,它们占据着中心位置。因此,对个性和人格的个人权益必须受到所有国家机构的尊重和保护。"④

相较于德国《基本法》中规定的其他基本权利,人的尊严条款主要是一项宪法原则,它是德国民主宪法秩序的总纲,也是一切自由和权利的出发点与归宿。包括言论自由在内的所有个人自由都必须让位于人的尊严,丧失了人的尊严任何宪政权利都无从谈起。"在宪法之中,'人的尊严'本身就具有极为重

---

① 蔡维音:《德国基本法第一条"人性尊严"规定之探讨》,载《宪政时代》1992年第18卷第1期。

② 27 BVerfGE 1(1969).

③ 27 BVerfGE 1(1969).

④ 34 BVerfGE 269 (1973).

要的意义,乃被誉为现代宪法的'核心价值',甚至被德国学术界定位为是'最上位之宪法原则'、'宪法之基本要求'、'客观宪法之最高规范'或'实质基本规范'等等,可谓构成了宪法的基础性价值原理之一。"①在司法实践中,德国宪法法院也已经明确承认人的尊严在德国《基本法》中具有最高的法律价值,任何权利或价值都不能与其相抵触,言论自由的权利也不例外。对德国仇恨言论法制的这一重要观念,我们也可以在德国和美国的比较中更为直观地看出来。对言论自由的价值,德国和美国的共同之处在于均承认言论自由为民主社会所必须,同时也是追求真理所不可或缺的。但是,与美国社会关于言论自由的主流思想——"思想的自由市场"相比,德国更为重视人的尊严的价值,当某种言论危害到人的尊严的时候,这种言论往往被视为低价值或者是无价值的言论,从而为德国法院所禁止。人的尊严之所以能够作为一项宪法价值和宪法原则载入德国《基本法》,一方面应归因于深厚的哲学积淀和基督教在社会中的深刻影响,另一方面主要源于纳粹历史的影响,人的尊严这一宪法原则的确立更多的是对纳粹暴行的深刻反思。

2. 纳粹大屠杀的宪政影响

希特勒的纳粹暴行对德国乃至整个欧洲都产生了深远的影响,这种影响渗透到政治和社会生活中的方方面面。民众对纳粹大屠杀深恶痛绝,学术界也展开了集体性反思,表现之一即是对自然法的重拾和关注。"自然法学说的复兴,作为对第二次世界大战及其法律理论的批判运动,是战后德国法哲学的主要理论方向。"②这种彻底的反思,不仅体现在战后德国的宪政体制中,而且也表现在国家的政治和社会生活中。

对历史的反思和对纳粹暴行的警惕促使战后德国采取了防御型民主(militant democracy)的政治体制,这意味着反民主的势力对现存宪政秩序的挑战是不会得到现有法律的支持和保护的。对此,被誉为德国 20 世纪最伟大的宪法学家之一的卡尔·罗文斯坦(Karl Lowenstein)曾进行过这样的总结:

---

① 林来梵:《人性尊严与人格尊严——兼论中国宪法第 38 条的解释方案》,载《浙江学刊》2008 年第 3 期。

② 舒国滢:《战后德国法哲学的发展路向》,载《比较法研究》1995 年第 4 期。

"民主自身的毁灭有时正是民主制度和民主宽容所导致的。"①德国《刑法典》对危害民主宪政国家的犯罪作了明确的规定,禁止"传播和使用违反宪法的组织和纳粹组织的宣传物"(例如,展示纳粹标志的行为)②。德国对新纳粹政党的取缔就是其防御型民主体制对预防纳粹死灰复燃表现出的高度警惕的典型例证。20世纪的欧洲饱受战争创伤,伤痕累累的欧洲国家尤其是德国没有什么闲情逸致去接受霍姆斯大法官在"艾布拉姆斯诉合众国案"(Abrams v. U-nited States)中提出的"思想的自由市场"的观点。如果社会大众最终接受另一个像纳粹政权那样的专制极权政府的话,那么言论自由的唯一意义可能就是等待任其恣意妄为的机会的到来。③ 战后德国《基本法》的立场如同布鲁格(Winfried Brugger)先生所总结的那样,其主要体现在"'永不回头'(Nie wieder)和'防患于未然'(Wehret den Anfängen)的呐喊声中"。这种"永不回头"和"防患于未然"的一个重要举措就是在基本法中确立并维护人的尊严;另一举措是,德国宪法和法律规定言论自由的范围不得延伸到主张废除现有的宪政秩序上来,这样一来许多容易引发社会矛盾、挑战国家宪政秩序的仇恨言论就被严格限制甚至是完全禁止了。正是在这个层面上,我们说学术界对纳粹历史的集体反思在某种程度上促成了德国宪法研究和德国宪法实践的转向。

　　除了宪政体制之外,战后德国无论是在政治生活中还是社会生活中,对涉及纳粹大屠杀和犹太人群体的事情往往都持有极其谨慎和警惕的态度。德国雕塑家奥特玛·霍尔曾创作了一个艺术作品——"与魔鬼共舞",这个艺术作品所描述的是一尊侏儒,其形象是德国的土地神,但是与原有的土地神形象不同的是,霍尔把土地神的一条手臂塑造为挺直举起行纳粹礼。虽然这一雕塑已在比利时做过小规模的展出,当地的犹太人并没有为此进行过任何抗议,但

---

　　① Karl Lowenstein, Militant Democracy and Fundamental Rights I, *American Pditical Science Review*, Vol. 31,1937,p. 423.

　　② 这些条文所规定的均为"危害在法治国的犯罪",如"维护违宪之政党"(第84条)、"违反禁止结社"(第85条)、"散发违宪组织的宣传品"(第86条)、"使用违宪组织的标志"(第86条a)、"以破坏为目的之谍报活动"(第87条)。

　　③ Bastiaan Hugo Vanacker, *Online Hate Speech in the United States and Europe*: *Accommodating Conflicting Legal Paradigms*, PhD, University of Minnesota, 2006, p. 143.

是这一展览却在德国社会中引发了轩然大波,众多人权团体和大众媒体对此进行了激烈批评和抗议,甚至慕尼黑市的检察官也表示要追究霍尔的罪行①。由这一事例可见,德国社会中对任何涉及大屠杀和犹太人群体的事情的敏感性。除了高度敏感之外,德国政府对纳粹主义活动和反犹主义活动在立法和执法方面也是毫不手软的,誓将纳粹顽疾彻底解除。

在立法方面,德国于 1994 年通过了《反纳粹和反刑事犯罪法》,对进行纳粹主义的行为进行惩罚。同年 5 月,德国联邦议会加重了《刑法典》中"煽动罪"的惩罚程度。按照新法,在公开场合宣传、不承认或者淡化纳粹大屠杀犹太人的罪行的,可以处以最高 5 年的监禁刑。2005 年,著有《我们为什么热爱希特勒》一书的德国人钦德尔,被德国政府通过"国际通缉令"从加拿大引渡回国。2006 年德国警方和检察院在 6 个州联手对一个名为"鲜血和荣誉"的新纳粹组织同时展开行动,共搜查了 119 所住宅和其他目标,拘捕了 80 名涉案嫌疑人。② 鉴于互联网的快速发展,德国政府对提供纳粹物品买卖的许多电子网络平台也采取了措施。例如,2001 年 5 月和 2002 年 7 月,德国宪法保护局(German Agency for the Protection of the Constitution)先后两次对易趣网站(eBay)提出严重警告,责成该公司不能通过互联网向德国用户出售纳粹歌曲、书籍、衣物或其他纳粹随身物品。随后该网站正式宣布,将不再向德国用户出售纳粹期间的任何物品或与纳粹集团有关的任何物品③。除此之外,2000 年 12 月德国联邦最高法院曾明确指出,禁止否认纳粹大屠杀和纳粹仇恨宣传的德国仇恨言论法,可以适用于处理非德国网络用户、外国服务器通过网络针对德国网络用户传播上述言论的案件。④ 如果国外网站存放有大量否认二战期间德国对犹太人大屠杀的材料,并公然宣扬纳粹法西斯主义,从而足

---

① 伊木:《引爆德国反纳粹潮》,载《世界报》2009 年 11 月 30 日。

② 陶淘:《新纳粹的幽灵》,载《环球人物》2007 年第 32 期。

③ 贝努瓦·弗雷德曼(Benoit Frydman)和伊莎贝尔·罗瑞弗(Isabelle Rorive)在 2002 年 2 月 11 日卡多佐法学院举办的以"网络仇恨和恐怖言论:法国雅虎案在全球的影响"为主题的研讨会上的报告——《与互联网上纳粹和反犹材料的对抗:雅虎案及其全球影响》,http:// www.pcmlp.socleg.ox.ac.uk/YahooConference,下载日期:2002 年 9 月 17 日。

④ Ian DeFreitas, Worldwide Web of Laws Threatens the Internet, *Financial Times*, Jan. 9, 2001.

以引起对其他种族、特别是对犹太人的仇恨的,该类网站在面向德国用户时,应当而且必须采取必要的措施,以阻止德国用户访问并读取到此类内容。否则,德国检察官有权对有关人员提出指控,使其受到德国相关法律的制裁。

对仇恨言论,德国政府也一直寻求用法律手段对其进行遏制,刑法和民法对侮辱、诽谤和诸如攻击他人人格、伤害他人名誉等其他形式的言语攻击进行了相关规定。虽然多年来规制仇恨言论的具体法律标准出现了某些变迁,但是德国法院一直坚决遏制对针对群体的仇恨言论,尤其是反犹太人的纳粹宣传。例如,散发和传播控告犹太人犯下无数罪行的宣传材料,或者在竞选公职的候选人海报上贴上只写着"犹太人"的贴纸,在法院看来都是应当受到制裁的。依据德国现行法律的规定,可以对煽动仇恨、攻击个人或者是以国籍、种族、宗教为特征的群体的人格尊严的言论进行刑事制裁,只是有些法律条款要求仇恨言论应对社会公共安宁造成威胁方可对其进行限制。

(二)仇恨言论法律规制的理论考察

战后德国《基本法》特别推崇人的尊严的价值,德国国家制度也构建了防御型民主的宪政制度,这都源于对纳粹历史的深刻反思。对犹太人的保护和阻止反犹思想的死灰复燃也是这一特定历史背景下的产物,它不仅对言论自由在德国的发展限定了框架,同时也对宪法关于仇恨言论的态度定下了基调。奠基于这种观念的基础之上,战后德国宪法对言论自由进行了相应的规制。这种规制除了需要有观念基础之外,还需要一定的司法理论和技术性手段,以确保规制言论自由的合宪性,而规制的这种司法理论和技术性手段主要是源自德国公法学的比例原则理论。

比例原则最初的基本含义是要求采取的行政措施与所欲达成的目的间须合乎一定的比例或均衡,从而为合理之措施,可以区分为行政法中的比例原则和宪法中的比例原则。所谓宪法中的比例原则,主要是"讨论一个涉及人权的公权力(可能是立法、司法及行政行为),其目的和所采行的手段之间,有无存在一个相当的比例问题"[①]。比例原则通常包含三个子原则,它们分别是妥当性原则、必要性原则和利益衡量原则,下面对此分别进行论述。

---

① 陈新民:《德国公法学基础理论(下册)》,山东人民出版社 2001 年版,第 368 页。

其一，妥当性原则。

所谓妥当性原则，是指立法主体在进行立法时所采取的手段，能够达到目的的实现或至少有助于目的的实现，且所采取的手段是属于正确的或者有效的一种宪法原则。这种宪法原则所表述的是手段与目的导向关系，即所采取的手段必须符合目的，以目的作为选择和筛选手段的标准。在妥当性原则中需要注意下述三个方面的内容：（1）目的本身应当具有合宪性。这里的目的一般限于宪法已预设的目的，它通常是以一定的公共利益为基础的。比例原则关注目的和手段之间的关系，并以目的来为手段确定界限，如果目的不当，即便手段能够达到目的，也不能认为其是符合妥当性原则的。在德国对言论自由进行适当的限制是符合宪法规定的，根据德国《基本法》第18条的规定："凡滥用自由发表意见权，特别是新闻出版自由权（第5条）、教学自由权（第5条第3款）、集会自由权（第8条）、结社自由权（第9条）、通信、邮政和电讯秘密权（第10条）、财产权（第14条）和避难权（第16a条）以攻击自由民主的基本秩序为目的的，丧失相应的基本权利。基本权利的丧失和丧失范围由联邦宪法法院宣布。"（2）目的应有一定的确定性，即立法目的必须清晰，且指向明确，能够为立法机关行使权力提供客观的、具有可操作性的指引。对言论自由的规制而言，其目的确定、明晰，上文中已述及，由于纳粹德国的历史使得对言论自由的规制在德国具有坚实的观念基础，而立法机关对此也几乎是一致认同的。（3）手段必须能够有助于达到预定的目的，此为妥当性原则的核心。在一定意义上讲，妥当性原则主要是手段的有效性，需要明晰的是，手段达到何种程度方能称之为有效。"依德国联邦宪法法院的见解，即使只有部分能达成目的，也算是符合这个原则。"[①]换言之，只要能够具有部分实现手段的功用，就不违反妥当性原则。因此，为了达到规制言论自由的目的，立法机关除了于《宪法》第5条第2款对言论自由进行限制外，还通过一般法律对其进行必要的规制。

其二，必要性原则。

必要性原则所言及的是，如有诸多手段可以实现目的，在这众多手段中须选择最有必要的，也即选择不会造成损害或损害最小的手段。必要性原则与

[①]　陈新民：《法治国公法学原理与实践（上）》，中国政法大学出版社2005年版，第149页。

妥当性原则紧密相连,二者都是在同一目的下对手段与手段之间进行比较选择的标准。对必要性原则,其确立的标准主要有二:一是"不可避免",即立法机关为了达成自己的立法目的,对公民权利进行的伤害是难以避免的。二是"最小",即立法机关在达成立法目的的各种方式中,应选择对公民权利伤害最小的手段。

为了对必要性予以准确的理解,本书将其分解为两个问题进行研究:"相同有效性的认定"和"最小侵害"。所谓相同有效性的认定,主要是指立法机关所准备采取的手段与符合妥当性的其他手段,在达成目的上具有同等的妥当性程度,如果其他手段在达成目的的效果上与所欲采取的手段相比有所逊色的话,即便它们能够大幅度地降低伤害的程度,也不能说明立法机关所欲采取的手段是不符合必要性原则的。例如,为了有效禁止纳粹思想的死灰复燃,德国立法机关在《基本法》中设置的第18条就对包括言论自由在内的基本权利进行了适当限制,即便这种设置可能剥夺许多公民的基本权利,但为了达成禁绝纳粹思想的立法目的,这种设置也是符合必要性原则的。而所谓最小侵害是指在立法机关达成目的的手段中,须选择造成最小侵害的那个手段。这是必要性原则的核心,它彰显了比例原则保障人权的基本旨意。在最小侵害原则中,立法机关在考量时须考虑到下述几个方面的因素:人格尊严因素、经济因素、时间因素、法律概念的不明确性、与结果无关的副作用因素等。对言论自由的规制而言,最小侵害原则是指在保证相对人的人格尊严、名誉和荣誉等因素的前提下,选择对发言者言论自由最小侵害的立法条款。

其三,利益衡量原则。

利益衡量原则,也称为真正比例原则,是指立法者的立法措施所产生的害处不可以超过其所带来的好处,即手段与其所追求的目的不得不成比例。如果为达成所追求的目的所采用的手段造成的副作用过大,应该放弃此立法目的追求。于此,德国学者麦耶尔·柯普(Myaer Kpop)曾进行过比喻:"警察为了驱逐樱桃树上的小鸟,虽无鸟枪,但也不可用大炮打小鸟。"而我国台湾学者陈新民先生用中国俗语"杀鸡取卵"来加以说明,即一个行为(杀鸡,剥夺鸡的生命)和所追求的代价(一个鸡卵)之间,不成比例、失去均衡。① 利益衡量原

---

① 参见陈新民:《德国公法学基础理论(下册)》,山东人民出版社2001年版,第370页。

则要求措施必须与其目标成比例,实际上是一种利益权衡,"权衡是个价值衡量的过程,按照其自然的倾向,每一种价值都有不断扩展自己的企图……"①。比例原则是进行价值权衡的重要工具,但是适用比例原则对两种价值进行衡量不同于适用原则与例外的关系原则对两种价值进行取舍,例外所承载价值的实现是比较困难的,因为其受到例外应予以狭义解释的限制。"狭义的比例原则并非一种精准无误的法则,乃是一个抽象而非具体的概念。但是,它也不是漫无标准,至少在实务的运作中,有三项重要因素仍需考量,包括人的尊严不可侵害;公益之重要性;手段之妥当性程度"②。

　　德国宪法法院认为,法律文本如德国《刑法典》等禁止仇恨言论的条款是对公民言论自由的合法限制,且对言论自由的这种合法限制主要体现在抽象和个案两个层面上。在抽象层面上,德国宪法法院认为,这些限制仇恨言论的条款具有宪法上的正当性,因为德国《基本法》的第5条、第18条和第19条明确规定,可以对言论自由进行必要的限制。在个案研究层面上,德国宪法法院在司法审判活动中逐渐发展出衡量原则,即"表达观点的自由并不优先于对人格的保护。反而,在当观点的表达被视为刑事侮辱或诽谤的时候,对人格的保护通常优先于对言论自由的保护。当观点的表达与事实判断相关联的时候,优先保护何者依据的是'事实'的真伪。当这种事实假设被证伪后,对言论自由的保护常常屈从于对人格的保护。否则,需要讨论的便是在个案中哪项法律利益更加值得保护的问题。即便如此,我们也应当注意到这样一个问题,即任何有利于言论自由的假设和判断往往适用于解决那些与公众密切相关的重要问题"③。在抽象层面上,对仇恨言论进行研究主要是对仇恨言论法律规制的法律文本进行考察;而在个案层面上,对仇恨言论进行研究主要是对仇恨言论法律规制的司法实践进行考察,因此下文分两节对此分别进行介绍和研究。

---

　　①　朱卫国:《辅助原则解释》,载《中欧法律和司法合作项目学术论文精选》,法律出版社2003年版,第592页。

　　②　谢世宪:《论公法上之比例原则》,载城仲模:《行政法之一般法律原则》,台湾三民书局1997年版,第137页。

　　③　90 BVerfGE 241, 248 ff. (1994);93 BVerfGE 266, 294 (1995).

二、德国仇恨言论法律规制的文本考察

德国关于仇恨言论的法律规制措施主要散落在德国《基本法》、德国《刑法典》等法律文本的相关规定中。因此，下文对德国仇恨言论法律规制的文本考察，也就主要是对上述法律文本的相关条款进行分析。

(一)保障言论自由的基础条款

德国《基本法》在德国法律体系中居于统帅地位，其对仇恨言论进行的规制为仇恨言论法律规制的德国进路定下了基调。对德国《基本法》，我们首先需要了解的是其对言论自由的规定，这主要体现在《基本法》的第 5 条第 1 款中，其对言论自由这一基本权利作出了基础性的规定，即"人人享有以语言、文字和图画自由发表、传播其言论的权利并无阻碍地以通常途径了解信息的权利。保障新闻出版自由和广播、电视、电影的报道自由。对此不得进行内容审查"。

这一条款所保障的是广义上的言论自由，若细致地进行分析可以发现其主要包括四项基本权利，分别是言论自由（狭义）、信息自由、出版自由和广播自由。(1)言论自由。言论自由的基本权利主要体现在《基本法》第 5 条第 1 款第 1 句的前半句中，它是指人人享有言论表达的权利，从而其所保障的主要是价值判断和思维判断的过程，而不管涉及哪些对象，以及有哪些内容。这一句将所有种类的言论皆囊括于其中，无论它们是"有根据的还是没有根据的，感性的还是理性的，有价值的还是无价值的，危险的还是无害的……这些观点的表达并不因为措辞尖锐或容易造成伤害就失去保护"①。因此，正如同其他民主社会一样，在德国那些容易冒犯他人且对他人造成伤害的言论也是受到

---

① 90 BVerfGE 241，247 (1994).

宪法言论自由条款所保护的。有所争议的是,对事实的主张是否也属于言论表达的范畴。根据普遍的观点,"与价值判断没有联系、同时也与言论之形成无关的对事实的主张不在受保护的范围之内"①。言论自由中言论的表达形式包括语言、文字和图画,当然言论全部的表达形式不仅限于此,凡是表达性的行为皆可视为言论的表达形式。当然,对言论自由进行的保护并不是没有限度的,而是有着一个清晰的界限,这一界限即是对言论自由的保护"截至'背离思想争鸣,且以施压的方式替代论据'"②。对言论自由进行保护的本意就在于保障"思想上的争鸣",且这也被视为是自由民主国家最为重要的基本条件之一。(2)信息自由。信息自由的基本权利主要体现在《基本法》第 5 条第 1 款第 1 句的后半句中,它是指人人享有从公开渠道获得信息的权利。信息渠道的公开是指"适当的,且具有向公众——不指向特定个人的群体——提供信息之目的的途径"③。此处对信息渠道界定的重点主要在于具有"适当性"。(3)出版自由。出版自由的基本权利主要体现在《基本法》第 5 条第 1 款第 2 句第 1 种情况中。所谓出版是指"所有传播有用的、特定的印刷品以及声音、图像载体的行为,不仅包括期刊(如报纸),也包括一次性印刷的(如书籍、海报)出版物,不仅包括公开的,也包括内部的(如企业内刊)出版物"④。由此而言,出版自由的享有者主要是从事出版行业的法人和自然人。对出版自由保障的核心是对出版物产生和形成的自由。(4)广播自由。广播自由的基本权利主要体现在《基本法》第 5 条第 1 款第 2 句的第 2 种情况中,该基本权利的享有者主要是播出广播的组织,包括广播企业、广播电台和参与节目制作的个人。本条款中所定义的广播,主要是指"通过有线或无线的物理电波向不特定数量的人传播思想内容,传播过程中也包括编辑活动"⑤。由此而言,广播包括新闻报道,但却不仅限于新闻报道,更为准确的理解应是广泛制作节目的自由。

---

①　伯阳:《德国公法导论》,北京大学出版社 2008 年版,第 106 页。
②　伯阳:《德国公法导论》,北京大学出版社 2008 年版,第 106、107 页。
③　伯阳:《德国公法导论》,北京大学出版社 2008 年版,第 107 页。
④　伯阳:《德国公法导论》,北京大学出版社 2008 年版,第 107 页。
⑤　伯阳:《德国公法导论》,北京大学出版社 2008 年版,第 107 页。

（二）规制言论自由的基础性条款

　　如同德国《基本法》所规定的其他基本权利一样，言论自由也不是绝对的，德国《基本法》的许多条款都对言论自由进行了必要的限制，因此也就明确表达了对包括仇恨言论在内的其他伤害性言论的限制态度。诚如联合国人权文件中所规定的那样，言论自由与其他权利相比并不具有优先地位，也是一种受到限制的权利类型①。对《基本法》第 5 条第 1 款所规定的基本权利最重要的限制性规定，主要体现在《基本法》第 5 条第 2 款和第 18 条的规定中。

　　1.《基本法》第 5 条第 2 款

　　《基本法》第 5 条第 2 款规定："一般法律和有关青少年保护及个人名誉权的法律性规定对上述权利予以限制。"该规定为言论自由划定了界限。依据本款规定，言论自由受到的限制来源包括三个方面：一是一般法律规定，二是有关青少年的保护，三是有关个人名誉权的法律规定。从这三个方面出发皆可对言论自由进行法律限制。

　　对上述三个方面的限制，首要的问题是第一个限制中"一般法律"的界限是什么？或者说"一般法律"所指的都有哪些法律条款？于此，主要有三种理论，分别是特别法理论、权衡理论和综合理论。特别法理论所言及的是"该法禁止或限制某一并未违法的行为，以防止其思想倾向散布而产生不良影响。从言论自由的角度来看，若禁止的是特定的言论，属限制言论自由的特别法"。权衡理论主要论述的是"一般法律是指所有因其保护的法益比《基本法》第 5 条第 1 款所保护的法益更为重要而享有优先性的法律"。而综合理论主要是对前述两种理论加以融合，因此"第 5 条第 2 款所规定的一般法律是指既不反对特定言论，也非限制自由言论形成过程的特别法，而是不考虑特定言论而对

---

　　①　例如《公民权利和政治权利国际公约》第 19 条第 2 款规定："人人有自由发表意见的权利；此项权利包括寻求、接受和传递各种消息和思想的自由，而不论国界，也不论口头的、书写的、印刷的、采取艺术形式的或通过他所选择的任何其他媒介。"第 3 款规定："本条第二款所规定的权利的行使带有特殊的义务和责任，因此得受某些限制，但这些限制只应由法律规定并为下列条件所必需：（甲）尊重他人的权利或名誉；（乙）保障国家安全或公共秩序，或公共卫生或道德。"

法益提供保护的法律,保护那些比言论自由更优先的共同价值"①。

其次,依据法律约束的性质,德国《基本法》中所保障的基本权利可以被分为三种类型:一是基本权利只受到宪法本身限制的类型,这主要包括第1条的人格尊严和第5条第3款的科学、艺术与研究自由;二是基本权利只能被议会制定的具体立法所限制的类型,这主要包括第2条的生命权、第4条的抵制征兵的良知自由和第13条的住宅安全;三是可以受到普通法律如民法、刑法和行政法等限制的权利类型,这包括第5条第1款的言论自由的权利。由此而言,言论自由权利除了受到德国《基本法》第5条第2款的"青少年保护和个人名誉权的法律规定"外,还受到刑法典、行政法、民法典和其他法律的限制。

仇恨言论法律规制的以尊严为基础的进路或者说德国进路最引人注目的地方就在于其对言论自由设置了相应的法律保留,即德国制定了众多层次的法律文本以扼制仇恨言论在德国的肆虐,这主要体现为法律禁止并惩罚针对个人和群体的侮辱及诽谤。如果刑法关于侮辱和诽谤的条款并不适用于仇恨言论的话,那么依据德国《民法典》第823条第1款和第2款的规定,此时仇恨言论的发表者应承担相应的民事责任。德国民法中对侵权责任的承担方式,主要包括消除影响和赔偿损失,其中赔偿损失不仅包括物质损失还包括精神损失。"澳大利亚人托班否认纳粹大屠杀案"是德国刑法典对言论自由进行限制的典型案例,该案中弗雷德里克·托班(Frederick Toben)出生在德国,后加入澳大利亚国籍并在澳大利亚长期居住。托班曾是澳大利亚阿得雷德研究所的负责人,而该研究机构质疑纳粹大屠杀事件的存在。为了找到支持其质疑甚至否认纳粹大屠杀事件存在的证据,托班曾经游历欧洲各地,广泛搜集能够否认二战期间纳粹德国屠杀犹太人的资料。1999年4月,德国政府在曼海姆逮捕了托班,德国检察官指控托班在自己的网站及印制的手册中,否认纳粹曾在二战期间屠杀数百万名犹太人的史实,而且还质疑奥斯维辛集中营毒气室的存在,并按照德国《刑法典》第130条的规定以"挑起种族仇恨罪"而对其起诉。最后,经法院审理后对托班判处10个月的有期徒刑。②

---

① 伯阳:《德国公法导论》,北京大学出版社2008年版,第109页。

② Robyn Weisman, Germany Bans Foreign Web Site for Nazi Content, NEWSFAC-TOR NETWORK, at http://www.newsfactor.com/story.xhtml? story_id＝6063,下载日期:2005年1月27日。

最后,言论自由还受到保护青少年和个人名誉权的限制。在 1971 年发生的"裸体杂志案"对危害少年人格发展的文书进行了界定,宪法法院认为为了青少年的健康成长,立法可以采取措施限制甚至禁止部分影片和印刷品等。① 这一裁判结果意在保护青少年免于遭受诸如色情、仇恨、煽动暴力等言论、信息等的影响,因此这也就为法律规制仇恨言论提供了一条渠道。

2.《基本法》第 18 条

德国《基本法》中并不包括任何绝对的权利,包括言论自由在内的所有基本权利的行使都必须尊重他人同等重要的宪法权利,且皆受制于宪法法院所发展的"自由、民主的基本秩序"。由此而言,在理论意义上对仇恨言论的法律规制就可以奠基于此条款的基础之上。根据德国《基本法》第 18 条的规定:"凡滥用自由发表意见权,特别是新闻出版自由权(第 5 条)、教学自由权(第 5 条第 3 款)、集会自由权(第 8 条)、结社自由权(第 9 条)、通信、邮政和电讯秘密权(第 10 条)、财产权(第 14 条)和避难权(第 16a 条)以攻击自由民主的基本秩序为目的的,丧失相应的基本权利。基本权利的丧失和丧失范围由联邦宪法法院宣布。"

对《基本法》第 18 条内容的理解,我们需要注意三点事项:一是"自由民主的基本秩序",可以说这是第 18 条的核心,即基本权利的丧失是以攻击自由民主的基本秩序为目的的。因此,"基本法第 18 条的效力范围,仅仅取决于'自由民主的基本秩序'这一概念"②。二是"联邦宪法法院",即基本权利只有在经过联邦宪法法院宣布后方得丧失。这种基本权利的丧失主要体现为联邦宪法法院一旦宣布后,当事人就不能再援引这些基本权利以保护自己利益了。三是"构成要件",即《基本法》第 18 条并没有采用列举的方式明示标出基本权滥用的构成要件,从而"这种构成要件必须从与宪法预设的基本权形式的情形刚好相反的情形中才能归纳出来"③。

---

① 30 BVerfGE 336(1971).

② 〔德〕康拉德·黑塞:《联邦德国宪法纲要》,李辉译,商务印书馆 2007 年版,第 539 页。

③ 〔德〕康拉德·黑塞:《联邦德国宪法纲要》,李辉译,商务印书馆 2007 年版,第 538 页。

3.基本权利限制的界限

德国《基本法》的第 5 条既对言论自由给予了基础性保护,同时也划定了言论自由的界限。"这样一种自由的内容需要持续不断地被确定,也就说被限制。基本权限制就是确定这些界限,它将单项自由权利的适用范围固定了。"①因此,也就会出现一个根本性问题,即基本法在对言论自由进行保护的同时,如何划定言论自由的界限? 或者从问题的另一方面来说,即达到何种程度是对言论自由的合理和合法的规制,而达到何种程度就是对言论自由的违法限制? 要回答这个问题,我们可以从基本权利所受到的限制入手进行研究。"从几何的意义上说,如果某一个宪法权利具有界限,那么这种界限的起点,正是对该宪法权利进行保障的终点。"②因此,判断一项基本权利是否受到实质的限制,需要对这项基本权利所受到的限制进行综合性分析,这主要包括以下三个方面:

首先,基本权利所受到的限制主要在其权利的界定范围内。"任何一项基本权,其界限首先会出现在其客观效力范围的终止之处。这种界限是一个基本权的'规范领域'问题,规范领域就是基本权所保障对象的'现实'(Wirklichkeit)——通常是已经被法所归纳表述的——的一个局部。"③以言论自由为例,此方面需要考量的问题是,什么是言论? 言论自由是否是以"言论"、"集会"、"结社"、"艺术"或"学术"等方式所表达出来的。若是以这些方式表达出来的,属于该权利的界定范围内;反之则否。同时,需要注意的是《基本法》对言论自由条款界限的设定是通过法律保留的形式,"即通过详细的、满足严格条件要求的法律而获得限制基本权的授权"④。

其次,对基本权利的限制须符合比例原则。如果政府对基本权利的限制是在法律规定的限制条款范围内进行的,那么对基本权利进行的限制就必须

---

① 〔德〕康拉德·黑塞:《联邦德国宪法纲要》,李辉译,商务印书馆 2007 年版,第 250 页。

② 林来梵:《从宪法规范到规范宪法》,法律出版社 2001 年版,第 98 页。

③ 〔德〕康拉德·黑塞:《联邦德国宪法纲要》,李辉译,商务印书馆 2007 年版,第 251 页。

④ 〔德〕康拉德·黑塞:《联邦德国宪法纲要》,李辉译,商务印书馆 2007 年版,第 254 页。

符合比例原则。"基本权限制必须要符合狭义上比例原则的要求,也就是说,它必须要同基本权的重要性与意义之间保持适当的比例关系。"①比例原则主要包含三项要素:(1)适当性,即为达到合法目的而使用的方式须恰当,且符合最小损害原则;(2)必要性,即除此之外,缺乏其他的有效措施对此予以规制;(3)合目的性,即对权利造成的限制符合限制权利的目的。以基本权利所受到限制的这三项原则分析,德国《基本法》对言论自由的限制是符合这三项原则的,因此德国法律对言论自由的限制也就是合宪的了。

最后,《基本法》对基本权利的限制也可以视为是对基本权利限制的限制。"这些对基本权的限制性规定,事实上都是'对权利限制的限制',即只有具备《基本法》针对每项基本权所特别列举的限制理由和要件时,对此项基本权的限制才是真正合宪的。"以言论自由为例,与其说第5条第2款是对言论自由的限制,毋宁说是针对言论自由限制的限制。之所以如此,主要是因为《基本法》对言论自由采取了法律保留措施,而"'由法律或是基于法律'中的'法律'只能是立法机关按照立法程序,以特定的形式颁布的法律规范,即德国法中所谓的'形式意义上的法律'"②。

(三)规制仇恨言论的一般法律条款

除了宪法意义上的限制条款外,德国刑法和民法领域内的众多法律条款对言论自由也设置了限制。其中最值得注意的是,如果刑法关于侮辱和诽谤的条款并不适用于仇恨言论的话,那么依据德国《民法典》第823条第1款和第2款的规定,此时发表仇恨言论者应承担相应的民事责任。当然民法的相关规定毕竟是次要性的,对仇恨言论进行规制的最为主要的法律文本还是刑法,刑法被政府认为是对付仇恨言论最行之有效的强有力的工具,因此下文也就主要以德国《刑法典》的相关条文对仇恨言论的法律规制展开分析。德国《刑法典》第84条至第91条对"危害民主的法治国家"进行了规定,其中第86

---

① 〔德〕康拉德·黑塞:《联邦德国宪法纲要》,李辉译,商务印书馆2007年版,第256、257页。

② 赵宏:《实质理性下的形式理性:〈德国基本法〉中基本权的规范模式》,载《比较法研究》2007年第2期。

条和第 86 条第 a 款规定禁止使用和传播违反宪法的组织和纳粹组织的宣传物及标示。第 130 条对扰乱公共和平的犯罪进行了规定,煽动针对少数群体的仇恨和暴力的行为应受法律惩罚。而第 185 条至第 187 条规定了惩罚针对个人和群体的侮辱、诽谤的条款。

1. 德国《刑法典》第 130 条

德国《刑法典》第 130 条的罪名是"煽动民众罪",从而就对仇恨言论进行了诸多限制,即禁止公众和组织公开发表违背宗教、种族或国籍等宽容性的言论。《刑法典》第 130 条第 1 款规定:"以扰乱公共安宁的方法,实施下列行为的,处 3 个月以上 5 年以下自由刑:(1)激起对部分居民的仇恨,煽动对其实施暴力或专制,或(2)辱骂、恶意蔑视或诽谤部分居民,侵害其人格尊严。"该条第 2 款对仇恨言论进行了明确的界定,即指"实施下列行为之一的,处 3 年以下自由刑或罚金刑:(1)将煽动对部分居民或民族、种族、宗教或由其民族特性决定的集团的仇视、要求对之实施暴力或专制或通过辱骂、恶意蔑视或诽谤部分居民而侵害其人格尊严的文书(第 11 条第 3 款)(a)予以散发,(b)公开陈列、张贴、放映或以其他方式使他人获得,(c)向不满 18 岁之人提供、转让或以其他方式使之获得,(d)制造、取得、供应、储存、赠与、预告、夸奖、输入或输出,意图使文书之全部或部分为字母(a)至(c)意义上的使用,或使他人使用成为可能,或(2)以无线电传播本款第 1 项所述内容的"。该条第 3 款规定:"对在纳粹统治下,以扰乱公共安宁的方式实施的国际刑法第 6 条第 1 款规定的犯罪行为,公开地或在集会上予以赞同、否认或粉饰的,处 5 年以下自由刑或罚金刑。"该条第 4 款规定:"第 2 款同样适用于第 3 款所述内容的文书(第 11 条第 3 款)。"该条第 5 款规定:"在第 2 款,与之有关的第 4 款和第 3 款情形下,相应适用第 86 条第 3 款的规定。"①德国《刑法典》第 130 条的规定表明,煽动仇恨和暴力的行为无须产生现实危险即可受到法律的惩罚。立法机关认为,煽动种族、宗教等群体间的仇恨既侵犯了少数群体成员的尊严和名誉,同时也增加了仇恨犯罪频发的可能,从而这种煽动将极大地增加破坏社会安宁的危险

---

① 《德国刑法典》,徐久生、庄敬华译,中国方正出版社 2004 年版,第 75～76 页。

性,由此而言该条款是直接针对"危险之中的危险"①的。还需我们注意的是,这一条款的内容与德国《基本法》所保护的言论自由之间的冲突。

对德国《刑法典》的这一条款,我们可以适用上文中美国关于仇恨言论的相关理论进行分析,以便对两种进路作一下前期的比较。我们首先看一下1952 年发生的"博阿尔内诉伊利诺伊州案"(Beauharnais v. Illinois)。在这一案件中,伊利诺伊州的《禁止群体诽谤法》(*Group Libel Law*)规定:"禁止以印刷、发放传单方式将任何以种族、肤色、宗教为特征的群体描绘成堕落、有罪或缺乏美德的,并同时禁止对其进行轻蔑、嘲弄或辱骂,这将潜在地导致对和平的扰乱或骚乱。"于此,我们可以发现,此处的《禁止群体诽谤法》与德国《刑法典》第 130 条的规定是非常相像的。对此案,弗兰克福特大法官(Felix Frankfurter)执笔的多数意见指出:"没有人会否认诬告他人是强奸犯、劫匪、持有刀具枪械、吸大麻的行为构成诽谤。既然如此,如果一项针对个人的言论是刑法可以处罚的客体,那么我们当然不能否认政府享有同样的权力来处罚对特定群体发表的同样的言论。"②由此而言,美国联邦最高法院对该案的判决主要是基于"煽动仇恨"(incitement to hatred)的原则。其次,我们也可以分析一下 1969 年审理的"布兰登堡诉俄亥俄州案"(Brandenburg v. Ohio)。大法官沃伦认为:"宪法对言论自由的保障,不允许政府对任何主张暴力或主张不遵守法律的言论进行禁止或限制,除非该言论是以煽动他人从事立即的违法行为或产生立即的非法行为为目标,而且该言论的确会煽动或产生这种立即的违法行为,才可以对此进行限制或惩罚。"③由此而言,"布兰登堡案"虽然没有直接推翻"博阿尔内案",但却在实质上缩小和限制了其适用范围,此案所确立的主要是"直接煽动"(directed to inciting)原则。最后,若我们把德国《刑法典》第 130 条的规定与两项原则相比对,我们可以发现,德国《刑法典》第 130 条可以通过"博阿尔内诉伊利诺伊州案"的"煽动仇恨"(incitement to hatred)原则的检验,但是却无法通过"布兰登堡案"确立的"直接煽动"(directed to inciting)原则,该标准要求言论造成的危险是现实而迫切的违法行为。

---

① Thomas Wandres, *Die Strafbarkeit des AuschwitzLeugnens*, Duncker-Humblot, 2000, p. 221.

② Beauharnais v. Illinois, 343 U. S. 250, 257 (1952).

③ Brandenburg v. Ohio, 395 U. S. 447 (1969).

德国《刑法典》第 130 条的适用所引发的争议主要体现在"纳粹大屠杀谎言"一案中。德国最高刑事法院对"纯粹的纳粹大屠杀谎言"(simple Auschwitz lie)和"适格的纳粹大屠杀谎言"(qualified Auschwiz lie)进行了区分,①并认为纯粹的谎言只是对纳粹大屠杀的否认,被认为是对居住在德国的犹太人的侮辱,而不是对他们尊严的攻击,因此不能依据德国《刑法典》第 130 条的规定对其进行惩罚。刑事法院的这一观点在"德克特案"(Deckert Case)②中有着明显的体现。德克特是德国极右政党的主席,他邀请美国的弗瑞德·勒赫特作为专家对集中营和毒气室进行发言,德克特对勒赫特的发言进行翻译和评论,因为这一原因德克特被当地法院基于德国《刑法典》第 130 条的规定定罪。地方法院认为德克特的表达并不足以构成"适格的纳粹大屠杀谎言",但联邦法院并不认同这一观点。案件发回重审后,地方法院依据德国《刑法典》第 130 条的规定确认了对德克特的定罪,但是在量刑时却判决其缓刑。这一案件的判决结果引发了公众的愤怒,在公诉机关提起上诉后,联邦法院对量刑部分进行了改判。③

总体来说,德国《刑法典》第 130 条的目的在于阻止群体诽谤以便导致仇恨犯罪的氛围形成,因此该条也可以被称为是阻止"破坏社会安宁"的条款。只是需要我们注意的是,针对少数群体煽动的仇恨和暴力,在这种仇恨和暴力行为成为具体的刑事犯罪之前,依据刑法规定这种"煽动"即是应当受到惩罚的④。

2. 德国《刑法典》第 185 条至第 187 条

德国《刑法典》第 185 条规定:"犯侮辱罪的,处 1 年以下自由刑或罚金刑;以行为实施进行侮辱的,处 2 年以下自由刑或罚金刑。"第 186 条规定:"断言或散布足以使他人受到公众蔑视或受到贬低的事实,而不能证明其为真实的,处 1 年以下自由刑或罚金刑;公开或以散发文书(第 11 条第 3 款)的方式实施

---

① BGHSt 31,226.

② BGHSt 40,97.

③ BGH NJW 1995,340.

④ 《德国刑法典》第 26 条"教唆罪"(Instigation)、第 30 条"参与教唆"(Attempted Instigation)和第 111 条"公开促使犯罪行为"(Public Encouragement to Commit Criminal Acts)之规定。

本行为的,处 2 年以下自由刑或罚金刑。"第 187 条规定:"明知为不真实的事实而故意加以断言或散布,因而使他人受到公众蔑视或贬低或有损其信誉的,处 2 年以下自由刑或罚金刑;公开或在集会中或以散发文书(第 11 条第 3 款)的方式实施本行为的,处 5 年以下自由刑或罚金刑。"①第 185 条所规定的是"侮辱罪",第 186 条所规定的是"恶意中伤罪",而第 187 条所规定的是"诽谤罪"。无论是侮辱、诽谤,还是恶意中伤,它们所侵害的对象主要是名誉,从而此三者就可以界定为是故意不尊重他人,并对他人名誉进行的非法攻击。由这一定义我们可见,若是这种非法攻击的手段是言语的形式,仇恨言论就是包含在内的。毕竟所谓仇恨言论,就是在仇恨意图的指引下,基于一定的议题选择而对某一个人或群体的非法攻击。

在德国的法律体系中,名誉的概念主要包括三层含义:(1)在本质意义上,所谓名誉就是对享有平等权利的个人地位所进行的描述。作为社会原子的个人,无论其成就大小,皆有权获得尊重,从而即便是那些身陷囹圄的罪犯,也享有这种受人尊重的权利。宪法意义上对这一层面上名誉的认可,主要体现为《基本法》第 1 条第 1 款所保护的人的尊严。因此,当个人受到侮辱、诽谤和中伤时,这一层面上的名誉就受到了侵害。例如,基于民族而将某些民族称为下等民族,或者否认他人的人格而将其等同为牲畜,这都是对他人名誉的侵害。(2)名誉的第二层含义是指人与人之间应当互相尊重,或者是在公开场合下自己的礼貌言行应符合社会的最低标准,从而不管在情感上是否喜欢他人,也都应当在外观上对其表示尊重。名誉这一层次的含义主要植根于德国《基本法》第 2 条第 1 款,该款规定:"只要不妨碍他人权利、不违反宪政秩序或道德,每个人都有权自由发展其个性。"由此而言,指责他人智力存在缺陷,或指责他人在道德方面存在缺陷,都是对他人名誉的侵犯。(3)名誉的第三层含义,是指行为人针对他人散布伤害该人名誉的事实,从而影响公众对其的看法、影响他人与该人的相处。就实质而言,这一层次的名誉主要体现为德国《基本法》第 2 条第 1 款和第 5 条第 2 款所规定的人性自由发展权利的延伸。以名誉的主体为标准,我们可以界分出两类名誉:一是个体的名誉,二是群体的名誉。因此,相应的犯罪也就可以区分为两类。

(1)针对个人的侮辱、诽谤和中伤

---

① 《德国刑法典》,徐久生、庄敬华译,中国方正出版社 2004 年版,第 101 页。

仇恨言论的目标通常所针对的是群体,即它主要是以议题为选择标准进行攻击的,但这种言论有时也会针对个人进行,且如果仇恨言论所针对的是个人的话,那么主要就是德国《刑法典》第185条、第186条和第187条对此予以的规制。

1987年发生的"施特劳斯案",可以说是针对个人侮辱的典型案件。在该案中,联邦德国巴伐利亚州州长弗朗茨·约瑟夫·施特劳斯将一幅针对自己的性讽刺漫画告上了法院。地方法院判决认为此漫画违反了《刑法典》第185条的规定,后该案诉至宪法法院,宪法法院维持了地方法院的判决。宪法法院认为漫画的确是受到德国《基本法》第5条对艺术自由的保护的,但是该案中用讽刺漫画的方式刻画某人的形象,其目的显然是为了攻击该人的尊严,因此宪法对艺术自由的保护必须让位于至关重要的他人的尊严价值。[1] 除此之外,宪法法院认为,尽管德国《基本法》第5条第3款规定保护艺术自由,但第5条保护的权利不是没有限度的,在某些情况下可以因为保护人性及人的尊严而受到限制。因此保障个人言论、新闻、艺术与科研自由等权利的德国《基本法》第5条必须服从于德国《基本法》第1条关于保障人的尊严的条款,从而言论自由和其他通讯自由必须服从于人的尊严这一更高的价值。[2]

(2)针对群体的侮辱、诽谤和中伤

上述所言及的是仇恨言论针对个人受到《刑法典》规制的情形,此处主要阐释仇恨言论针对群体受到《刑法典》规制的情况。依据德国《刑法典》第185条的规定,群体侮辱或集体侮辱若要承担相关的刑事责任,须符合下述四项构成要件:"①以少数群体为攻击目标;②这个目标群体不同于一般公众,具有自身的特征;③遭到攻击的是整个群体,而不是群体中的某个个体;④诽谤言论针对的是这些群体固有的某些特征,如民族、种族或其他特征。"[3]由这四个构成要件我们可以发现,此处所言及的群体侮辱就是仇恨言论。

在德国社会中与群体侮辱相关的是"军人是谋杀者案"。在"军人是谋杀者案"中,反战者将含有指责"军人是谋杀者"内容的传单散发给公众。德国军队中某些军人向警察控诉此事后,那些散发传单的人被逮捕、审判并且被判违

---

①　75 BVerfGE 369 (1987).

②　75 BVerfGE 369 (1987).

③　93 BVerfGE 266, 300 ff. (1995).

反德国《刑法典》第 185 条规定之群体侮辱罪。但是地方法院的判决被宪法法院驳回并发回地方法院重审。宪法法院认为，该言论对人的尊严并未构成侵害，也没有对军人进行正式的责难，而仅仅是严厉、苛刻地表达了关于公共利益的批评。例如，德国军队和军人在海外战争中扮演了什么角色？宪法法院对"谋杀者"一词采用了更加宽泛的解释，并且要求对"诽谤"进行严格的界定，因为这种言论只是为了表达反战的见解，从而是言论自由所许可的。严格界定"诽谤"，其唯一目的在于施加人身伤害，除此之外所表达的其他任何实质内容都是次要的。但是，"军人是谋杀者"和"军人是潜在谋杀者"这些言论的主要目的是反对战争、兵役以及质疑战争的合法性。反战言论涉及的"防御准备"与和平主义之间的斗争是公众关注的话题，判决的结果选择保护言论自由。

综合上述所言，德国《刑法典》第 185 条、第 186 条和第 187 条对人的尊严进行了保护性规定，其目的主要在于限制仇恨言论，从而阻止助长仇恨犯罪氛围的形成。此规定表明，仇恨言论煽动所引发的并不一定是即将发生的暴力，而可能只是立法者所预见到的种族仇恨煽动所引发的恶果，如增加扰乱公共和平的危险、侵犯人的尊严和少数群体的名誉、导致仇恨犯罪频发等。立法者认为一旦有这些恶果中的一条可能发生，对相关的仇恨言论就应当予以禁止并加以惩罚。刑法典对仇恨言论的这一条款表明，仇恨言论可能在短期内导致社会的灾难，因此应当将其扼杀在萌芽状态。

3. 德国《刑法典》第 130 条和第 185 条的综合性适用

《刑法典》第 130 条所规制的是煽动仇恨的言论，而第 185 条所规制的是群体侮辱的言论，上文对二者所规制的对象和例子分别进行了介绍，下文所主要研究的是二者的综合应用情形，主要针对的是关于纳粹大屠杀的谎言。

对纳粹大屠杀的谎言，笔者认为，首先需要区分为简单的谎言和适格的谎言。所谓简单的纳粹大屠杀谎言，是指谎言的支持者坚持认为，在第三帝国时期并没有发生任何种族屠杀和种族灭绝事件，对犹太人的死亡并非如许多媒体所报道的是通过纳粹集中营和大规模毒气室的方式造成的。这一观点的支持者经常称"纳粹大屠杀从未发生"、"媒体对纳粹大屠杀的报导言过其实"。所谓适格的纳粹大屠杀谎言，是以简单的纳粹大屠杀谎言为基础加以改造而成的。只是与简单的纳粹大屠杀谎言不同的是，适格的纳粹大屠杀谎言除了对纳粹大屠杀这一事实完全否认外,还往往伴随着规范性的结论或者某些行动的号召。如"纳粹大屠杀从未发生"是典型的简单谎言,而"纳粹大屠杀从未发生,因此应阻止犹太人利用纳粹大屠杀的谎言向德国政府索要赔偿"就是适格的纳粹大屠杀谎言了。

对上文所论及的美国的仇恨言论法律规制而言,无论是简单的纳粹大屠杀谎言,还是适格的纳粹大屠杀谎言都不会有任何的法律问题,这些言论的形式和内容都是受到美国宪法第一修正案所保护的。除非这种言论已经造成了煽动非法行为的现实危险,只有在这种情况下,其才受到宪法和法律的限制。由此而言,在美国社会中,若作出明显违背事实的言论,如否认纳粹大屠杀言论是不会受到法律惩罚的,从而司法机关宣布否认纳粹大屠杀言论为非法言论的可能性也就甚小。但在德国社会中却不同,无论是简单的纳粹大屠杀谎言,还是适格的纳粹大屠杀谎言皆是受到法律的限制的,尤其是受到德国《刑法典》的限制。

德国将否认纳粹大屠杀的言论入罪化的根本原因,在于在德国几乎所有的政府系统和普通法院皆认同宪法法院的观点,即这种否认纳粹大屠杀的目的在于煽动仇恨,且已然构成了群体诽谤,从而依据《刑法典》对这种言论进行限制,并不会给发言者的言论自由造成实质损害。在1994年"大卫·欧文案"(David Irving)中,德国宪法法院即明确地阐明了这一立场,同时也对德国《刑法典》第130条和第185条的合宪性进行了确认:"真实的历史事实是,依据《纽伦堡法案》确定的标准,德国犹太人被剥夺了公民身份,犹太人从他们世代生活的土地上被驱逐。犹太人属于某一特定的群体,这一群体由于他们自身的命运被凸显出来了,这是犹太人自我感受和获得尊严的一部分,其他人对此均负有一项特殊的道德责任。事实上,对每个犹太人自我感受的承认与尊重是抵抗这种歧视的保障,这构成了他们在德国生活的基本条件。任何人若是否认曾经发生过的历史事件,就是否认了犹太人享有的个人价值。针对犹太人群体这种歧视的继续,对受影响的犹太人个人而言,是一种继续的伤害和歧视,当人们一想到德国的纳粹统治历史及其带来的恶果时,歧视的重复与继续就成为一个公众关注的重要问题。在这种情况下的确存在有利于言论自由的推论,只是如果言论构成刑事侮辱或诽谤,或者冒犯性言论所依据的事实被证明并不真实,那么这一推论就不再适用。"①

对纳粹大屠杀谎言案的审理表明,德国对一项规制言论自由的法律进行考量时,既要考虑到言论自由受到限制的理由,同时也应当考虑到言论发言者的自治利益。根据传统的言论自由理论,我们可以说那些声称纳粹大屠杀并不存在的人是在表达自己的思想的,而人们是有权利自由地表达自己的思想的,且不管这种表达的后果如何,这正是言论自由最为重要的基本原理。由此而言,基于言论自由的传统理论,完全否认纳粹大屠杀的言论似乎就是受保护的言论,从而沿着传统的言论自由理论的路线来思考,把否认纳粹大屠杀言论入罪化也就不具备正当性和合法性。但这是在没有考虑发言者所处社会背景的情形下,从而只是脱离具体环境的理论推理。若我们考虑到纳粹大屠杀独特的社会背景,及其在所有德国人心目中的重要影响,德国的法律对否认纳粹大屠杀的言论进行限制就是可以理解的,从而这种限制的法律也就是具有相当的正当性和合法性的。犹太人和其他少数群体惨遭纳粹政权屠戮的事实和悲剧,对德国乃至整个欧洲所带来的创伤和阴影是挥之不去的,从而誓言这种悲剧"永不重演"(Never Again)就是德国对这段历史刻骨之痛的真实写照。正是基于这一誓言,德国《刑法典》对否认纳粹大屠杀谎言进行限制,虽则这种行为对言论自由造成了侵害,但是它们仍然是正当的。

综合而言,基于德国《刑法典》第130条和第185条的规定对煽动仇恨的言论进行惩罚是具有正当性的。这种仇恨言论的表达通常被视为是对目标群体成员的尊严和名誉的侵害,同时也是对他们享有安全权和身体完整权的威胁,即便言论发言者的行为可能缺少构成煽动罪的构成要件,且对公共安宁也并没有造成明显现实的危险。

三、德国仇恨言论法律规制的司法实践

关于德国仇恨言论法律规制的司法实践,主要体现在宪法法院所判决的

① 　90 BVerfGE 241,251 ff.,254 (1994).

一系列关于言论自由的案件中。在这些案件中,德国宪法法院逐渐发展出衡量言论自由与其他宪法权利的衡量原则。虽然宪法法院在衡量言论自由与其他宪法权利(尤其是人的尊严)之间的价值时,起初似乎对言论自由更为关注,但是随着司法实践的发展,宪法法院在后来的案件判决中,对言论自由关注的色彩逐渐变淡,更多地转向对人的尊严及其他宪法价值的保护。德国宪法法院对仇恨言论态度的这种转变可以在下列案件中追索到相关的印迹,当然为了区分的便利,下文也就主要以宪法法院对仇恨言论判决的立场和态度进行划分和介绍。

(一)判决立场的基础定位

1958 年的"吕特案"(Lüth)可以视为是德国关于言论自由具有里程碑意义的一件案件,当然这也是最早涉及德国《基本法》第 5 条的一件重大案件。虽然在此案中所涉及的主要是言论自由问题,但通过对此案例的探讨,也可以使我们获知宪法法院对仇恨言论的基本态度。维特·哈兰(Veit Harlan)曾是纳粹德国的一名官方导演,他曾为纳粹政府拍摄过多部反犹电影,尤其是他在 1940 年拍摄的《犹太甜心》,影片自始至终显露着浓重的反犹情绪。二战后,哈兰复出并导演了《永恒的爱人》一片。在此片公映前,汉堡市公共关系主任埃利希·吕特(Erich Lüth)号召大家拒绝放映由哈兰导演的这部电影,并声言"哈兰是纳粹电影的第一号导演,他协助纳粹去谋杀犹太人",且"正派的德国人不仅有权,且有责任提出抗议,并抵制这部影片"。[①] 针对吕特面向公众提出的上述建议,汉堡地方法院根据德国《民法典》第 826 条的规定,认定吕特的行为是一项非法行为,从而颁布了禁令对其行为加以禁止。但此案在上诉至联邦宪法法院后,宪法法院却推翻了地方法院的判决。对"吕特案",宪法法院在进行审理和判决时主要遭遇到三个问题,相应的为了解决这三个问题,宪法法院分别构建出了三种具有重要影响价值的理论:

1.间接的第三方影响理论

在本案中,吕特所针对的是一项由私主体提出的诉愿,并根据私法设置的

---

① 1BVerfGE 198(1958).

禁令,因而该禁令在某种程度上并不能被视为是一项"来自国家的侵害",而仅仅是来自私人的侵犯。由此而言,诸如言论自由等基本权利在遭到来自私人侵犯的时候,是否仍能得到德国《基本法》的保护?

于此,联邦宪法法院认为,"本法并无意成为价值中立的体系(秩序),也已在它的基本权利章中建立起一套客观的价值秩序,且对基本权利的效力做了原则性的强化。这个以人格及人的尊严在社会共同体中自由发展作为中心点的价值体系,必须视为宪法上的基本决定,有效适用于各法律领域;立法、行政、司法均因此获得了方针与动力。自然地,它也会影响民事法律;没有任何的民事法规可以抵触它,每一规定均须依照它的精神来解释。直接透过私法领域内各项规定的媒介,基本权利的法内涵成了客观规范,在私法中伸展开来"[①]。由此而言,《基本法》所认定的基本权利即使是针对一般法律也是有着重要影响的。联邦宪法法院作出的这一阐释,后来被宪法学者概括为基本权利"间接的第三方影响"理论。对德国出现这种理论的原因,美国学者昆特(Peter E. Quint)认为这主要是根源于一般法律的影响。"德国《基本法》的制定者主要是受到德国《民法典》的精神熏陶而成长的,此部《民法典》即便于20世纪的动荡中仍以严谨和弹性而著称,因此当诸多司法者将目光转向寻求宪法性权利的保护时,一些'一般法律'的问题因为涉及宪法性原则就呈现出不一样的面目。"[②]

2. 基本权利交互影响理论

诚如我们所知,德国《基本法》第5条第1款中言论自由的保护和第2款中言论自由的限制之间是存在矛盾的,在此案中宪法法院是如何解决这一问题的?

于此,联邦宪法法院认为:"在这里原则上反而适用前面大略提到有关基本权与私法体系两者关系的理由:在看待一般法律限制这项基本权利的作用时,应顾及这项基本权利的意义,其解释亦须兼顾这项权利的特殊内涵。在一

---

① 《"吕特事件"之判决——联邦宪法法院判决第七辑第一九八页以下》,黄启祯译,载《西德联邦宪法法院裁判选辑(一)》,台湾地区"司法院"1990年印行,第106页。

② Peter E. Quint, Free Speech and Private Law in German Constitutional Theory, *Maryland Law Review*, Vol. 48, 1989, p. 309, 310.

个自由民主的社会里,它必须能成为各个生活领域,特别是公共生活中可以自由谈论的一种期待,且受到绝对的保护。这项基本权利与'一般法律'之间的相互关系不应理解为这项基本权利的效力受到'一般法律'的单方限制;反而是有一种交互作用存在,也就是'一般法律'虽然照字面上来看是对这项基本权利加以限制,但另一方面,这项基本权利在自由民主国家里具有确立价值的意义,上述法律的解释须本于这项认识进行,这样一来,原来它们要限制这项基本人权的作用自然又受到了限制。"①由此而言,依据《基本法》第5条第2款的规定,即"一般法律和有关青少年保护及个人名誉权的法律性规定对上述权利予以限制"。《民法典》第826条的规定,即"故意违背善良风俗而造成损害"就可以适用于对民众言论自由这一基本权利的限制。一般法律对宪法权利的限制不是绝对的,而是有着相对的尺度,即上文中所言及的"期待",从而宪法权利在受到一般法律限制的同时,一般法律也是受到宪法权利本身的限制的。

3.宪法权利的冲突与衡量理论

在本案中,如何对私法益与宪法基本权利进行衡量,如何对哈兰的商业利益与吕特的言论自由基本权利进行衡量。于此,宪法法院认为:"宪法诉愿人担心限制言论自由会对每个人产生限制过紧的危险,民众不再能够经由其意见影响公众,公开讨论社会重大的问题,这项不可或缺的自由再也不受保障。这个危险,事实上是存在的。为排除这个危险,却没有必要把民法从一般法律的行列中完全剔除。此处只需坚守此项基本权利的自由内涵即可。"②而判断基本权利的自由内涵是需要考察和判断吕特的动机和目的的。就这两者而言,吕特主要在于揭露出哈兰的反犹情形,从而让社会对其反犹情境进行一定的鞭笞和惩罚。因此,吕特对基本权利的把握是完全合乎法律的要求的。对私法益与基本权利进行衡量的方法,宪法法院认为:"最重要的是在天平上需衡量一下,这项基本权利的行使不是以私人吵闹为目的,主要应该是在促成舆

---

①　《"吕特事件"之判决——联邦宪法法院判决第七辑第一九八页以下》,黄启祯译,载《西德联邦宪法法院裁判选辑(一)》,台湾地区"司法院"1990年印行,第107页。

②　《"吕特事件"之判决——联邦宪法法院判决第七辑第一九八页以下》,黄启祯译,载《西德联邦宪法法院裁判选辑(一)》,台湾地区"司法院"1990年印行,第108页。

论的形成,所以言论的某些作用固然无可避免的是在私法领域中,但这并非言论本来的目的。在此,目的与手段之间的比例关系也就变得很重要。如果直接针对'私人法益保护'的言论,越不是私人的(尤其是在经济往来中及以追求私益为目的的言论),而是参与涉及重大的公共问题必要的意见交换时,私法益的保护可以且越须退居次要。"①基于此,宪法法院认为,地方法院在对基本权利和私法益的权衡中是完全失当的,从而撤销了地方法院的判决。

对此案,德国宪法法院认为,"言论自由作为公众表达个性的方式,是最重要的人权之一,在一定意义上可以说是每一项自由的基础。对每一个自由民主的国度来说,持续进行的理性争辩和思想的碰撞是宪政得以实现的重要因素"②。"吕特案"之所以被称为是理解言论自由的一个基础案例,不仅在于它涉及德国宪法的一般原则,更为重要的是它还涉及德国宪法关于言论自由的特别规定。宪法法院认为,保护言论自由能够推动民意的形成和发展,同时法院判决将会进一步明确个人沟通和社会沟通的范围以及公共讨论的基本架构。因此,随着社会大众讨论的重要公共问题的变化,德国宪法法院就较倾向于保护思想和见解的交流。

(二)判决立场的持续演进

"《镜报》案"(Schmidt-Spiegel)所涉及的主要是一起由仇恨言论所引发的诽谤案件。在该案中,《镜报》称州高级法院的法官施密特具有共产主义倾向,而施密特反击谴责《镜报》的政治报道犹如"道德卖淫"。随即,《镜报》将施密特诉至州法院,州法院判决《镜报》在诽谤罪诉讼中获胜,但德国宪法法院却随后推翻了州法院的这一判决,认为州法院没有考虑到施密特言论自由的权利。③

宪法法院认为,私法规范受到宪法权利的影响,正如同宪法权利受到"一般法律"的影响一样,而这正印证了"基本权利交互影响理论"(Wechsel-

---

①　《"吕特事件"之判决——联邦宪法法院判决第七辑第一九八页以下》,黄启祯译,载《西德联邦宪法法院裁判选辑(一)》,台湾地区"司法院"1990年印行,第108页。

②　1BVerfGE 198(1958).

③　12 BVerfGE 113(1961).

wirkungstheorie）。基于这种理论，"一般法律"并非可以单方肆无忌惮地限制言论自由，而是必须仔细斟酌言论自由在现代社会及法治国家中的重要性，才决定立法限制的范围。[①] 基本权利的行使虽然可依据法律限制之，但另一方面就限制基本权利的法律，仍须参酌为其所限制的基本权利在自由民主国家之价值及重要性解释之。因此，对基本权利所施加的限制，唯有在为了保护至少是"等值的法益"时，始得视为正当。[②]

宪法法院在吕特案确立的理论框架基础上，进一步确认了言论自由的价值，并对言论自由及其相关权利提升了保护程度。"言论自由不仅是弥足珍贵的个人权利，更是民主社会的基础。只有让公共讨论能够自由讨论任何重要的议题，才能保证公共见解的自由形成，而这正是一个自由民主国家所必需的。在多元主义社会中这种不同观点和见解的对话是十分必要的，可以让出于不同动机的不同观点自由地进行传播和碰撞。最重要的是，这种对话不仅包含某种观点和见解，还包含着与它相冲突的那些观点和见解，所有这些观点在公共讨论中进行交流和碰撞从而促进公共见解的形成。"[③]

"《镜报》案"最大的成就在于确立了"反击理论"，即允许在公共讨论中对某种观点进行反击，所谓严厉的公开批评正对应着严厉的回应即是如此。由此而言，该案所引发的不是价值判断问题，而主要是一个关于事实的虚假陈述问题，是对公众讨论进行的可经检验的限制问题。除此之外，该案还表明和含有价值判断的言论相比，那些违背事实的错误言论对公共讨论进行的限制是可以进行审核和检验的。爱德华·埃伯尔（Edward J. Eberle）以一个比较的视角对这一问题进行了分析："本案中，德国宪法法院将公共讨论的框架界定为是开放的、稳健的，即使是刻薄的言论也是可以允许发表的，这让人不禁联想到美国的相似做法。不论是美国的'思想的自由市场'，还是德国的'见解的斗争'（Meinungskampf），对尖锐或苛刻言论的对策都不是压制，而是采用'更多言论'的办法，德国和美国似乎都决心将这些不那么受欢迎甚至让人觉得讨

厌的言论交给公众自己来处理,让这些问题在公共讨论的平台中得到解决。"①"《镜报》案"的审理结果表明,德国宪法法院的判决和美国的"惠特尼诉加利福尼亚州案"(Whitney v. California)或"科恩诉加利福尼亚州案"(Cohen v. California)是十分相似的。由此而言,两者对言论自由的态度也就有着一定的共通基础。

(三)判决立场的初始转化

上述两个案例中,德国宪法法院主要是侧重于保护言论自由的价值,而自"魔菲斯特案"(Mephisto)始,宪法法院明显地加强了对言论自由审查的力度。②20世纪30年代时,德国作家克劳斯·曼恩(Klaus Mann)发表了讽刺小说《魔菲斯特》,这部小说主要是基于作者妹夫古斯塔夫·格朗根斯(Gustaf Grundgens)的经历创作而成。在这部小说中,曼恩描述了一个演员抛弃自由理想、投靠纳粹而成名的故事。曼恩自己承认,格朗根斯代表了"典型的叛徒、腐化与玩世不恭的可怕象征……;他靠出卖自己的才能来换取庸俗的名誉和短暂的财富"。二战后,德国出版商准备重新发行《魔菲斯特》。此时虽然格朗根斯本人已去世,但其养子在汉堡上诉法院要求禁止该书的发行,并获得胜诉。出版商发起宪政申诉,由于第一庭对判决结论发生4:4的对等分裂,判决结果获得维持。③

对此案,联邦宪法法院首先确立了艺术活动自由的价值,"第5条第3款全面保障艺术活动的自由。既然公共媒介对建立艺术家和公众关系是必要的,艺术自由的保障还保护行使这类中间职能的个人。因此,作为小说的出版商,申诉者可以依靠第5条第3款的基本权利。第5条毫无保留地保障艺术自主权。由于第5条的明确指示,不论是通过限制艺术概念、抑或扩展解释,还是和其他宪法条款的限制相类比,所有限制这项保障的尝试统统无效"。其

---

① Edward J. Eberle, Public Discourse in Contemporary Germany, *Case Western Reserue Law Review*, Vol. 47, 1997, p. 828, 829.

② Edward J. Eberle, Public Discourse in Contemporary Germany, *Case Western Reserue Law Review*, Vol. 47, 1997, p. 862.

③ 30 BVerfGE 173(1971).

次,如同其他宪法基本权利一样,艺术自由也不是绝对的,从而也要受到一定的限制。"艺术自由并非无限。和所有基本权利一样,第5条第3款的自由保障基于《基本法》对自主个人之映象;后者在社会组成的社团中自由发展。但基本权利的无条件性表明,对艺术自由的限制只能由宪法本身加以决定。只有根据《基本法》所确立的价值秩序及其价值基本体系的统一性来解释宪法,才能解决有关艺术自由的冲突。"再次,为了解决艺术自由内部的这种冲突,宪法法院认为,普通法院可以诉诸《基本法》第1条第1款,即关于人格尊严的条款。"在保护人的个性和艺术自由权利之间存在着冲突;这一冲突的解决不得仅在艺术之外的社会领域中考虑艺术作品的效果,而且还必须考虑艺术的具体层面。正如第1条第1款的价值观念影响了第5条的保障,第5条第3款的自由保障也影响着第1条第1款所基于的人类映象。个人获得尊敬的社会权利并不超越艺术自由,艺术也并不能简单超越个人获得尊重的普遍权利。只有在仔细权衡个体案件的所有事实之后,才能决定利用个人资料的艺术表现是否产生威胁,以严重侵犯个人受到保护的私人领域,因而必须禁止艺术作品的发表。"①

对"魔菲斯特案"的影响,昆特(Peter E. Quint)先生曾评论道:"魔菲斯特案的判决结果强调了宪法权利中不受诽谤的权利,尽管法院承认它是一项宪法权利,但是这仍然是对传统普通法理论作出的第一次重大发展。在魔菲斯特案中,这种传统权利现在已经以宣称有限的艺术表达自由的方式得到了宪法的保护。此外,宪法法院并没有对这些相冲突的宪法利益进行有效的衡量,这一问题实际上汇集到了私法法院里。"②"魔菲斯特案"也标志着言论自由不再具有优先地位,德国宪法法院从保护言论自由转变为限制言论自由,这是德国宪法法院自"吕特案"后对言论自由态度转变的开始。一方面,德国《基本法》第1条和第2条的私法价值促进了人格权权利的发展,曾经作为普通法律而存在的人格和个性不受侵犯的权利开始获得宪法权利的地位,这种宪法权利的重铸明显地限制了言论自由。另一方面,这些私法价值的重现也同时意

① 30 BVerfGE 173(1971).张千帆:《西方宪政体系(下册·欧洲宪法)》,中国政法大学出版社2005年版,第359页。

② Peter E. Quint, Free Speech and Private Law in German Constitutional Theory, *Maryland Law Review*, Vol. 48,1989,p. 309,310.

味着,当私法法院的判决可能影响宪法权利时,德国宪法法院对其进行的司法审查明显也受到了限制。遵从"魔菲斯特案"的进路,宪法法院实质上同意了普通法院确定的利益衡量的做法。在需要对言论自由的宪法价值和与其相冲突价值进行衡量的时候,依据"魔菲斯特案"所确立的"平衡规则",一般是由私法法院进行价值的衡量。因此,就相关的言论自由而言,"魔菲斯特案的判决结果对言论自由的保护而言是最糟糕的"[①]。20世纪90年代,法院试图重新赋予言论自由更高的价值,对人格尊严和言论自由不断进行平衡与调和。直到"施特劳斯案"[②]和1990年的"国旗案"[③]和"国歌案"[④],德国宪法法院最终更加倾向于保护言论自由。

上面三个案例所涉及的主要是对言论自由的规制,虽然它们并不涉及仇恨言论,但却为仇恨言论的法律规制措施奠定了坚实的基础,因此当下文涉及仇恨言论时,对它们的审理一如上文的审理一样,所采用的也主要是基本权利之间的衡量,这主要包括"否认纳粹大屠杀案"(Auschwitzlüge)和"军人是谋杀者案"(Soldaten sind Mörder)。

(四)判决立场的翻转

英国历史学家大卫·欧文(David Irving)是纳粹大屠杀修正主义的典型代表者,在一次德国国家民主党举行的示威游行中,他被邀请并做了一个主题演讲,在这次演讲中他极力否认纳粹大屠杀的存在,认为所谓的奥斯维辛惨案完全是一场骗局。慕尼黑市地方当局要求德国国家民主党采取适当措施,以确保该集会中不再出现否认纳粹大屠杀的言论,并威胁该党,若他们不遵守地方当局的要求就要承担刑事责任。地方行政法院和联邦行政法院维持了慕尼黑地方当局对否认纳粹大屠杀言论的限制,德国国家民主党后将该案申诉至德国宪法法院,而宪法法院亦维持了地方法院的判决。

---

① Peter E. Quint, Free Speech and Private Law in German Constitutional Theory, *Maryland Law Review*, Vol. 48, 1989, pp. 309, 310.

② SternStrauss Interview, 82 BVerfGE 272 (1990); AntiStrauss Placard, 82 BVerfGE 43 (1990).

③ 81 BVerfGE 278 (1990).

④ 81 BVerfGE 298 (1990).

地方法院的判决主要援引德国《刑法典》第 130 条和第 185 条的规定,认为这两项规定是慕尼黑市政府当局针对否认纳粹大屠杀言论采取措施的法律依据,因此慕尼黑地方当局所采取的措施并不违宪。且依据德国《基本法》第 5 条第 2 款的规定,慕尼黑地方当局所采取的措施是对言论自由进行的合法限制。在适用上述刑法规定时,否认纳粹大屠杀言论对犹太人的声誉和尊严造成的伤害是毋庸置疑的,犹太人的身份与尊严永远无法摆脱纳粹大屠杀的影响。

在这一案件中,宪法法院主要界分了"事实"和"见解"之间的差别。宪法法院认为,"事实表述代表着表达和现实之间的客观关系。因此,事实表述可以就其是否为真而受到检验。既然见解通常是建立在关于事实的假定基础上或作为事实情况的评论,事实表述在其作为见解基础的程度上是受到基本权利的保护,而见解受到《基本法》第 5 条第 1 款的完全保护。因此,只是在所谓的事实对宪法保护的见解形成无所贡献的情况下,事实表述才不受保护。根据这个观点,错误的信息并不构成任何值得保护的利益"[1]。而见解"被定义为是个人对其表达内容的主观关系。评论和评价是见解的一部分。在这个程度上,证明见解的正确或谬误是不可能的。见解享有基本权利的保护,而不论它们是否有根有据,也不论它们是被认为理性还是感情用事,价值连城还是一文不值,危险还是无害。基本权利的保护也包括表达方式。见解的表达并不因为其尖锐或措辞伤人而失去作为基本权利的保护"。由此而言,事实与见解是具有重大的差别的,"《基本法》第 5 条第 1 款保护见解,自由表达和传播也是和见解相关",而"故意和显然失实的事实表述则不受自由言论的保护"。[2]

以大卫·欧文为代表的大屠杀修正主义者通常认为,纳粹统治德国期间并没有发生种族灭绝和大屠杀事件,或者说即便存在,其灭绝和屠杀的实际程度也被报道严重地夸大化了。修正主义者的"观点"是属于"事实"的范畴;当然修正主义者们在表述事实的同时,通常也会在这些事实的基础上,附上诸多补充性的规范结论或要求采取行动的话语,如"犹太人把散布奥斯维辛集中营

---

①　张千帆:《西方宪政体系(下册·欧洲宪法)》,中国政法大学出版社 2005 年版,第 406 页。

②　张千帆:《西方宪政体系(下册·欧洲宪法)》,中国政法大学出版社 2005 年版,第 406 页。

的谎言作为敲诈德国的政治工具,对此我们应当有所作为了"等,从而这就在事实的基础上表达了一种"见解"。否认纳粹大屠杀言论的这两种表现形式依据德国《刑法典》均应受到惩罚。思想以其主观性要素为特征,而客观事实以其客观要素为特征,人们可以对这些客观要素表示允许或否认。关于客观事实的主张不受德国《基本法》第5条的保护,因为它们并不有助于任何思想意见的形成;因此错误的信息不能得到保护。纳粹大屠杀从未发生,这显然是一个伪造的事实,目击者的口述、历史学家的研究以及司法程序的调查结果无疑证明了大屠杀的确实存在和德国所应承担的责任。

只是德国宪法法院所判决的否认纳粹大屠杀一案,由于其解释过于宽泛,从而使得宪法法院一直备受诟病。例如,布鲁格先生在对德国《基本法》和美国《权利法案》进行研究的基础上,明确指出德国宪法法院在如下四个领域中,对否认纳粹大屠杀言论的解释属于过度延伸:首先,宪法法院将一项道德义务变成了法律义务。德国政府对仇恨言论的应对措施中,主要将刑法作为确认纳粹大屠杀这一历史事件的最后手段,从而宪法法院在对"采取措施的必要性和所保护的利益"之间缺乏深入的论证,因此宪法法院径直把一项公众怀有的道德义务转变为法律义务进行了审判。其次,这一扩大解释延伸所涉及的是群体一致性的诉求,从而把个人的尊严和价值放逐了。再次,纳粹政权对犹太人这一群体施加了巨大的肉体伤害和精神创伤,若考虑到这一点的话,宪法法院强调犹太人群体尊严的做法是有一定道理的,但就实际而言,对人的尊严的保护对象通常是个人而非集体,因此宪法法院的措施可能造成适得其反的效果。最后,否认大屠杀言论被法院解释为对人的生命、尊严和平等的攻击和挑战[①]。布鲁格先生认为宪法法院的那些解释毫无疑问是合理的,但是问题在于,为达到既尊重历史教训的同时又保障未来和平的目的,"法院对言论进行审查时采取的是惩罚性解释而并不信任其他非惩罚性解释,并且也未援引其他约束性较低的方式。最终,法院所选择的惩罚性解释牺牲了发言者的言论

---

① Winfried Brugger, Ban On or Protection of Hate Speech? Some Observations Based on German and American Law, *Tulane European & Civil Law Forum*, Vol. 17, 2002, p. 17.

自由这一重大价值"①。而美国学者怀特认为,宪法法院仅仅只是将德国宪法文本中言论自由的限制条款付诸实践而已,"吕特案"和"否认大屠杀言论案"的判决结果不同正是因为德国政府对这两个案件的政治态度不同罢了,"德国政府支持吕特案对言论自由作为一项基本权利予以保护的观点,反对否认大屠杀言论案中欧文先生和德国国家民主党否定纳粹大屠杀的存在的言论所表达的观点,这很显然是政府实行的观点歧视的做法"②。

(五)判决立场的跌宕

在"否认纳粹大屠杀案"中,宪法法院明显地舍弃了其一贯秉持的原则,转而采取了对言论所表达的观点进行区别对待的做法,宪法法院的这种做法在"军人是谋杀者"③一案中也可以清晰地看出。

1988年9月间,F先生停留在德国米特尔弗立肯行政区(Mittelfranken),此时正值北约组织在当地举行秋季军事演习。F先生在一条床单上写上以下红色字句:"军人是谋杀者(A SOLDIER IS A MURDER)"④,并将该大幅标语固定于其停留城市边缘之十字路口,后被军官Ü中尉发现并对其提起控诉。地方法院裁判F先生因侮辱他人处以罚金,并指出"依其客观之意义内容,是以故意宣布表明蔑视的方式,对Ü中尉名誉作违法的攻击。该项无作任何上下文解释以标语竖立的意见,给每一个军人,亦包括联邦军队的军人,公然地标上严重犯罪分子的称号……不加区分地将军人的所有杀人行为皆称之为'谋杀',是想要经由该大幅标语,唤起参加军事演习的军人,亦即在停留处附近准备演习的美军,以及民众的省思……以概括诋毁军人的方式,已超越

---

① Winfried Brugger, Ban On or Protection of Hate Speech? Some Observations Based on German and American Law, *Tulane European & Civil Law Forum*, Vol. 17, 2002, p. 18.

② Roland Krotoszynski, Jr., A Comparative Perspective on the First Amendment: Free Speech, Militant Democracy, and the Primacy of Dignity as a Preferred Constitutional Value in Germany, *Tulane Law Review*, Vol. 78, 2004, p. 1594.

③ 93 BVerfGE 266 (1995).

④ "军人是杀手"是德国著名剧作家库尔特·图霍夫斯基(Kurt Tucholsky)一部诗作的名字。

基本法第 5 条第 1 款规定所许可的范围,应被评断为是诽谤性的批评"①。原告认为,地方法院判决其侵犯了《基本法》第 5 条第 1 款所保护的言论自由,故而提起了宪法诉愿。

此后德国社会中又发生了其他三起"军人是(潜在的)谋杀者案",这些案件皆是因为发表诸如"军人是谋杀者"或"军人是潜在的谋杀者"等相关意见引发的。1995 年 10 月 10 日宪法法院第一庭就言论自由与对军人集体评断之名誉保障间的关系结合多件宪法诉愿一并进行了裁判,涉及的皆是因发表诸如"军人是谋杀者"或"军人是潜在的谋杀者"的言论而被判侮辱联邦军队和个别军人的刑事判决。宪法法院认为,"军人是谋杀者"这一标语只是原告对战争的一般抗议,而不是专门针对德国军队的抗议,宪法诉愿人所作,因此被判处侮辱罪刑罚的表述,享有受《基本法》第 5 条第 1 款规定的言论自由的保障:"此项宪法规定给予每个人有以言语、文字和图画方式,自由表示和散布其意见的权利。对其进行的保障,与意见的表述是理智或情绪性的、有理由或无理由以及他人是否认为其是有益的或有害的、有价值或无价值的都无关。此项保障不仅是涉及表述的内容,而是亦包括表述的形式。至于一项表述是以诋毁、攻击或伤害的文句表达方式表示,并不因此即不属于基本权的保障范围之内。"②宪法法院还指出,诽谤案件涉及德国《基本法》第 1 条所规定的人的尊严时,个人尊严最主要可能因意见的表示而受到伤害,此时其得作为限制言论自由的辩解理由,即言论自由须作出让步,可是立法者因此并不能随意地限制言论自由,即须注意避免过度地限制言论自由。需要对诽谤进行严格的界定,并且法院对受保护言论范围的推定,应当对公众于这一问题的讨论起到决定性的推动作用。该院第一庭认为,原告的言论只是表达了反战的见解,而不是任何特定战士从事谋杀的事实。政府机构并不具有任何"个人名誉",也不享受一般的"隐私权"。但政府仍然可受到一定的法律保护,以保证社会的基本认同,否则政府将难以履行其职能。即使如此,"刑法上的保护不得导致国家机构不接受公众批评,及在一些可能情况更是以尖锐形式的批评,该些批评

---

① 《"军人是(潜在的)谋杀者案"裁定》,吴绮云译,载《德国联邦宪法法院裁判选辑(十一)》,台湾地区"司法院"2004 年印行,第 12～16 页。
② 《"军人是(潜在的)谋杀者案"裁定》,吴绮云译,载《德国联邦宪法法院裁判选辑(十一)》,台湾地区"司法院"2004 年印行,第 25、26 页。

是应受意见自由基本权以特别方式保障者"①。

对判断"军人是谋杀者"一案中言论自由是否应受到保护来说,以下几点是至关重要的:准确解读言论所表达的内容;聚焦特定语境下言论含义的解释;充分考虑这些言论可能蕴含的其他含义,当明确这些言论实际上真正表达的含义时,不应依赖刑法或其他法律对其进行惩罚。地方法院在进行判决时,没有考虑到这样一个重要问题,即"军人是谋杀者"这一标语总的来说针对的是军人,既指军人个体,也可指军人这一群体。该案中,在战争这一特定的语境下"军人是谋杀者"的标语表达的确切含义,是对军人的谴责,还是对战争以残忍方式为之且亦会波及平民的谴责,"谋杀者"一词的含义并不能从《刑法典》的技术层面上进行考量,并不是指严格意义上的谋杀行为,而只是为了说明对战争的厌恶和谴责。② 因此,宪法法院对"谋杀者"一词采用了更加宽泛的解释,并且要求对"诽谤"进行严格的界定,因为这种言论只是为了表达反战的见解,从而是言论自由所许可的。严格界定"诽谤",其唯一目的在于施加人身伤害,除此之外所表达的其他任何实质内容都是次要的。但是,"军人是谋杀者"和"军人是潜在谋杀者"这些言论的主要目的是反对战争、兵役以及质疑战争的合法性。反战言论涉及的"防御准备"与和平主义之间的斗争是公众关注的话题,判决的结果选择保护言论自由。

四、德国仇恨言论法律规制的总体评价

(一)德国仇恨言论法律规制的总体特征

通过分析和阐述德国仇恨言论法律规制的理念、文本及实践,我们可以看

---

① 《"军人是(潜在的)谋杀者案"裁定》,吴绮云译,载《德国联邦宪法法院裁判选辑(十一)》,台湾地区"司法院"2004 年印行,第 27 页。

② 《"军人是(潜在的)谋杀者案"裁定》,吴绮云译,载《德国联邦宪法法院裁判选辑(十一)》,台湾地区"司法院"2004 年印行,第 31 页。

到,三者是有机统一、融为一体的。理念是基础,可以说文本和实践皆是观念在纸面和现实中的反映,这一点我们既可以在言论自由与人的尊严的碰撞中获知,同样也可以在法律文本和司法实践对于反犹仇恨言论的敏感和警惕态度中得出。文本是观念基础的落实,德国《基本法》开宗即宣扬人的尊严,这就使得公众在历次的公共讨论中主张人的尊严的价值优先于言论自由;同时,明确的文本规定也有助于司法实践的精确展开,德国刑法、民法及行政法中的众多法律条款并不仅仅是纸面的规则,它们还是与仇恨言论作斗争的定案和惩罚依据。实践是保障,只有把观念和文本的内容落实于实践,才能保障德国政府和社会有效地规制仇恨言论,从而避免反犹惨剧的再次发生。综合上述理念、文本和实践三个方面对于德国仇恨言论法律规制的阐释,我们可以看到,德国进路在仇恨言论法律规制方面主要具有下述四个特征:

1. 作为一项积极权利的言论自由

德国认为,言论自由并不仅仅只是一项消极权利,同时它还是一项积极权利。政府对言论自由的责任,不仅是通过禁止政府干预言论自由实现的,除了消极不作为,政府还有积极作为以保证言论自由更好地实现的义务。由此政府所应扮演的角色,一方面,是促进和鼓励那些有益于发现真理和实现民主的言论;另一方面,就是对那些非真理和反民主的言论进行限制。

2. 仇恨言论不应受到保护

尽管言论自由承载着追求真理的任务,但德国立场并不承认仇恨言论存在任何价值。对于德国宪法法院而言,仇恨言论尤其是那些与人的尊严相冲突的仇恨言论并不值得保护,这正如德国宪法法院在"否认纳粹大屠杀案"中所确立的原则,"禁止谎言并不妨碍对真理的追求"①。德国法律明确规定,并不要求种族主义信息必须导致即时违法行为或造成明显而即刻的危险才能对其进行制裁,只要这些信息对公共安全和人的生命及尊严造成广义上的威胁,就足以对其进行法律制裁。由此,德国宪法法院在仇恨言论问题上已经确立

---

① Ronald J. Krotoszynski, Jr., A Comparative Perspective on the First Amendment: Free Speech, Militant Democracy, and the Primacy of Dignity as a Preferred Constitutional Value in Germany, *Tulane Law Review*, Vol. 78. 2004, p. 1549.

了相对成熟的指导原则:首先,与表达思想无关的针对客观事实的错误陈述不应被视为是言论的自由表达,相应的也就不能得到法律的任何保护。其次,思想和价值判断的言论均是受到法律保护的,但是若它们的表达是以亵渎和贬损人的尊严为目的,那么这些言论应被归为低价值言论的范畴,从而即使这些言论在其他方面可能拥有较高的价值,但是在立法和司法中也无法得到优先保护。

3.社会以防止仇恨言论对于个人的异化为目标

社群主义在欧洲的政治文化中根深蒂固,相应的,德国政府认为,个人不仅仅是思想自由市场里的理性人,更是社会中的一员。从而当面对不同的言论时,个人不能独立地对公共领域中的言论进行价值判断,而应通过社会提供的解释框架处理信息,成为一个"知情公民"[①]。除此之外,德国政府还认为,仇恨言论以某些特定群体成员为目标,以攻击他们的尊严为手段,容易引发公众对于某些特定群体的仇恨,从而带来个人和社会的异化和灾难,因此应当将其隔离、排除于社会之外。

4.防御型民主下严厉控制仇恨言论

防御型民主作为德国宪政体制的一个重要特征,在对于仇恨言论的规制中也有着明显的体现。作为战争反思产物的德国《基本法》,对于基本权利的保障并未包括那些民主秩序的颠覆者,由此对言论自由的保护自然也并不涵盖那些鼓吹民主秩序剧变的言论,仇恨言论自然在禁止之列。德国《刑法典》对于危害民主宪政国家的犯罪作了明确的规定,禁止"传播和使用违反宪法的组织和纳粹组织的宣传物"(例如,展示纳粹标志的行为)[②]。新纳粹主义政党的取缔就是德国防御型民主积极行动的重要例证。

---

① Sionaidh DouglasScott,The Hatefulness of Protected Speech,a Comparison of the American and European Approaches,*William & Mary Bill of Rights Journal*,Vol. 7,1999,p.305.

② 这些条文所规定的均为"危害法治国的犯罪",如"维护违宪之政党"(第84条)、"违反禁止结社"(第85条)、"散发违宪组织的宣传品"(第86条)、"使用违宪组织的标志"(第86条第a款)、"以破坏为目的之谍报活动"(第87条)。

(二)德国仇恨言论法律规制的优劣分析

德国进路的优点,主要表现在对于仇恨言论在道德层面所存在的缺陷进行了明确的谴责,且在涉及犹太人的案件中,德国政府、法院与反对犹太人的仇恨言论进行了坚决的斗争。此外,德国政府和法院还寄希望通过严格禁止仇恨言论,以保障人的尊严、个人自治的实现和维护必要社会的安全。德国进路中的诸多法律规制措施,不仅保护了那些受仇恨言论所攻击的受害者,而且在最高程度上也保护了社会中的普通民众。德国进路的优点如此,而其缺陷则主要表现在:

首先,德国政府和法院对于仇恨言论问题并没有发展出一个清楚明确的理论来加以应对。德国宪法法院虽然一直致力于利益衡量,从而对于各种权利和利益进行精密且复杂的权衡,但是宪法法院的此种努力却未发展出一种普适性的实践理论来以解决仇恨言论的法律规制问题。由此,在涉及反犹言论的案件中,如"否认纳粹大屠杀案",宪法法院总是采取一种近乎绝对的禁止方式,即牺牲民众言论自由的代价以保护犹太人的尊严,从而宪法法院的此种做法实际上严重违背了言论自由的基本原则。由此而言,在一系列的反犹仇恨案件中,宪法法院实质上侵入了言论自由的领域,从而就存在以自己的主观价值取代民众自我判断的危险。且就以往的判例而言,德国宪法法院也似乎更愿意保护那些支持政府立场的言论。[①]

其次,在对于仇恨言论的案件进行审理时,宪法法院在犹太人群体和其他少数群体之间造成了实质性的保护差别,即对于反犹仇恨言论持严厉禁止的态度,而对于侵害其他少数群体的仇恨言论,如反罗姆人的言论、反同性恋的仇恨言论等则持相对宽松的态度,从而此种实质性的保护差别是有违最基本的平等原则的。若我们细究德国对于仇恨言论的处理措施,可以发现反仇恨言论的法律在德国专门是以纳粹言论为目标的,从而与法律针对其他群体的仇恨言论相比较,德国的"犹太人"与"外国人"或"移民"之间存在着明显的区别。由此,其他种族、宗教和地域等少数群体的权利诉求往往淹没在对德国犹

---

① Charles R. Lawrence III, Crossburning and the Sound of Silence: Antisubordination Theory and the First Amendment, *Villanova Law Review*, Vol. 37. 1992, p. 787, 791.

太人"独特命运"的特殊关注中,从而这些少数群体的权利和利益也就被排除于德国社会的关注之外了。

对于仇恨言论所针对的除犹太人之外的目标群体,德国法律禁止性规定的适用并不普遍,甚至在某些情形下法律对于这些仇恨言论的标准实质上是降低了,例如当仇恨言论所针对的是德国境内的土耳其人时,或针对的是德国境内的罗姆人时,法律或司法所关注的焦点就在于个人而非群体了。由此,这种针对个人的仇恨言论,就不会像针对犹太人群体的仇恨言论那样,引发类似仇恨言论是否已经颠覆了人类尊严和平等环境的重大问题。于此,惠特曼先生认为:"德国《禁止群体诽谤法》并没有如美国法律所主张的那样明确,从而德国也就没有对种族、宗教、地域等议题内部之间的关系建立结构化的基本法则。由此,在对于群体进行保护时就容易出现实质性的偏差。"①

最后,德国对于仇恨言论的法律态度使得社会中对于某些话题的探讨出现了噤若寒蝉的局面。诚如前文所述,纳粹大屠杀事件的发生是德国对于仇恨言论法进行法律规制的重要历史缘由。正是由于纳粹大屠杀对德国历史和世界历史造成的深刻影响,使得德国对纳粹言论等其他极端言论制定了广泛的禁止性法律。这些法律及其扩大解释的适用,直接导致在否认纳粹大屠杀案件中法院对于这些言论的禁止。当然,当我们审视否认纳粹大屠杀言论案中德国的司法实践时,历史的深刻影响是我们所必须考虑的,同样针对这些仇恨言论法律规制展开公开讨论也是必需的。公共讨论应当是"所有涉及公共利益的事项都应当允许进行公开且不受任何拘束的讨论,尤其是应当允许那些我们不喜欢的人或我们不喜欢的信息进行自由表达,即使那些人和那些信息是我们所仇恨的,公共讨论也是必不可少的"②。然而在德国,却鲜有对德国进路的负面影响进行的讨论。事实上,"在德国宪法学界即使就这一问题进行学术探讨也往往被认为是不得人心的"。布鲁格先生指出,由于缺少学界的讨论,在仇恨言论的法律规制中,如下三个领域的问题是极少触及的:"一是需

---

① James Q. Whitman, Enforcing Civility and Respect: Three Societies, *Yale Law Journal*, Vol. 109, 2000, p. 1312.

② Winfried Brugger, Ban On or Protection of Hate Speech? Some Observations Based on German and American Law, *Tulane European & Civil Law Forum*, Vol. 17, 2002, p. 21.

要对不同类型的言论予以区别对待,而此种'区别'的确切性质究竟是什么;二是基于言论自由的一般理论,此种区别对待中'区别'的合适程度是什么;三是此种'区别'在什么样的时间范围内是可以接受的。"①

---

① Winfried Brugger, Ban On or Protection of Hate Speech? Some Observations Based on German and American Law, *Tulane European & Civil Law Forum*, Vol. 17, 2002,p. 21.

第五章

仇恨言论法律规制的融合性进路

　　本书分别对于仇恨言论法律规制的美国进路和德国进路进行了描述和分析。诚如我们所看到的，美国进路最为主要的特色是对于言论自由的推崇，比较侧重于自由的价值，由此对仇恨言论主要是采取较为宽容的态度；而德国由于历史的原因对仇恨言论尤其是针对犹太人的仇恨言论极其敏感和警惕，故而仇恨言论法律规制的德国进路最大的特征是高度重视人的尊严，主要侧重于尊严的价值，由此对仇恨言论主要采取限制的态度。可以说，美国进路是基于自由价值的法律规制进路的典型，而德国进路则是基于尊严价值的法律规制进路的典范。

　　若我们把各国对仇恨言论法律规制的态度视为一条线段，宽容和限制为这条线段的两个端点，美国侧重自由，因此靠近宽容这一端；德国侧重尊严，因此更加靠近限制这一端。除美、德两国之外的其他国家，主要是分布于宽容和限制这两个端点之间的线段上，或者靠近美国，或者靠近德国，但总体而言呈现向德国靠近而又与其保持一定距离的趋势。概括地讲，若我们以规制进路中侧重的价值和规制的态度为标准对于各个国家采取的进路进行划分的话，大体上可以划分出三种不同的仇恨言论的法律规制进路：一是基于自由的进路，以美国为代表；二是基于尊严的进路，以德国为代表；三是融合性进路，即试图调和自由价值和尊严价值之间的矛盾，在美国进路和德国进路之间走出一条折衷进路，保障言论自由但允许对仇恨言论进行有限限制的兼顾自由与尊严的进路。融合性进路既是当前国际社会中的主流性进路，亦是未来前行的方向，美、德两种进路之间也在进行着程度不一的学习和借鉴，从而"最引人注目的是美、德两国的仇恨言论法出现的趋同倾向"①。2010 年 1 月 21 日，美国国务卿希拉里·克林顿在《关于互联网自由》的讲话中明确指出："所有的社会都承认言论自由有其限度。我们不能容忍煽动他人从事暴力的人，例如此刻正利用互联网在全世界宣扬大规模屠杀无辜百姓的'基地'组织成员。那些以种族、宗教、族裔、性别或性取向为由攻击他人的仇恨言论也应受到严厉斥责。这些问题均构成日益严重的挑战，国际社会必须共同进行抗击。"②

对于融合性进路的此种界定看似明确，但实则是存在着一定的问题需要解答的。最为首要的是，融合性进路是否是一种进路，即美、德之外的诸多国家对仇恨言论法律规制的态度能否归结为一种进路？于此问题，笔者想重申分类的标准，即法律规制中的侧重点和法律规制的态度。就法律规制中的侧重点而言，自由和尊严是不同进路的着重之处。美国进路推崇自由价值，当然这并不否认它也注重尊严价值，只是说与尊严相比，它更为重视自由，这是由其历史所决定的，从而也就是仇恨言论规制中它最为重大的国情特色③。德国进路推崇尊严价值，当然这也并不否认它注重自由价值，只是说与自由相比，尊严在其价值体系中的地位更为重要，这同时也是由其历史和国情所决定的，从而也就是它甩不脱的特色和命运④。与这两个国家相比，其他的国家因为各种原因在对自由和尊严这两种价值进行衡量时，较为取舍不定，由此表现于外的就是在仇恨言论法律规制的进路中对于自由价值和尊严价值的兼顾。

---

① Guy E. Carmi，Dignity Versus Liberty：The Two Western Cultures of Free Speech，*Baston University International Law Journal*，Vol. 26，2008，p. 371.

② 《克林顿国务卿关于互联网自由的讲话》，美国国务院国际信息局(IIP)译，载美国国务院网站，http://www. america. gov/st/democracyhrchinese/2010/January/20100121212440 eaifas0.9105341. html？CP. rss＝true，下载日期：2010 年 1 月 23 日.

③ 高鸿钧先生在考察了美国法律文化后认为，自由是美国法律文化的核心价值，是与权利并驾齐驱的核心话语，在美国法律文化的传承中具有举足轻重的地位。高鸿钧：《美国法律文化的自由及其局限》，载《清华法学》2009 年第 1 期.

④ 对于德国的此种国情特色，我们可以日本与之相比较。虽然两国皆是二战的侵略国，对于诸多国家造成了极大的伤害，同时二者皆制造过震惊中外的大屠杀，严重地侵害了受害民族的身心，但是与德国对于二战和大屠杀的彻底反省相比，日本的反思态度就是颇为暧昧的。二者态度间的差异有着众多的体现，其中之一，也是较为关键的是德国在其《基本法》中确立了"人的尊严"为最高价值，而在日本的《宪法》中则不具有此种反思式价值体现。

而就法律规制的态度而言,宽容和限制是不同进路的相异之处。美国是所有国家中对仇恨言论较为宽容的,即便是《维克托拉案》中焚烧十字架这样恶劣的仇恨言论的表达都能够得到宽容;而德国是世界各国中对仇恨言论较为严厉的,否认纳粹大屠杀、煽动对犹太人的仇恨这样的言论是要受到严格禁止的。与这两个国家相比,其他国家对于仇恨言论法律规制的态度游离于宽容和限制之间,从而我们也可以说融合性进路是把宽容和限制融合在一起的。其次,融合性进路这一概念的界定还需要回答的问题是,融合性进路中各个国家的国情是不同的,这诸多国情不同的国家能否融合在一起? 于此问题,本书认为融合性进路既不是为国际社会提供一个理想的规制标准,也并不是要对所有国家推荐任何统一的规则,毕竟每一个国家皆有自己的历史传承和国情特色①,即便是在欧洲这样一体化程度较高的区域,试图让各国统一适用某一规制进路也是不可行的。在适用《欧洲人权公约》第 10 条时,"欧洲人权法院也同意各国法院有自己的裁量余地,其目的就在于考虑到各国不同的问题焦点和经济、政治、宗教及法律传统"②。著名学者塞缪尔·阿桑特(Samuel Asante)先生也认为:"某个特定国家在某些特定情况下是否能够承担享有基本自由的张力和压力这无疑是一个十分重要的问题。例如,在一个时刻面临着分裂危险的新生国家限制言论自由的必要性和在一个稳定的民主国家限制言论自由的必要性是不可同日而语⋯⋯分裂的恐惧困扰着每一个非洲国家⋯⋯新生的非洲国家必须解决的根本问题是如何将不同的部族和社区融合成一个

---

①　如加拿大虽然和法国、英国、澳大利亚等国家对于仇恨言论的规制态度基本相同,即对于仇恨言论的规制比较靠近于德国进路,但是他们限制和禁止仇恨言论的侧重点是不同的。在加拿大的法律中,对于仇恨言论的法律规制除了侧重尊严和平等价值外,多元文化主义也是其强调的一种价值,而这在法国、英国和澳大利亚的法律中就不多见。毫无疑问,多元文化主义的侧重就是由加拿大的国情特色所决定的。

②　Friedrich Kübler, How Much Freedom for Racist Speech? Transnational Aspects of a Conflict of Human Rights, *Hofstra Law Review*, Vol. 27,1998, p. 375.

统一的国家。"①本书所谓的融合性更为准确的说法是一种共通性的基础②。

本书在详细研究美国进路和德国进路的基础之上所欲得之结论,即融合性进路的提出是符合言论自由这一基本权利实现的最低限度的规制进路,也是世界上绝大多数国家对仇恨言论进行法律规制所努力追求的理想进路。本书对融合性进路的分析主要分为两个部分:一是仇恨言论法律规制融合性进路的基础,即对于前述两章中美国进路和德国进路进行比较分析。"比较不仅是人类认识事物的一种基本方法,而且构成了人类一切认知活动所必不可少的因素。人类在认识某一事物时,必然要拿这一事物与其他事物进行比较,在比较的过程中才能发现这一事物的特殊性。"③本书通过对美、德进路进行比较研究,归纳和总结两条进路的经验和教训,以为融合性进路的借鉴。二是仇恨言论法律规制融合性进路的内容,即对仇恨言论法律规制中为各个国家所共同认可的基础性要素。

一、仇恨言论法律规制融合性进路的基础

美国和德国无论是在社会制度上还是在政治制度上都有颇多相似之处,对言论自由的认识也存在着某种程度上的类似。美国和德国的宪法中均设有专门保护言论自由的条款,美国《权利法案》第 1 条即宪法第一修正案和德国

---

① S. K. B. Asante, Nation Building and Human Rights in Emergent African Nations, *Cornell University Law Journal*, Vol. 2. 1969. pp. 72,47.

② 对于共通基础与各个国家规制进路间的关系,我们可以以"宪法权利与普遍人权"间的关系进行类比。按照"国内宪法中所确定的宪法权利至少也应当具有普遍人权的特性。也就是说,普遍人权应当在主权国家的范围内适用"这一观点,则共通基础就可以视为是各个国家规制进路之间的共同聚集点或者是共同的意识中心。对于"宪法权利和普遍人权"之间的关系,可以参见莫纪宏:《论国际人权公约与国内宪法的关系》,载《中国法学》1999 年第 3 期;周永坤:《全球性时代的人权》,载《江苏社会科学》2002 年第 3 期;宋方青、傅振中:《论国际人权立法的中国化——以民主权为中心》,载《现代法学》2009 年第 5 期。

③ 黄文艺:《比较法:批判与重构》,载《法制与社会发展》2002 年第 1 期。

《基本法》的第 5 条第 1 款均倡导保护言论自由;美国《权利法案》和德国《基本法》也对言论自由的边界作了相关的规定,美国《权利法案》第 13 条、第 14 条即宪法第十三、十四修正案和德国《基本法》第 5 条第 2 款及《德国刑法典》第 130 条等法律规定都对言论自由进行了一定的限制。除此之外,美国和德国国内都存在着备受歧视的特定群体,这既有着历史的原因,也有现实的原因。在美国,历史上的奴隶制和种族隔离政策致使种族关系异常紧张,为了保护非白人群体免遭仇恨言论带来的骚扰,从而提高对于有色人种的法律保护就成为美国社会的必要之举。而在德国,反对犹太人的言论的肆虐终于酿成了二战期间纳粹大屠杀的惨剧。战后每当某种仇恨言论可能对犹太人群体造成伤害时,德国社会就会表现出高度的敏感和警惕,政府和法院也以将仇恨扼杀在萌芽状态为己任。

　　美国和德国在防范仇恨言论的精神上具有很大的相似之处,但在仇恨言论的具体规制方面存在着更多明显的差异。对于仇恨言论的法律态度,美国的规制进路可以说是不干涉主义,而德国的规制进路则是高度的警惕。虽然美国和德国皆制定了成文宪法,且在此两部宪法中均含有涉及言论自由的条款,但是言论自由在这两部宪法中的地位、价值和具体规定却大不相同:美国的《权利法案》和司法实践对于言论自由几乎给予了绝对保护,仇恨言论受到限制的情形寥寥无几。尤其是在近 40 年的时间里,美国联邦最高法院致力于实现这一最高理想,即"民众可以不受拘束地进行对话,能够自由地思考、自由地发言而不受政府或社会的控制";[①]而德国的《基本法》和司法实践皆未将言论自由视为一项优先保护的权利,在司法实践中言论自由也屡屡让位于其他基本权利,不具优先保护的地位,因此仇恨言论在德国社会往往受到严格的限制。例如,在"维克托拉诉圣保罗市案"中,美国联邦最高法院对白人深夜在黑人邻居的院子里放置燃烧的十字架以表达仇恨的权利提供了保护,而在否认纳粹大屠杀案中,德国宪法法院则禁止发表声称纳粹大屠杀从未发生过的言论。对于两种进路之间的此种差异,若我们进行仔细的分析和考量,可以发现其原因不仅在于这两个国家对于法律框架下仇恨言论的解释不同,而且其涉及仇恨言论的法律条款也是建立在不同的哲学基础之上的。法国学者罗杰·

---

　　①　Edward J. Eberle, Hate Speech, Offensive Speech, and Public Discourse in America, *Wake Forest Law Review*, Vol. 29. 1994. p. 1212.

埃雷拉(Roger Errera)曾说:"欧洲人绝对不能接受美国人对待仇视性言论如斯科基案的宽容态度。在他看来,美国人的观念建立在'不可救药的社会和历史乐观主义'之上,而你决不能指望欧洲人在经历了纳粹和极权主义悲剧后还能保有这样的幻想。"①泰德·梅隆(Ted Meron)对这一现象也进行了解释:"我们不应当仅仅在宪法的基础上对不同于德国进路的美国进路进行解释。美国进路还反映出在美国这个发达和相对稳定的社会中国家的自信,至少在近代史上是这样的。美国的某些组织若是出现在其他一些国家时,往往只是会被视为会导致暴力并危害公共秩序,也会被视为造成了明显且现实的危险。"②当然,这些相异之处更为具体的表现如下:

其一,言论自由在美国和德国法律体系中的地位是不同的。在美国的《权利法案》中,言论自由占据着最为显著的位置,其第1条即规定"国会不得制定任何有损言论自由的法律",从而美国社会就比较注重对于言论自由的保护。人们相信,当好的观念与坏的观念相互竞争时,好的观念最终能够占据优势地位。在宪法实践中,美国联邦最高法院秉持宪法第一修正案的精神,每每质疑各州限制仇恨言论的法律或法令的合宪性问题。源自于对言论自由的高度保护,美国法院系统也试图努力超越各种"仇恨"因素,寻找公众所关心的共同基础,但是美国法院对仇恨言论的某些解释仍然存在牵强附会之嫌。相比之下,德国《基本法》对仇恨言论明确的限制态度使得德国政府及法院皆致力于保护人的尊严、维护种族平等和国家稳定。德国《基本法》主要突出了对人的尊严的保护,《基本法》第1条规定:"人的尊严不可侵犯。一切国家权力皆有责任,去尊敬与保护之。"德国《基本法》此种保护人的尊严的态度,就使得侵犯个体和群体尊严的仇恨言论屡屡受到严格的限制。

其二,仇恨言论在美、德两国社会和法律中的地位是不同的。在美国社会中,仇恨言论间或具有某些解放性作用。例如,在民权运动和反越战时期,黑人的仇恨言论和表达反战思想的仇恨言论就曾确切地表达了他们的心声,由

---

① 〔美〕安东尼·刘易斯:《言论的边界:美国宪法第一修正案简史》,徐爽译,法律出版社2010年版,第151页。

② Theodor Meron, The Meaning and Reach of the International Convention on the Elimination of All Forms of Racial Discrimination, *America Journal of International Law*, Vol. 79,1985,p. 283,288,289.

此也获得了社会的高度重视,推动了黑人境况的转变和战争的结束。由此,美国社会对仇恨言论具有相当的接受基础。但是对于德国社会而言,由于受历史的影响,尤其是纳粹大屠杀惨剧的影响,德国人往往将仇恨言论视为镇压少数群体的工具和邪恶的象征。由此,在德国社会中就存在着对于仇恨言论进行抵制的深厚基础。此外,德国《基本法》中还包含着对于言论自由进行限制和约束的完整权利束,这主要包括:《基本法》第 1 条第 1 款规定的人的尊严,第 2 条第 1 款规定的人格权和第 5 条第 2 款规定的名誉权等。因此,我们说德国的宪法文本对于人的尊严、人格和名誉等就提供了较多的保护,而美国宪法对于上述重要的基本权利却总是"默不作声"①。

其三,"美国理论假设国家和社会是清楚可分的,因而坚持国家和私人行动之间的'基本二分法',而只有国家才受到宪法的约束"②,且在美国社会中,言论自由所蕴含的个人主义价值观一般是优于保护"国家和群体"的社会利益的,从而个人主义原则就是理解美国言论自由的核心。由此,在仇恨言论的法律规制中,美国的法律态度每每偏向于仇恨言论的发表者——个人,而疏于对仇恨言论的受害者——社会弱势群体——进行保护。美国人并不认为政府能够从"坏"的观念中挑选出"好"的观念来,因此美国州政府和国会对言论自由进行的法律规制,"往往因为存在观点歧视而被质疑,甚至被视为是弥天大罪,从而即便规制是针对于邪恶的言论进行的,政府也是不能有所选择的"③。而"德国法院则不接受公共和私人领域可被清楚分离的观点,而是认为某些宪法价值对社会生活是如此基本,以致不论两者之间的界线应被如何划分,这些价值都应该渗透国家和社会"④。由此,在德国民众的观念中,政府对于社会中

① Winfried Brugger, Ban On or Protection of Hate Speech? Some Observations Based on German and American Law, *Tulane European and Civil Law Forum*, Vol. 17. 2002, p. 7.

② 张千帆:《论宪法效力的界定及其对私法的影响》,载《比较法研究》2004 年第 2 期。

③ Winfried Brugger, Ban On or Protection of Hate Speech? Some Observations Based on German and American Law, *Tulane European and Civil Law Forum*, Vol. 17, 2002, p. 14.

④ 张千帆:《论宪法效力的界定及其对私法的影响》,载《比较法研究》2004 年第 2 期。

的事项是应当"有所作为"的,以便维护社会中的秩序和和谐。与社会中民众的观念相呼应,德国宪法体系中就确立了宪法的客观价值秩序,即为了维护宪法的有效实施,政府是具有一定的义务和责任进行作为的。而且在《基本法》中,人的尊严的价值高于一切其他价值,任何权利都不得与人的尊严相抵触,这也包括言论自由的权利,在德国任何有违人的尊严的言论都需受到法律的限制,因此仇恨言论在德国社会受到限制的情形也就较为常见。

其四,在美国社会中,宪法主要深受洛克思想的影响,认为基本权利对于公民而言是不可或缺的,且在序位中也是优先于公民社会的。由此,美国宪法主要规定了对于消极自由的保护,并列举了一系列政府不得侵害的基本权利。但是,宪法并没有规定公民必须承担相对应的宪政责任,也没有规定政府必须实现的宪政目标。而德国则主要深受康德思想的影响,这包含着古典自由主义、民主社会主义和基督教自然法思想的主要传统,从而康德所谓的人的尊严的概念就成为战后德国宪法的核心议题。德国的宪政体制处在一个规范性的框架之内,需要对国家与公民的权利和义务进行平衡。

其五,美国和德国在言论自由方面的差别还表现在"降低"和"提升"社会的对话水平方面。在德国,历经几百年的封建社会,社会等级分化的文化记忆十分深刻。现代平均主义者主张所有民众皆应被列入社会的最高一级中,平均主义者每每宣称现代社会中每个个人皆属"贵族"。在实践中,这种平均主义的主张也已经得到德国公民的普遍认同和尊重。而美国与德国则恰好相反,"封建精神"在美国并不具有任何的影响力。也正因为如此,在美国社会中所流行的就是一种下降的平均主义,学者们普遍认为,民众是站在社会等级中的最底层的,在实际生活中也就不存在"贵族"。此外,德国还拥有国家主导公民对话的悠久传统,并要求公民尊重和遵守最低限度的文明礼貌,以达致"贵族"的要求,从而在事实上德国社会并不鼓励民众发表极端野蛮的言论,愿意以牺牲民众某些言论自由为代价来"提升"社会对话的水平。而美国社会则与之相反,有时甚至能允许在我们看来极其野蛮的言论的表达,这种在"思想的自由市场"内言论不被压制的收益实际上"降低"了社会对话的水平①。此外,

---

① 关于"提升"(leveling up)和"降低"(leveling down)的表述,参见 James Q. Whitman, Enforcing Civility and Respect: Three Societies, *Yale Law Journal*, Vol. 109, 2000, p. 1285, 1384.

美国从未有过贵族、君主、主宰国家的教会、统一的教育体制;而对德国来说,这些因素都导致社会对文化规范给予了更多的共同关注,这种关注又反过来对言论自由造成了更大的限制性影响,将自由链接到更大的责任感上。例如,德国仍然对个人的荣誉感相当的重视,这反映出德国的贵族政治和封建历史的影响。因此,在德国有辱人格的言论往往被视为对个人的严重侮辱,法律将对其进行相应的制裁。相比之下,美国强调更多的是几乎不受官方约束的人的自主权利,追求的是言论自由的不可或缺性。

其六,还需要注意的是,即便美国和德国的学者都意识到仇恨言论对于个人、群体和社会所造成的危害,但囿于两国不同的政治法律环境和人文社会氛围,两国的学者对于仇恨言论法律规制的设想也不相同。即便是在达成限制仇恨言论的基本共识的情况下,他们所预想的规制的手段也各有不同。

概括而言,德国学者所设想的规制手段主要是高扬人的尊严的旗帜,为了维护社会中弱势群体的尊严,有必要对某些优势群体的言论自由——主要表现为他们发表仇恨言论的自由——进行限制。可以说,在德国学者的设想中,对于仇恨言论的法律规制在目的上是明确的,在手段上也是直接的。当然,德国学者所设想的法律规制之所以呈现出如此的特征,主要是源于德国《基本法》对人的尊严的定位。而美国学者所设想的法律规制则要麻烦些,这主要源于美国宪法对于言论自由的强调和注重,基于尊严、平等和秩序等价值对于仇恨言论的法律规制往往显得力不从心,它们在与仇恨言论中自由面向的价值的斗争中就屡屡败下阵来。由此,在此种境况下许多美国学者剑走偏锋,主要从言论自由本身来寻求对于仇恨言论的规制,其典型代表即为费斯先生在其《言论自由的反讽》中所提出来的设想。费斯认为,美国建国的基础主要是立基于民主理念之上,而民主的一个重要的表现就是培育全面和公开的辩论,以便让所有群体的民众参与到社会和政治议程之中。"培育全面、公开的辩论是一个对国家而言可允许的目标,这种辩论确保公众听到所有应该听到的声音。"[①]但是仇恨言论与全面、公开的辩论要求是相违背的,这主要表现在仇恨言论容易造成"沉寂化效应",即社会中的弱势群体由于自己的弱势地位不敢发出自己的声音,或者即便发出了自己的声音也往往被淹没在优势群体的声

---

①　[美]欧文·M. 费斯:《言论自由的反讽》,刘擎、殷莹译,新星出版社 2005 年版,第14 页。

音洪流中,这无异于什么都没说。因此,为了保证在社会辩论中能够听到民众的所有声音,国家就有必要对言论自由进行一定的干预,这主要表现在对仇恨言论进行必要的限制。基于此种设想和分析,我们可以说对于仇恨言论的此种限制所关心的是社会中弱势群体自由言论的权利,而不是他们的尊严、平等价值或社会整体的秩序。"国家之所以承认这些要求不是出于它们内在的价值,或是为了促进他们的自我表达利益,而仅仅因为这是一种推进民主进程的方式。"①

二、仇恨言论法律规制融合性进路的内容

通过上文对美、德进路进行的比较分析,我们可以发现对于仇恨言论进行法律规制的焦点主要在于言论自由与人格尊严及群体平等之间的冲突与协调。本书认为,围绕这一焦点,仇恨言论法律规制融合性进路的内容主要包括这样两项基础性要素:一是仇恨言论法律规制融合性进路中相近的认知态度;二是仇恨言论法律规制融合性进路中趋同的规制基调。

(一)融合性进路中相近的认知态度

各个国家虽然对仇恨言论有着不同的规制举措,但总的来说几乎所有国家都认为仇恨言论具有双重属性,即一方面仇恨言论可能具有一定的正面价值,而另一方面仇恨言论又会对社会和个人造成一定的危害。于仇恨言论而言,这两方面的属性是一对共生体,相互依存、不可分割,从而基于仇恨言论的此种悖反属性,各个国家的认知态度也就分为两个方面:一是对于仇恨言论保持一定的宽容之心,即所谓"棍棒石头可能打断我的骨头,但话语绝不会伤害我";二是对于仇恨言论的高度警惕,以防后患无穷。由此而言,仇恨言论法律

---

① 〔美〕欧文·M.费斯:《言论自由的反讽》,刘擎、殷莹译,新星出版社 2005 年版,第 14 页。

规制的第一个共通基础要素,就是各国对于仇恨言论的此种双面认知态度。下文是对于这两方面的具体阐述:

1. 对仇恨言论保持一定的宽容

通观各国对仇恨言论的探讨和分析,本书认为对仇恨言论之所以要保持一定的宽容,主要有两个方面的原因:限制仇恨言论有可能戕害言论自由;对仇恨言论进行的法律规制效果不彰。

一方面,限制仇恨言论有可能戕害言论自由。作为民主社会的共识,言论应当是自由的,"对于公共议题的辩论,应该是没有限制、强而有力和开放的"[1]。而对于仇恨言论进行的限制有可能危害民众的言论自由。

首先,言论自由的核心是阻止政府对言论内容的管制,尤其是涉及观点的管制更为民主社会所不能容忍。在思想的自由市场中,民主和理性的政府应保持一定的中立,不应对思想市场中的具体运作妄加干涉。因为在思想的自由市场中每一种观点都有其存在的可能价值,政府不可能如全能上帝般地告诉民众哪一个观点是对的,而哪一个观点是错的。对于仇恨言论的限制往往与上述言论自由的核心原则发生冲突,这是因为对仇恨言论的限制在某种程度上有可能伤害民众的言论自由,这样一来存在借助政府之手强迫民众接受"正确"的观点的嫌疑,这有可能妨碍思想自由市场的有效运作。有些时候,仇恨言论的发表并不一定绝对会对目标对象造成"伤害",它可能只是深深地"冒犯",让人不舒服且生气而已,如"上海人都是小气鬼、假洋鬼子,以后有女儿我坚决不让她嫁给上海人。"虽然这句话构成了仇恨言论,但此种仇恨言论主要是对上海人的冒犯,所引起的也是上海人的不舒服和反感,政府不应当仅因一种言论让人不舒服就予以禁止。对于冒犯性的言论,最好的方法是用更多的言论去与其斗争,从而使得这些冒犯性的言论在思想的自由市场中被淘汰出去,而不是寄希望于政府家长主义的管制。

同时,言论自由也是无法分割的,内容的中立意味着言论是包容所有的观点的。"我们所憎恶的言论与任何其他言论一样具有被保障的权利。消极自

---

[1]　New York Times Co. v. Sullivan, 376 U. S. 270 (1964).

由的本质即为冒犯的自由,它既适用于艳俗之作,也适用于英雄史诗。"①历史经验也已证明,防民之口甚于防川,因此应当允许民众内心感情进行一定的宣泄。诚如孙斯坦所言:"大量的公共论辩皆隐晦或者鲜明地涉及种族或宗教的争论甚至仇恨,从而若我们将所有的此类言论排除于政治辩论之外,那么对于民权、外交、犯罪、征兵、堕胎和社会福利政策一类重要事务的讨论将严重受到制约。②"

其次,对于仇恨言论的限制和惩罚可能会引起寒蝉效应和滑坡效应,从而在一定程度上会戕害民众的言论自由。所谓寒蝉效应,是指由于民众不知道自己的言论是否会受到事后的限制和惩罚,因此为了避免此种惩罚,民众索性不再发表言论,从而在社会中实质性地造成了噤若寒蝉的效果。对于仇恨言论进行限制之所以会引发寒蝉效应,这主要在于两个方面的原因:一是,仇恨言论的普遍性和多样性,从而民众日常生活中所讲、所听的有许多就是仇恨言论,如"邪国人"、"赔钱货"。仇恨言论如此普遍,若完全加以限制和惩罚的话,就会让社会中的民众在言论表达时增添许多禁忌,由此一定程度上造成了寒蝉效应。二是,如果对于仇恨言论的规制既没有立法上的规制原则,同时也缺乏实践中的明确标准的话,在对仇恨言论进行法律规制的过程中就可能发生肆意和偏颇的事情,增加对于无辜民众言论的惩罚。因此为了避免此种危险性,民众也就多噤若寒蝉而不敢言语了。而所谓滑坡效应,是指由于山体的一点松动,从而导致了整个山体的下滑。同样,对于言论自由而言,仇恨言论的管制会打开政府管制的邪恶之门,从而依此事例会增加许多种后续的管制。也许今天我们为了种族间的和平、和谐需要管制种族仇恨言论,那么明天为了性别间的和平,我们就需要管制性别仇恨言论。同样的,针对少数宗教、同性恋、恋足癖等等诸多少数团体的仇恨言论是否也需要管制? 若造成滑坡效应,从而政府施加了多方管制,则结果可能就是民众言论自由的匮乏,致使民众处于什么也不敢说、什么也不敢言的恐怖状态之中。

另一方面,对仇恨言论进行的法律规制略显效果不彰。诚如上述所言,仇

---

① 〔美〕罗纳德·德沃金:《自由的法:对美国宪法的道德解读》,刘丽君译,上海人民出版社 2001 年版,第 312 页。

② Cass R. Sunstein, Words, Conduct, Caste *University of Chicago Law Review* Vol. 60,1993,p. 795.

恨言论的表现形式多样,从而并非是所有的仇恨言论皆需要规制,需要规制的毋宁说仅是其中最为严重的仇恨言论。而所谓最为严重,比如会引发个人和个人之间或者群体和群体之间的矛盾和冲突,乃至对于社会的安宁和秩序产生危害。对于这些最为严重的仇恨言论进行规制,能否改善现今种族、性别、地域等歧视横行、仇恨言论满天飞的现状? 这是有着深深的疑问的,毕竟在现实生活中绝大部分的仇恨言论是温和的言论形式,而这些言论形式又是不能为法律所限制和禁止的,因此管制的成效就殊为可疑。"历史上曾出现过禁止大多数人认为的可憎表达——列举一部分,如激进思想、共产主义、直白的性艺术、燃烧的国旗和损害团体名誉等。但这些禁止尝试都没有取得良好的结果。"①

2. 对于仇恨言论的高度警惕

各个国家普遍认为若一味的宽容仇恨言论往往会酿成严重的社会恶果,如二战之前的德国社会。由此,在对于仇恨言论法律规制的制度设计中除了需要保护公民的言论自由这一重要价值外,尊严和平等也是我们需要关注的重要价值。任何的制度设计"都始终是以个体的人的人性和需求为标准和动力,以真实的具体的人的日常生活世界为诞生之地,并以现实的人的具体的生活场景为存在和发展的地域与时空维度的"②。从而对于仇恨言论也需要保持一定的警惕姿态和必要的限制措施,此种缘由主要体现在下述几个方面:

首先,仇恨言论宣扬各种歧视,否定了人人享有受平等保护和平等对待的权利。言论是自由的,此种自由"既包括依据个人偏好自己作出决定的权利,同时也包含了对他人进行社会定义的权利"③。但同时言论自由也并非是绝对的,当这一权利否定他人尊严的时候,对于此种仇恨言论进行限制就是正当的,也是合宪的,每个人享有的人的尊严及获得平等保护、平等对待的权利也是为宪法所保护的。此外,仇恨言论也违反了权利不得滥用理论,即任何人不

---

① ［美］詹姆斯·B. 雅各布、吉姆伯利·波特:《仇恨犯罪:刑法与身份政治》,王秀梅译,北京大学出版社 2010 年版,第 153 页。

② 姚建宗:《法治的人文关怀》,载《华东政法学院学报》2000 年第 3 期。

③ Kenneth L. Karst, Boundaries and Reasons:Freedom of Expression and the Sub-ordination of Groups,*University Iuinois Law Review*, Vol. 1990,p. 95.

得以损害他人权利为目的而行使自己的权利。仇恨言论发表者的意图是剥夺仇恨言论侵害对象免受歧视的权利,仇恨言论发表的同时即违反了权利不得滥用理论,因此也是应当受到限制甚至是禁止的。这一概念在《世界人权宣言》中就有所体现[①],而且这一概念也是起草《公民权利和政治权利国际公约》过程中支持对仇恨言论进行限制的一项重要原因[②]。除此之外,这一概念还是欧洲人权委员会作出规制仇恨言论并不会侵害言论自由的权利的判定的基础[③]。

其次,仇恨言论造成了其目标群体的精神痛苦和心理伤害。这些痛苦和伤害包括"羞辱、孤立和自我仇恨",而根据其作用效果可以分为两个方面:一是个体心理的伤害;二是个体对于自我群体认同感的挫败。心理的伤害主要体现在,仇恨言论的对象会因为仇恨言论而生气、羞辱,并感到孤立无助,从而引起自己心理上的挫败感。进而言之,仇恨言论还会使自己以属于某一群体为耻,从而造成自我评价的减损。再者,仇恨言论还会进一步减少个人有益其自我发展的机会,这主要是指破坏目标对象从社会上一些位置中得到其应得的好处的能力,包括个人工作机会的限制、政治参与意愿的降低等。此外,在个人生活的其他方面,目标对象也会受到仇恨言论的影响。由于仇恨言论会严重干扰目标对象的生活,从而使其处于一个实质性的充满敌意的环境之中,因此在公权力不介入的情形之下,目标对象或者选择离开或者只能默默地忍受。劳伦斯认为:"被种族仇恨言论攻讦的少数种族人士,在恐惧与心理伤害下,形同被限制或剥夺其就学、就业与正常生活之机会。结果是:被攻讦的少数族群,会受到心理上、名誉上,以及平等教育机会丧失等多重损害。"[④]

再次,对仇恨言论进行限制的原因,还在于仇恨言论的横行往往会导致沉

---

① 在《世界人权宣言》的起草制定过程中,言论自由条款是最早确定的条款之一,其允许对"以压制人权和基本自由为目的的出版物"进行限制。U. N. Doc. E/CN. 4/21, 1 July 1947, Annex B, at 35.

② U. N. Doc. E/CN. 4/77, 16 Decmber 1947.

③ J. Glimmerveen and J. Hagenbeek v. Netherlands, App. No. 8348/78 and 8406/78, [1980] 23 Y. B. Eur. Conv. on H. R. 366~382 (Eur. Ct. H. R.).

④ Charles R. Lawrence III, If He Hollers Let Him Go: Regulating Racist Speech On Campus, in Words That Wound: Critical Race Theory, Assaultive Speech, and the First Amendment, Mari J. Matsuda et al. ed. , Westview Press, 1993, pp. 72~73.

默效应。所谓沉默效应,是指仇恨言论以公开污名化的方式压制弱势群体发表意见或者无视弱势群体所发表的辩解意见,从而将弱势群体及其成员排除在人与人之间相互交流及文明社会一体化的结构之外。虽然对于仇恨言论可以用更多言论的方式予以回击,但是这种回击毕竟十分困难,因为仇恨言论往往是一种"先发制人"的攻击,且用文明的语言以回应攻击往往也是软弱无力的。在此情形下,仇恨言论所发出的歧视和威胁就可能导致对弱势群体的压制,从而我们所遭遇的"不仅是自由和平等之间的冲突,就连自由内部也充满了矛盾"①。仇恨言论造成的伤害并不限于恐吓个人使其不敢畅所欲言,还会对思想市场这一公共利益造成严重损害,"公共话语是民主制度的关键要素,仇恨言论对其他人言论的压制损害了公共话语的效用及正当性"②。

最后,对于仇恨言论进行规制最为迫切的需要,是遏制仇恨表达所引发的暴力事件。克拉伦斯·克莱德·佛古森(Clarence Clyde Ferguson)曾言:"博阿尔内案的判决在传统的霍姆斯理论的背景下让人印象深刻,因为煽动种族歧视会导致那些带有引发暴力倾向的公共行为的发生。"③因此,正是仇恨言论使得基于仇恨产生的暴力犯罪有了可能。无论是美国进路还是德国进路,人们普遍认为某些言论类型是不为言论自由所保护的,如煽动他人犯罪的可按照刑法中的教唆罪进行惩罚,而侮辱他人以激起他人暴力回应的可按照挑衅言论的规则进行处理。对于这些案件而言,具体的言论和具体的暴力行为之间是存在直接而明确的因果关系的。从而"在今天这样一个言论已然曾经挑起大规模屠杀和恐怖主义活动的年代,布兰代斯所说的'邪恶言论只要还能补救,便不算太坏',已经很难再像从前那样令我信服"④。对于涉及更大群体的重大暴力事件,在言论和暴力的因果关系上就相当复杂了,如纳粹大屠杀、卢旺达大屠杀,这些重大事件的发生虽然无法确切地追溯到是由某种特定的

---

① Owen M. Fiss, *Liberalism Divided*:*Freedom of Speech and the Many Uses of State Power* 120,Westview Press,1996.

② Owen M. Fiss, *Liberalism Divided*:*Freedom of Speech and the Many Uses of State Power*,Westview Press,1996.

③ Clarence Clyde Ferguson, The United Nations Convention on Racial Discrimination:Civil Rights by Treaty, *Law in Tronsition Quarterly*. Vol. 1,Issue 2,1964,p. 61,74.

④ [美]安东尼·刘易斯:《言论的边界:美国宪法第一修正案简史》,徐爽译,法律出版社 2010 年版,第 156 页。

仇恨言论直接引起的,但是这并不意味着它们的发生与仇恨言论就是无关的。人权专家威廉姆·莎巴斯(William Schabas)先生认为,仇恨言论容易导致歧视甚至是种族大屠杀,"仇恨言论为卢旺达种族大屠杀铺平了道路"[①]。尽管上述重大事件之间并不尽相同,但是我们还是可以发现一项共同的基础,即"文化"或"氛围",这些流行的具体仇恨言论往往以污蔑某些具体的群体为能事,且正是这些言论的传播促使了"文化"和"氛围"的形成。这种文化和氛围的影响十分复杂和恶劣,当少数群体由于残酷的杀戮而遭受身心痛苦时,大部分地域的群体是持观望的态度,他们并没有觉得这是残忍和"不正确"的,而此种心态的养成就是仇恨言论日积月累的效果。从而法律应当明确规定限制极端形式的仇恨言论,虽然这样的措施不足以完全消除此种仇恨的"文化"和"氛围",但它仍然可以帮助摧毁仇恨言论的存在,从而使其丧失庞大支持者的拥护。

(二)融合性进路中趋同的规制基调

对于融合性进路中趋同规制基调的论述,主要包括三个方面的内容,分别是:融合性进路中法律规制的前提、融合性进路中法律规制的方法和融合性进路中法律规制的举措。

1.融合性进路中法律规制的前提

所谓融合性进路中法律规制的前提,主要指的是融合性进路中仇恨言论的认定,即一种言论在何种情形下会构成仇恨言论?或者说是,通过哪些要素的考察和分析,可以把一种言论认定为是仇恨言论。通观各个国家的法律规定,对于一种仇恨言论进行法律认定,需要考察和分析下述四个方面的要素:

首先考量的是言论的目的,即该言论的目的应当符合"合目的性原则"的要求。例如,卢旺达国际刑事法庭(ICTR)认为,若一种言论的目的是真诚且善意的,那么便不构成"煽动",因为真诚且善意的目的是可以涵盖对历史真相的探寻或新闻、信息的传播的。当然,为了判断一种言论的目的具体为何,法

---

① William A. Schabas, Hate Speech in Rwanda：The Road to Genocide，*McGill Law Journal*，Vol. 46，2000，p. 141，144.

院通常会对有争议的言论进行语义分析。譬如,在"魔术毒气室"一案中,联合国人权委员会就认为,"魔术毒气室"(magic gas chamber)这一语言表述的使用与纳粹德国有着重大的关联,其目的主要是宣扬种族主义而非为了探寻历史的真相,由此这就是一种仇恨言论。同时,欧盟法院在言论自由领域也曾涉及对仇恨言论的处理,而其所依赖的也主要是通过语义分析而考察言论的目的。如1979年的"格雷姆维恩与海京伯诉荷兰"(Glimmerveen and Hagenbeek v. The Netherlands)一案,该案在荷兰法院审理时,法院认为格雷姆维恩和海京伯以散播煽动种族歧视的传单为目的而持有这些传单,且这些传单直接针对"非白种荷兰人",从而若他们的政党在国家政治生活中的力量增强,那么白种荷兰人就会把那些所谓的外籍工人直接从荷兰赶出去,由此判定他们违犯了法律规定。针对格雷姆维恩和海京伯的申诉,欧洲人权委员会否决了他们的申诉。欧洲人权委员会认为,该案中的传单本身含有《欧洲人权公约》和联合国《消除一切形式种族歧视国际公约》所禁止的言论类型。欧洲人权委员会还认为,传单所表达的内容是不受《欧洲人权公约》第10条保护的应被禁止,因为《欧洲人权公约》第17条明确规定,公约任何条款"不得解释为暗示任何国家、团体或者个人有权进行任何活动或者实施任何行动,旨在损害本公约所规定的任何权利与自由或者是在最大程度上限制本公约所规定的权利与自由"[1]。

其次,需要分析的是发言者的主观状态。对于一种仇恨言论的认定,除了需要有发言者言论所造成的客观伤害外,还需要发言者具有主观的意图,即明知且故意。之所以把发言者的主观态度定性为明知且故意,主要是考虑到言论的特性和言论所具有的极端重要价值,从而在过失的主观状态下即便发表了含有仇恨目的的话语,此种话语也不构成仇恨言论。如在美国的"弗吉尼亚州诉布莱克案"中,奥康纳大法官认为:"就烧十字架行为意义的明显性,以及其所带给对方的伤害,不需要再以威吓意图的要件限缩处罚范围。然而这并不代表说,政府不需任何主观要件,就可处罚烧十字架的行为。对发表者某程度的主观要求仍是必要的。主观要件代表的是表达者对实害结果的回避可能性,若不需主观上的要求就可处罚行为人,无疑是要他为他无法负责的事情负

---

① Glimmerveen and Hagenbeek versus Netherlandscase no. 8348/78 and 8406/78.

责,这不论对秩序的维护或是犯罪的预防来说,一点意义也没有。"①

再次,需要考察的是言论的内容,即一种言论内容的发表是否会造成对于目标群体的伤害。于此,我们可以以"杰西尔德诉丹麦"(Jersild v. Denmark)一案进行说明。欧洲人权法院认为,该案对仇恨言论的定罪判决符合《欧洲人权公约》第 10 条保障言论自由条款的规定。在该案中,丹麦记者杰西尔德在电视台采访了 3 位激进青年,在节目中这些受访者公然宣扬种族主义观点,嘲笑黑人与其他南欧外籍劳工不像人类,是次等人类或动物,从而应当把他们从人类社会中消除掉。丹麦政府对 3 位激进青年和杰西尔德都提起了刑事控诉,丹麦法院也认定 4 人有罪。记者杰西尔德涉嫌协助及教唆上述 3 位激进青年散布种族仇恨言论被丹麦法院定罪,因为电视台节目的播放范围十分广泛并且已经有观众收看,这样会增加仇恨信息对目标群体带来的伤害。判决后,杰西尔德提起了申诉,并最终获得欧洲人权法院的支持。欧洲人权法院认为这 3 位激进青年的言论将部分人群视为次等人,丹麦法院对其进行的判决符合《欧洲人权公约》第 10 条规定的以"保护他人的名誉或者权利"为目的而对言论自由进行的限制,但是以 12:7 推翻了对记者杰西尔德的判决。欧洲人权法院认为,该案的争议焦点主要在于对新闻报道的此种限制是否是民主社会所必需。于此,欧洲人权法院认为,该节目制作的意图显然不在于宣传种族主义观点,而是提及一个公众略微感兴趣的问题。这次播放仅是一个严肃的丹麦新闻节目的组成部分,且其预期原本面对的就是一个见多识广的观众群,考虑到这些因素,施加于该节目主持人和新闻部门头目的那些惩罚,就显然不是在民主社会中出于保护他人的权利而必需的②。由此,判定丹麦法院对杰西尔德的判决违背了《欧洲人权公约》第 10 条的规定,侵犯了杰西尔德享有的言论自由。

最后,需要考证的是因果关系。国际司法领域传统上不要求言论与其直接影响之间存在直接的联系。同样,欧盟法院也认为,即使言论并没有引发特别的暴力,但该言论依然构成仇恨言论。卢旺达国际刑事法庭在进行审判时

①　Virginia v. Black, 538 U. S. 358,360(2003).

②　Jersild v. Denmark, Council of Europe: European Court of Human Rights, 22 August 1994, available at: http://www.unhcr.org/refworld/docid/3ae6b6fc0.html,下载日期:2010 年 3 月 19 日。

就强调,言论的影响并不是问题所在,关键的是言论可能导致的预期后果如何,因为因果关系可能是相对间接的。如在"某人诉德国案"中,该人在其庭院内放置许多宣传小册子,这些小册子里声称,纳粹大屠杀事件纯属虚构,是"犹太复国主义的谎言"。德国法院认为,这些宣传材料是对每个犹太人的诽谤性攻击,从而依据诽谤法令禁止该人的否定纳粹大屠杀之言论。在他提起申诉后,欧洲人权法院拒绝接受这位德国公民提起的控诉。欧洲人权委员会指出,只对诸如犹太人之类的特殊群体进行集体保护并不是不公平的,因为这些特殊群体往往在历史上饱受歧视和排斥。[①] 与该案具有相似情形的是 1988 年"库南诉德国"(Kühnen v. Germany)案。在该案中,新纳粹主义的出版物倡议重建纳粹党派和纳粹的国家社会主义,德国法院依据德国刑法典追究该人应为其纳粹宣传材料承担刑事责任。欧洲人权委员会认为,该案中这种新纳粹主义言论是不受《欧洲人权公约》第 10 条保护的言论,因其纳粹宣传材料直接违背了民主与自由基本秩序,故德国法院的判决属《欧洲人权公约》第 10 条第 2 款规定的对言论自由进行的合理限制。[②]

2.融合性进路中法律规制的方法

通观各个国家对于仇恨言论的立法规定和司法实践,我们可以发现各个国家在对仇恨言论进行法律规制时,虽则有着众多的方法,但在其中的利益衡量、法益衡量或者权利衡量是其中共通的,也是最为经常使用的一种方法。"假如说保护自由言论权利是关键的,因为它在促进民主、揭露滥用以及推动政治、艺术、科学和商业发展等方面具有强大力量,那么承认如下一点也很重要:自由言论同样能够被用来诱发暴力、散布仇恨以及破坏个人隐私和安全。人权法院的判例法就努力在上述互相竞争的利益之间达成适当的平衡。"[③]在仇恨言论法律规制的共通基础上,法律规制的方法主要是权利衡量,这尤其表现为宪法权利之间的衡量,如言论自由与人的尊严之间,言论自由与群体平等

---

① X. v. Federal Republic of Germany, Eur. Comm. H. R., Application No. 9235/81, July 16, 1982, D. R. 29, p. 194.

② Kühnen v. Federal Republic of Germany, Application No. 12194/8612 May 1988.

③ [英]克莱尔·奥维、罗宾·怀特:《欧洲人权法·原则与判例》,何志鹏、孙璐译,北京大学出版社 2006 年版,第 380 页。

之间等。与仇恨言论法律规制的进路相对应,权利衡量或者宪法权利衡量的模式主要表现为两种:一是以德国为代表的衡量原则,二是以美国为代表的衡量检验。

　　之所以说权利衡量可以作为仇恨言论法律规制的共通方法,主要在于两个方面的原因:一是源发于德国的衡量原则日益在世界范围内获得认可和采用。衡量原则源起于德国,主要是德国宪法法院在司法审判活动中逐渐发展出来的,即"表达观点的自由并不优先于对人格的保护。反而,在当观点的表达被视为刑事侮辱或诽谤的时候,对人格的保护通常优先于对言论自由的保护。当观点的表达与事实判断相关联的时候,优先保护何者依据的是'事实'的真伪。当这种事实假设被证伪后,对言论自由的保护常常屈从于对人格的保护。否则,需要讨论的便是在个案中哪项法律利益更加值得保护的问题。即便如此,我们也应当注意到这样一个问题,即任何有利于言论自由的假设和判断往往适用于解决那些与公众密切相关的重要问题"①。二战后,各个国家渐趋将衡量原则作为司法解释的原则,首先扩展于欧洲范围,这包括中欧和东欧等地区,而后进入英联邦国家,包括英国、加拿大、南非等,最后风行于南美和亚洲地区,包括日本和我国的台湾地区。随着各个国家日益采用衡量原则,衡量原则也获得了诸多区域和国际组织的青睐,如欧洲人权法院就将衡量原则作为条约系统的"一般原则"。由此,洛林·威因瑞博(Lorraine Weinrib)就把以衡量原则为基础发展出来的德国宪法权利衡量模式看作是宪法权利审判的"战后范式"。② 戴维·贝蒂(David Beatty)认为:"比例性衡量是一种世界性的普遍潮流,在各国宪法中扮演着关键性的角色,并认为衡量意味着一种终极的法治。"③

　　二是以德国为代表的衡量原则和以美国为代表的衡量检验日益出现融合的趋势,从而为仇恨言论法律规制的共通进路奠定了方法论基础。衡量在美国宪法裁判中有两种最基本但又彼此不同的含义:第一,是指法院可以衡量两

---

　　①　90 BVerfGE 241, 248 ff. (1994); 93 BVerfGE 266, 294 (1995).

　　②　Lorraine E. Weinrib, The Postwar Paradigm and American Exceptionalism, in *The Migration of Constitutional Ideas*, Sujit Choudhry ed., Canbridge University Press, 2006, pp. 73～165.

　　③　David Beatty, *The Ultimate Rule of Law*, Oxford University Press, 2004, pp. 159～160.

种相互竞争的权利,并决定哪一个具有最重的分量。例如,在"纽约诉佛伯尔案"(New York v. Ferber)中,法院支持了一项规定传播儿童色情为犯罪的立法。因为法院认为,与任何侵入言论自由的危害相比,传播儿童色情的罪恶是更大的,对其进行的限制具有合宪的理由。① 第二,是指法院在两个竞争的权利之间取得平衡。例如,在"田纳西州诉加纳"(Tennessee v. Garner)案中,法院认为仅当警察具有充分可信的根据相信嫌疑人具有严重伤害他人身体的威胁时,警察才可以使用致命的武器阻止逃跑的重犯。② 这里,法院没有发现一种利益明显地重于另一种利益,而是给予每一种利益其应得的承认。当然,美、德之间的此种融合趋势主要体现为加拿大"欧克斯检验标准"的确立。加拿大作为英联邦国家,又属于英美法系传统,但是在宪法权利的审判上却没有追随美国规则化的衡量检验,而采取欧洲模式的衡量原则。正是由于加拿大的实践,它为两种模式融合的宪法权利推理方式树立了一个范例。通常认为,"欧克斯检验"是由两个基本部分组成的,即"目的检验"与"比例检验"。具体可以细分为四个标准,即一项法律必须通过四个检验步骤,其为合理的限制才可在自由和民主的社会被合理而明确地证立:(1)足够重要目的的检验。法律追求的目的在证成限制宪章权利上必须是足够重要的。"为限制宪章权利或自由而采取的手段所要服务的目的必须是'足够重要(sufficient importance)的才能推翻宪法保护的权利和自由'……这必须是一个高的标准,以保证那些琐碎或者与自由和民主社会的整体不和谐的目的在宪章第一条的保护中不能获胜。必备的是,相关之目的在自由和民主社会中至少是急迫和实质(press-ing and substantial)的才可谓之足够重要。"③(2)合理关联的检验。法律必须与目的合理关联。"选用之手段须经仔细设计以达相关之目的。它们不应该是武断的、不公平的或基于非理性的考虑,总之,它们须与目的有合理的关联。"④(3)最少侵害手段的检验。法律对权利的损害不超过实现目的所必须。"即使在第一种意义上与目的有合理之关联,手段还应尽可能小地损害相关的

---

① New York v. Ferber, 458 U. S. 747 (1982).
② Tennessee v. Garner, 471 U. S. 1 (1985).
③ [1986]1S. C. R. 139.
④ [1986]1S. C. R. 140.

权利或自由……"①(4)均衡效果的检验。法律对其适用对象不应产生不合比例的严重后果。"在对宪章权利或自由加以限制之手段的效果与被认为具有充分重要性的目的之间须有均衡比例手段产生的侵害效果越严重,目标就应该越重要。"②

于此,我们也可以引述匈牙利的一个案例对此予以证成。在匈牙利境内,一份极右报纸鼓吹犹太人的罪恶,认为民众应当重视新纳粹极右组织的观点,即主张应当对于犹太人重新认识。随之,这份报纸的发行人被控违反了《匈牙利刑法典》第 269 条,根据该条:"任何人以广为人知的方式煽动对下列对象的仇恨,构成重罪,处以 3 年以下监禁:匈牙利民族;除匈牙利民族之外的任一民族、人种、种族群体或者民众的某一群体。"③对于该案例,匈牙利宪法法院在判决中指出,言论自由保护每一种观念,不管其价值或内容的真实性如何,也不管每个个人的观念是好的还是坏的、令人愉快还是令人反感的,它们都在社会交流过程中占有一席之地。但是,国家可以对言论自由进行限制,其前提是此种限制是为了保护其他基本权利之必不可少者,尤其是在保护每个人与生俱来尊严的情况下,限制尤为必要。因此,煽动针对种族、民族、宗教等群体的仇恨言论可以被排除在法律的保护之外:"我们国家悲惨的历史经验证明,鼓吹民族、种族或宗教优劣的观点和散布仇恨的观点,是对人类文明价值的蔑视和排斥。"④

3. 融合性进路中法律规制的举措

(1)更多言论的采用

在对于仇恨言论进行法律规制的举措中,最为基本也是最为核心的是"更多言论"的采用,即用言论回应言论,以理性反驳仇恨,从而"若我们还有时间经由公共的论辩而将虚伪和谬误予以公开,经由公共教育的过程而规避和反驳邪恶,对于带来危害言论的最好救济方法,将是更多的言论,而非强迫性的

---

① [1986]1S. C. R. 140.
② [1986]1S. C. R. 140.
③ 《匈牙利刑法典》,陈志军译,中国人民公安大学出版社 2008 年版,第 124 页。
④ Decision of Constitutional Court:No. 30/1992.

沉默"①。当然需要指明的是,本书在此所谓的"更多",非单指数量上的更多,而更意味着言论反驳的力度和影响的广度。"最好的应对令人讨厌的言论的方式是发表比它更多的言论,劝导而非胁迫是最好的解决途径。"②由此而言,清除某些言论弊害的方式不是压制言论,而是鼓励更多的言论;抑制言论自由过度的途径不是压制自由,而是促进更大的自由,通过言论的自由流动以及在此过程中所迸发出的人们的理性与智慧来达到激清扬浊、自我净化的效果。只有在除了限制与惩罚之外别无其他方法抑止言论所带来的弊害的情况下,才可以限制与惩罚言论。限制与惩罚应当被视为一种最简单、最粗暴和最后的策略。

(2)政府的最少规制

与更多言论的规制举措相对应,政府所采取的应是最少的规制。所谓政府最少的规制,是指在仇恨言论的法律规制中,政府对于言论自由的限制应是最少的,也是最低限度的。一般而言,对于政府的最少规制主要区分为两种情形:一是私人领域的言论,二是公共领域的言论。在私人领域的言论中,一般并不涉及仇恨言论的情形。于此各个国家已经达成了相对的共识,即在家庭或朋友的小圈子里进行的交流言论是不受任何限制和惩罚的③。此种考虑所顾及的主要是个人自由的核心领域。由此而言,在家庭或朋友的小圈子中所发表的言论无论对他人来说是多么的具有冒犯性和伤害性,都是不应当受到法律干涉的。而在公共的领域中则不同,公共领域的言论就需要特别注意其冒犯性和伤害性。如德国和美国关于广播电视的法律比对任何其他的交流方式的法律规制都要严格,因为"广播电视媒体在所有美国人的生活里占据了独特的普遍影响",并且"广播电视对儿童来说又是特别容易接触到的",④为保

---

①　Whitney v. California, 274 U. S. 357, 377 (Brandeis, J. , concurring) (1927).

②　[美]琼·C. 克莱斯勒、卡拉·高尔顿、帕特丽夏·D. 罗泽:《女性心理学》,上海社会科学院出版社 2007 年版,第 257 页。

③　《德国刑法典》第 130 条规定,制裁"易于扰乱公共安宁"的言论或大众媒体或在公共集会中公开发表的特定言论。法国也采用了十分相似的做法,即仅制裁那些针对公众发布的信息,参见 Ministère de la Justice, Guide des Lois Antiracistes, Service de l'information et de la communication,1994,p. 89.

④　Federal Communication Comm'n v. Pacifica Found,438 U. S. 726,748,749 (1978).

护其他人,应当禁止在广播和电视节目中播出仇恨言论。

此外,政府最少规制的情形在各个国家的法律中有着鲜明的体现。在英国,现在政府虽然拥有众多的法律条款与仇恨言论相抗衡,但是政府通常仅对那些"通过劝说无目标受众而引发仇恨"的言论和导致"骚扰目标群体或个人"的言论进行惩罚。同样,加拿大虽然制定了诸多限制仇恨言论的法律,但是在适用时仍旧秉持政府最少规制的原则。如在"女王诉曾德尔案"(Regina v. Zundel)中,所采用的就是最小的政府规制原则。被告曾德尔出版了一本小册子,这本小册子曾经在美国印刷和发行,书内将纳粹大屠杀描述为犹太人的惊世阴谋,故而依据《加拿大刑事法典》第 181 条的规定被控有罪。[1] 在这一案例中,加拿大最高法院并没有支持《加拿大刑事法典》第 181 条,因该条款具有致命缺陷——涵盖过宽,加拿大最高法院认为《加拿大刑事法典》第 181 条之规定可以用于限制那些社会认为应当限制的言论,例如那些诋毁社会弱势群体的言论,但是该规定也存在危险,即事实上该条规定涵盖过宽,以至于可能会对很多处于限制与否边缘境界的言论进行惩罚,仅仅因为这些边缘言论可能对某些公共利益造成伤害。[2] 欧洲人权法院在 1976 年"汉迪赛德案"的判决中也指出:"表达自由构成民主社会的根基之一,构成社会进步和每个人的发展的基本条件之一。它受制于第 10 条第 2 款,不仅适用于人们乐于接受或视为无关紧要的'信息'或'观念',而且适用于那些冒犯、惊扰国家或任何人群的'信息'或'观念'。这是多元、容忍和思想开放的要求,没有这些就没有'民主社会'。这意味着,在这一方面加置的所有'形式'、'条件'、'限制'或'刑罚',都必须与所追求的合法目的适成比例。"[3]

(3)政府规制的合目的性

即便是政府的最小规制,政府的此种规制也要秉持合目的性的原则。于此,我们可以从欧洲人权法院的一个判决中得出。"Surek"(一号)案涉及一家报纸的主办人,他因为发表了读者们关于库尔德冲突的信件而被起诉并处以罚金。这些信件谴责了有关当局在土耳其东南部的军事行动,并且控诉了它

---

[1]　Regina v. Zundel,〔1992〕2 S. C. R. 779~780.

[2]　Regina v. Zundel,〔1992〕2 S. C. R. 771~772.

[3]　Handyside v. The United Kingdom Judgment, 07/12/1976, A24, para. 49. 张志铭:《欧洲人权法院判例法中的表达自由》,载《外国法译评》2000 年第 4 期。

们在库尔德人民为独立和自由而奋斗时对其进行残酷镇压。这些信件之一断言:国家已经放任了以保护民主制度和共和国的名义对持不同意见者的监禁、酷刑和杀害。另一封信提到了两次大屠杀,作者声称它们是由有关当局作为一次有策略的意在清洗库尔德人的运动的组成部分而故意进行的。在对于此案的审判中,人权法院强调:对于政治言论或者公众感兴趣的问题上的争论,在《欧洲人权公约》第 10 条第 2 款之下存在着有限的限制范围;就政府而言,相对私人公民甚或政治家,可以允许的批评的界限要更为广泛。政府在诉诸刑事诉讼程序时应当进行抑制,尤其在其他手段可以被利用来回应不合理批评的情况下,依照人权法院的观点,这些信件构成了"对流血报复的一种呼吁,因为它们煽动了卑下的情感并且加重了业已根深蒂固的、表现在拼死暴力中的成见"①。鉴于土耳其东南部紧张的安全状况,有关当局在惩罚这位发表者时被证明为合理。

(4) 政府规制的合比例性

即便政府的规制符合一定合法性目的,在手段的采用上也需要具有一定的比例性。综合而言,手段上的合比例性主要具有两类情况:"一类是认为干涉在实际上毫无必要,因而不合比例;另一类是认为限制过宽或者说赋予国家的裁量范围过大,因而不合比例。"②于此,我们可以从罗伯特·弗里森诉法国案(Robert Faurisson v. France)中看出。罗伯特·弗里森是一名法国历史学家,他认为纳粹大屠杀纯粹是政治虚构,不管是在奥斯维辛集中营还是其他纳粹集中营里并不存在用于种族灭绝的"毒气室",毒气室的想法"实质上是拥护犹太复国主义的起源",并且全法国人都知道"毒气室的神话纯粹是虚构的事实"。弗里森因触犯了禁止质疑诸如纳粹大屠杀这样的反人类罪行的《盖梭法》(Loi Gayssot)而被控有罪,弗里森被法国法院定罪后向联合国人权事务委员会申诉,但被驳回申诉。

联合国人权事务委员会认为,法国对弗里森侵犯了他人的名誉和权利的判决符合《公民权利和政治权利国际公约》第 19 条的规定,因为弗里森的言论易导致滋长反犹太主义思想,对其进行的限制符合促进犹太人"生活在免受反

---

①　[英]克莱尔·奥维、罗宾·怀特:《欧洲人权法·原则与判例》,何志鹏、孙璐译,北京大学出版社 2006 年版,第 386 页。

②　张志铭:《欧洲人权法院判例法中的表达自由》,载《外国法译评》2000 年第 4 期。

犹恐惧的氛围内"的正当目的,故而没有理由推翻法国法院的判决,因为否认纳粹大屠杀存在的言论可以按照诽谤来进行惩罚,政府有权对这种"反对犹太人的主要工具"采取行动。[①] 尽管人权事务委员会支持了法国对弗里森案的判决,但人权事务委员会并不排除《盖梭法》的适用可能会抵触《公民权利与政治权利国际公约》第 19 条对言论自由的保护,因为《盖梭法》在禁止出版可能与纽伦堡审判的结论发生矛盾的真实的历史研究成果方面所涵盖的范围太过广泛。人权事务委员会认为,禁止引发仇恨的明显有违事实真相的言论与联合国的标准是一致的,而对合理的有关事实的主张或观念进行的抑制并不是正当的,即使这些有关事实真相的主张或观念的提出可能导致反犹情绪的增加,我们也不能压制其表达。

[①]　Robert Faurisson v. France, Communication No. 550/1993, U. N. Doc. CCPR/C/58/D/550/1993(1996), p. 97.

结　语

游移于尊严与自由间的仇恨言论规制

孟子云："鱼，我所欲也；熊掌，亦我所欲也。二者不可得兼，舍鱼而取熊掌也。"①与之类似，在仇恨言论的法律规制中，也存在着这种悖反困境：自由，吾所欲也；尊严，亦吾所欲也。二者无法万全，舍一而取另者也。因此，在仇恨言论的法律规制中就出现了两种进路：一是基于自由的进路，即轻尊严而重自由；二是基于尊严的进路，即轻自由而重尊严。基于自由的进路的典型是美国进路，而德国进路是基于尊严的进路的典范。诚如惠特曼先生所言："美国法律是以自由的价值为引力进行轨道运转的，而欧洲大陆尤其德国是围绕着尊严价值进行轨道运转的。"②以鱼、熊掌与自由、尊严做类比，既具有贴切性，同时亦有不相吻合之处。不吻合的地方在于，鱼和熊掌无法"得兼"，而自由和尊严仅是无法"万全"。"万全"相较于"得兼"，就意味着自由和尊严是可以并存的，只是无法做到等量齐观，只能重一者而轻另一者。如在美国进路中，虽然自由的价值最受推崇，但美国宪法并没有放弃尊严的价值，因此在制定宪法第一修正案后，也制定了宪法第十三、十四修正案。德国亦是如此，虽然人的尊严是德国《基本法》最为核心的价值，但是德国亦重视自由的价值，只是在二者进行比较时，人的尊严屡屡战胜自由价值。基于自由价值和尊严价值的这种特性，在上述两种进路之外还存在第三条进路——仇恨言论法律规制的融合性进路，即把自由和尊严两种价值融合于一体的一种规制进路。对于仇恨言

---

① 《孟子·告子上》。

② James Q. Whitman, The Two Western Cultures of Privacy: Dignity Versus Liberty, *Yale Law Joarnal*, Vol. 113, 2004, p. 1163.

论法律规制的这种境况,若我们用一条线段进行类比的话,尊严价值和自由价值是这一线段的两个端点,而包括美国和德国在内的各个国家都是这一线段上不同的点。只是美国较为靠近自由价值这一端,重自由轻尊严;而德国更为趋近尊严价值的另一端,重尊严轻自由;除美国和德国之外的其他国家均衡不一地散落在这一线段上。因此,可以说几乎所有的国家对仇恨言论法律规制的态度是游走于自由价值和尊严价值之间的。

上述三种进路的划分是大致的情形,若我们进行细致的分析,就会发现较为有趣的情形,即靠近尊严这一端点的国家在数量上明显多于靠近自由这一端点的国家。因此,我们说相较于自由的价值,多数国家更为看重尊严的价值。若表之于外,就是相较于美国进路,多数国家更为靠近德国进路,因此也就对仇恨言论多持限制的态度。这些国家包括英国、法国、意大利、澳大利亚和加拿大等。如法国的《出版法》规定,任何以特定种族、民族、宗教群体及其成员为对象,煽动歧视、仇恨、暴力或进行毁谤,都在该法的禁止范围之内——无论煽动者或毁谤者的意图何在。澳大利亚于 2002 年通过了《种族与宗教宽容法》,英国也于 2006 年通过了《种族与宗教仇恨法案》,这些法案皆对仇恨言论进行了严厉的限制。联合国及欧盟等区域性组织对仇恨言论的态度也与德国进路十分相似。《世界人权宣言》(UDHR)虽明确宣布保护言论自由,但是其平等保护条款却允许对歧视性和煽动歧视的言论进行规制;《公民权利和政治权利国际公约》第 20 条第 2 款强调言论自由并非是绝对的,禁止鼓吹种族、民族的仇恨,并特别强调谴责仇恨言论。"任何鼓吹民族、种族或宗教仇恨的主张,构成煽动歧视、仇恨或暴力者,应以法律加以禁止。"此外,《消除一切形式种族歧视国际公约》(CERD)第 4 条也规定了禁止煽动种族歧视的仇恨言论。"凡传播以种族优越或仇恨为根据的思想,煽动种族歧视,对任何种族或属于另一肤色或人种的人群实施暴力行为或煽动这种行为,以及对种族主义者的活动给予任何协助者,包括筹供经费在内,概为犯罪行为,依法惩处。"《欧洲人权公约》第 10 条第 2 款也规定:"行使上述各项自由,因为负有义务和责任,必须接受法律所规定的和民主社会所必需的程式、条件、限制或者是惩罚的约束。这些约束是基于对国家安全、领土完整或者公共安全的利益,为了防止混乱或者犯罪,保护健康或者道德,为了保护他人的名誉或者权利,为了防止秘密收到的情报的泄漏,或者为了维护司法官员的权威与公正的因素的考虑。"

　　若我们对仇恨言论法律规制中的这种现象,即绝大多数国家靠近尊严这一端的事实进行分析的话,可以发现其原因主要在于人的尊严价值在现代宪政体制中的崛起。正是由于日益认识到人的尊严的重要价值,绝大多数国家逐渐调整了对仇恨言论的容忍态度。人的尊严的崛起在不同的国家有着不同的表现:纳粹历史的深刻影响使德国重新认识到人的尊严的价值,因此其对人的尊严也最为重视;法国和意大利等国家虽然在宪法性文件中早已设定了人的尊严的条款,但其意义和价值只是新近才被重新发现和发展;此外,英国等国家虽然没有明确提及人的尊严的字眼,但其法律的各项条款却是围绕着人的尊严展开的。总体而言,对人的尊严的重视和保护在世界范围内日益成为人们关注的焦点,绝大多数现代宪法都体现了对人的尊严这一重要价值的保护。在仇恨言论的法律规制方面,人的尊严的价值主要体现在扩展了刑事法律对仇恨言论的规制,从而在限制仇恨言论的必要性方面就达成了一定的国际共识。诚如格林沃特(Kent Greenawalt)先生所言:"许多国家都得出了这样一个合理的结论,即压制有关种族仇恨和民族仇恨的言论是十分必要的,也是实现言论自由必须付出的代价,因为平等和尊严的价值是如此的至关重要却又是十分脆弱的。"①我们说价值的侧重点是内因,而表之于外的是法律规制的态度,由于绝大多数的国家皆侧重于尊严价值,因此对仇恨言论法律规制的主流态度也就是限制。

　　纳粹大屠杀、种族灭绝和种族清洗这些恶行周围往往充斥着大量的仇恨言论,伤痕累累的人类社会不能再默默承受仇恨言论所带来的惨绝人寰的悲剧了。此外,随着互联网等高科技手段的发展,仇恨言论甚至可以在瞬间蔓延至全球各地,因此限制仇恨言论就是迫在眉睫之事。考虑到世界各国在经济、政治、宗教、文化和科技等领域内的多元化发展,各国也就无法再保持沉默继续容忍仇恨言论了,而应当包容多元主义,保障人类尊严,促进人与人之间最基本的尊重。承认和尊重这些价值要求各国和仇恨言论进行斗争,并且在进行斗争的同时努力避免矫枉过正。"如果理性能够打败仇恨,那么这当然是更

---

　　①　Kent Greenawalt, *Fighting Words: Individuals, Communities, and Liberties*, Princeton University Press, 1989, p. 145.

好的结果。但不幸的是,仇恨经常战胜理性。"①因此,除了与仇恨言论进行斗争外,似乎没有什么更好的替代办法,也唯有通过这种法律规制才能保证公共领域内最基本的文明。

---

① Kent Greenawalt, *Fighting Words: Individuals, Communities, and Liberties of Speech*, Princeton University Press, 1989, p. 145.

参考文献
（按作者姓名音序排列）

一、外文著作

1. Adrienne Koch & William Peden, *The Life and Selected Writings of Thomas Jefferson* ,1944.

2. Alexander Meiklejohn, *Political Freedom* ,1960.

3. Caleb Perry Patterson, *The Constitutional Principles of Thomas Jefferson* ,1953.

4. Cass R. Sunstein, *Democracy and the Problem of Free Speech* , 1995.

5. David Beatty, *The Ultimate Rule of Law* ,2004.

6. Frederick Lawrence, *Punishing Hate: Bias Crimes under American law* ,1999.

7. Frederick Schauer, *Free Speech: A Philosophical Enquiry* ,1982.

8. Human Rights Watch, *Hate Speech and Freedom of Expression: A Human Rights Watch Policy Paper* ,1992.

9. James Macgregor Burns, J. W. Peltason, Thomas E. Cronin, *Government by the People* ,2007.

10. J. Herbert Altschull, *Agents of Power: The Role of the News Media in Human Affairs* ,1984.

11. Joel Feinberg, *Harm to Others: The Moral Limits of the Criminal Law* ,1984.

12. Kathleen M. Sullivan & Gerald Gunther, *First Amendment Law* , 2nd ed. , 2003.

13. Larry D. Eldridge, *A Distant Heritage: The Growth of Free*

Speech in Early America ,1994.

14. Lee C. Bollinger, *The Tolerant Society* ,1998.

15. Leonard Levy, *Legacy of Suppression*: *Freedom of Speech and Press in Early American History* ,1960.

16. Martin Golding, *Free Speech on Campus* , Steven M. Cahn ed. , 2000.

17. Milton Heuman & Thomas W. Church, *Hate Speech on Campus* , 1997.

18. Richard Delgado & Jean Stefancic, *Critical Race Theory*: *An Introduction* ,2001.

19. Rodney A. Smolla, *Free Speech in an Open Society* ,1992.

20. Samuel Walker, *Hate Speech*: *The History of an American Controversy* ,1994.

21. Stanley Fiss, *There's No Such Thing as Free Speech*, *and It's a Good Thing Too* ,1994.

22. Steven H. Shiffrin, *Dissent*, *Injustice*, *and the Meanings of America* ,1999.

23. Thomas C. Grey, *Responding to Abusive Speech on Campus*: *A Model Statute*, *Reconstruction* ,1989.

24. Thomas Wandres, *Die Strafbarkeit des Auschwitz — Leugnens* , 2000.

25. William Blackstone, *Commentaries on the Laws of England* ,1962.

26. *Webster's Third New International Dictionary of the English Language Unabridged* ,2002.

二、外文论文

1. Amy Sabrin, Thinking About Content: Can It Play an Appropriate Role in Government Funding of the Arts? 102 *YALE LJ*. 1209,1993.

2. Andrew Altman, Liberalism and Campus Hate Speech: A Philosophical Examination, 103 *Ethics* 304 ,1993.

3. Bastiaan Hugo Vanacker, Online Hate Speech in the United States and Europe: Accommodating Conflicting Legal Paradigms, *PhD*, University of Minnesota ,2006.

4. C. Edwin Baker, Scope of the First Amendment Freedom of Speech, 25 *UCLA L. Rev.* 964 ,1978.

5. Calvin R. Massey, Hate Speech, Cultural Diversity, and the Foundational Paradigms of Free Expression, 40 *UCLA L. REV.* 155,1992.

6. Cass R. Sunstein, Words, Conduct, Caste, 60 *U. CHI. L. REV.* 815 ,1993.

7. Catherine A. MacKinnon, Pornography as Defamation and Discrimination, 71 *B.U. L. Rev.* 807 ,1991.

8. Charles R. Lawrence III, If He Hollers Let Him Go: Regulating Racist Speech on Campus, 1990 *Duke L. J.* 431,1990.

9. Clarence Clyde Ferguson, The United Nations Convention on Racial Discrimination: Civil Rights by Treaty, 5 Law Trans. Q. 61 ,1968.

10. David Lyons, Liberty and Harm to Others, in Mill's On Liberty , Gerald Dworkin ed. , 1997.

11. David Riesman, Democracy and Defamation: Control of Group Libel, 42 *COLUM. L. REV.* 727 ,1942.

12. Donald E. Lively, Reformist Myopia and the Imperative of Progress: Lessons for Post—Brown Era, 46 *Vand. L. Rev.* 875 ,1993.

13. Edward J. Eberle, Public Discourse in Contemporary Germany, 47 Case *W. Res. L. Rev.* 828 ,1997.

14. Thomas Emerson, First Amendment Doctrine and the Burger Court, 68 *Calif. L. Rev.* 422,1980.

15. Friedrich Kübler, How Much Freedom for Racist Speech? Transnational Aspects of a Conflict of Human Rights, 27 *Hofstra L. Rev.* 375, 1998.

16. Gerald Gunther, Good Speech Bad Speech: Should Universities Restrict Expression That Is Racist Or Otherwise Denigrating, 24 *STAN. LAW.* 4 ,1990.

17. Guy E. Carmi, Dignity Versus Liberty: The Two Western Cultures of Free Speech, 26 *B.U. Int'l L.J.* 371 ,2008.

18. Harry Kalven, Jr. , The New York Times Case: A Note on "the Central Meaning of the First Amendment", 1964 *Sup. Ct. Rev.* 205,1964.

19. Iris Marion Young, Together in Difference: Transforming the Logic of Group Political Conflict, in The Rights of Minority Cultures, 155, Will Kymlicka ed. , 1995.

20. James Alexander, A Brief Narrative of the Case and Trial of John Peter Zenger, 78 ,Stanley N. Katz ed. , 1963.

21. Kathleen Mahoney, Language as Violence v. Freedom of Expression: Canadian and American Perspectives on Group Defamation, 37 *Buff. L. Rev.* 346 ,1989.

22. J. Anglo Corlett & Robert Francescotti, Foundations of a Theory of Hate Speech, 48 *Wayne L. Rev.* 1078,2002.

23. James Q. Whitman, Enforcing Civility and Respect: Three Societies, 109 *Yale L.J.* 1285,2000.

24. Joan C. Callahan, Speech that Harms: The Case of Lesbian Families, in On Feminist Ethics & Politics ,Claudia Card ed. , 1999.

25. Kenneth L. Karst, Boundaries and Reasons: Freedom of Expression and the Subordination of Groups, 1990 *U. Ill. L. Rev.* 95.

26. Kent Greenawalt, Free Speech Justifications, 89 *Colum. L. Rev.* 119 ,1989.

27. Mari Matsuda, Public Response for Racist Speech: Considering the Victim's Story, 87 *Mich. L. Rev.* 2320,1989.

28. Michael Rosenfeld, Hate Speech in Constitutional Jurisprudence: A Comparative Analysis, 24 *Cardozo L. Rev.* 1558,2003.

29. Nadine Strossen, Regulating Racist Speech on Campus: A Modest Proposal? 1990 *Duke L. J.* 522,1990.

30. Natasha L. Minsker, I Have a Dream—Never Forget: When Rhetoric Becomes Law, A Comparison of the Jurisprudence of Race in Germany and the United States, 14 *Harv. Blackletter L.J.* 154 ,1998.

31. Owen M. Fiss, Why the State? 100 *Harv. L. Rev.* 781 ,1987.

32. Patricia J. Williams, Spirit — Murdering the Messenger: The Discourse of Fingerpointing as the Law's Response to Racism, 42 *U. MIAMI L. REV.* 127,1987.

33. Peter E. Quint, Free Speech and Private Law in German Constitutional Theory, 48 *Md. L. Rev.* 309,1989.

34. Holmes and Brandeis: Libertarian and Republican Justifications for Free Speech, 4 *J.L. & POL.* 454 ,1988.

35. Perspectives on Group Defamation, 37 *Buff. L. Rev.* 346 ,1989.

36. Michele Goodwin, Nigger and the Construction of Citizenship, 76 *Temp. L. Rev.* 129,2003.

37. Richard Delgado & David Yun, The Neoconservative Case Against Hate-speech Regulation-lively, D'Souza, Gates, Carter, and the Toughlove Crowd, 47 *VAND. L. REV.* 1807,1994.

38. Richard Delgado,Words That Wound: A Tort Action For Racial Insults , Epithets, and Name — Calling, 17 *HARV. C. R. — C. L. L. REV.* 144,1982.

39. Robert Bork, Neutral Principles and Some First Amendment Problems, 47 *Ind.L.J.* 1 ,1971.

40. Roland Krotoszynski, Jr. , A Comparative Perspective on the First Amendment: Free Speech, Militant Democracy, and the Primacy of Dignity as a Preferred Constitutional Value in Germany, 78 *Tul. L. Rev.* 1584 , 2004.

41. Sionaidh Douglas — Scott, The Hatefulness of Protected Speech, a Comparison of the American and European Approaches, 7 *Wm. & Mary Bill of Rts. J.* 305,1999.

42. Susan J. Brison, The Autonomy Defense of Free Speech, 108 Ethics 313 ,1998.

43. S. K. B. Asante, Nation Building and Human Rights in Emergent African Nations, 2 *Cornell Int'l L.J.* 72 ,1969.

44. Theodor Meron, the Meaning and Reach of the International Con-

vention on the Elimination of All Forms of Racial Discrimination，79 *A. J. I. L.* 283 ,1985.

45. U. S. Comm'n on Civil Rights，Civil Rights Issues Facing Asian Americans in the 1990s,89 ,1992.

46. William J. Brennan，The American Experience：Free Speech and National Security，in Free Speech and National Security，12 ,Shimon Shetreet ed. , 1991.

47. Winfried Brugger，Ban On or Protection of Hate Speech? Some Observations Based on German and American Law，17 *Tul. Eur. & Civ. L. F.* 17 ,2002.

三、中文著作和外文著作中译本

1. 伯阳:《德国公法导论》,北京大学出版社 2008 年版。

2. 陈欣新:《表达自由的法律保障》,中国社会科学出版社 2003 年版。

3. 陈新民:《德国公法学基础理论(上、下册)》,山东人民出版社 2001 年版。

4. 陈新民:《法治国公法学原理与实践(上)》,中国政法大学出版社 2005 年版。

5. 陈新民:《宪法学释论》,台湾三民书局 2005 年版。

6. 高中:《国家安全与表达自由比较研究》,法律出版社 2008 年版。

7. 韩大元、林来梵、郑磊:《中国宪法学基本范畴与方法:2004-2009》,法律出版社 2010 年版。

8. 侯健:《表达自由的法理》,上海三联出版社 2008 年版。

9. 胡锦光:《中国法治进行时》,外文出版社 2009 年版。

10. 黄伟合:《英国近代自由主义研究——从洛克、边沁到密尔》,北京大学出版社 2005 年版。

11. 焦洪昌、李树忠:《宪法教学案例》,中国政法大学出版社 1999 年版。

12. 李道刚:《德国语境中的思想表达自由与约束:取宪政哲学理论和广播电视实践的双维视角》,法律出版社 2009 年版。

13. 李鸿禧等:《台湾"宪法"之纵剖横切》,台湾元照出版公司 2002 年版。

14. 林子仪:《言论自由与新闻自由》,台湾元照出版公司 1999 年版。

15. 林来梵:《从宪法规范到规范宪法》,法律出版社 2001 年版。

16. 曼辉等:《公共生活与公民伦理》,北京师范大学出版社 2007 年版。

17. 莫纪宏:《表达自由的法律界限》,中国人民公安大学出版社 1998 年版。

18. 欧爱民:《破译宪法的实践密码——基本理论·分析方法·个案考量》,法律出版社 2006 年版。

19. 齐延平:《人权与法治》,山东人民出版社 2003 年版。

20. 齐延平:《自由大宪章研究》,中国政法大学出版社 2007 年版。

21. 邱小平:《表达自由——美国宪法第一修正案研究》,北京大学出版社 2005 年版。

22. 舒新城等:《辞海》,上海中华书局 1947 年版。

23. 曲兆祥:《约翰弥尔与孙逸仙自由观之比较分析》,台湾师范大学三民主义研究所 1991 年版。

24. 王德志:《民国宪政思潮研究》,中国政法大学出版社 2010 年版。

25. 王锋:《表达自由及其界限》,社会科学文献出版社 2006 年版。

26. 王谦:《别拿上海人说事儿》,中国友谊出版公司 2003 年版。

27. 王四新:《表达自由原理与应用》,中国传媒大学出版社 2008 年版。

28. 吴小坤:《自由的轨迹:代英国表达自由思想的形成》,广西师范大学出版社 2011 年版。

29. 谢晖:《法律哲学》,湖南人民出版社 2009 年版。

30. 谢晖:《法学范畴的矛盾辨思》,山东人民出版社 1999 年版。

31. 肖金明:《法治行政的逻辑》,中国政法大学出版社 2004 年版。

32. 徐显明:《人权法原理》,中国政法大学出版社 2008 年版。

33. 徐显明:《人权研究(1 卷—9 卷)》,山东人民出版社 2001 年—2010 年版。

34. 杨海坤等:《宪法基本理论》,中国民主法制出版社 2007 年版。

35. 叶曙明:《其实你不懂广东人》,广东教育出版社 2005 年版。

36. 张千帆:《西方宪政体系(上、下册)》,中国政法大学出版社 2000 年版。

37. 张千帆:《宪法学导论:原理与应用》,法律出版社 2004 年版。

38. 甄树青:《论表达自由》,社会科学文献出版社 2000 年版。

39.中国社会科学院研究所词典编辑室:《现代汉语词典》,商务印书馆2002年版。

40.朱景文:《对西方法律传统的挑战——美国批判法律研究运动》,中国检察出版社1996年版。

41.[德]P. A. 施泰尼格尔:《纽伦堡审判(上卷)》,王昭仁等译,商务印书馆1985年版。

42.[德]康德:《道德形而上学原理》,苗力田译,上海人民出版社1986年版。

43.[德]康德:《道德形上学探本》,唐钺译,商务印书馆1957年版。

44.[德]康拉德·黑塞:《联邦德国宪法纲要》,李辉译,商务印书馆2007年版。

45.[荷]斯宾诺莎:《神学政治论》,温锡增译,商务印书馆1963年版。

46.[美]T.巴顿·卡特:《大众传播法概要》,黄列译,中国社会科学出版社1997年版。

47.[美]安东尼·刘易斯:《言论的边界:美国宪法第一修正案简史》,徐爽译,法律出版社2010年版。

48.[美]巴伦·迪恩斯:《美国宪法概论》,刘瑞祥译,中国社会科学出版社1995年版。

49.[美]盖尔斯敦:《自由多元主义》,佟德志等译,江苏人民出版社2008年版。

50.[美]韩起澜:《苏北人在上海:1850－1980》,卢明华译,上海古籍出版社、上海远东出版社2004年版。

51.[美]霍尔:《牛津美国法律百科辞典》,林晓云等译,法律出版社2008年版。

52.[美]凯瑟琳·A. 麦金农:《言词而已》,王笑红译,广西师范大学出版社2004年版。

53.[美]科恩:《论民主》,聂崇信、朱秀贤译,商务印书馆1988年版。

54.[美]肯尼思·W.汤普森:《宪法的政治理论》,张志铭译,生活·读书·新知三联书店1997年版。

55.[美]路易斯·亨金、阿尔伯特·J.罗森塔尔:《宪政与权利》,郑戈、赵晓力、强世功等译,三联书店1996年版。

56.〔美〕罗纳德·德沃金:《自由的法:对美国宪法的道德解读》,刘丽君译,上海人民出版社2001年版。

57.〔美〕罗纳德·德沃金:《认真对待权利》,信春鹰、吴玉章译,中国大百科全书出版社1998年版。

58.〔美〕弥尔顿·弗里德曼:《弗里德曼文萃》,高榕、范恒山译,北京经济学院出版社1991年版。

59.〔美〕欧文·M.费斯:《言论自由的反讽》,刘擎、殷莹译,新星出版社2005年版。

60.〔美〕乔尔·范伯格:《自由、权利和社会正义——现代社会哲学》,王守昌、戴栩译,贵州人民出版社1998年版。

61.〔美〕琼·C.克莱斯勒、卡拉·高尔顿、帕特丽夏·D.罗泽:《女性心理学》,上海社会科学院出版社2007年版。

62.〔美〕施密特等:《美国政府与政治》,梅然译,北京大学出版社2005年版。

63.〔美〕唐纳德·M.吉尔摩等:《美国大众传播法:判例评析(上、下册)》,梁宁等译,清华大学出版社2002年版。

64.〔美〕托马斯·杰斐逊:《杰斐逊文选》,王华译,商务印书馆1963年版。

65.〔美〕亚历山大·米克尔约翰:《表达自由的法律限度》,侯健译,贵州人民出版社2003年版。

66.〔美〕约翰·D.泽莱兹尼:《传播法:自由、限制与现代媒介》,张金玺、赵刚译,清华大学出版社2007年版。

67.〔美〕约翰·罗尔斯:《政治自由主义》,万俊人译,译林出版社2000年版。

68.〔美〕詹姆斯·B.雅各布、吉姆伯利·波特:《仇恨犯罪:刑法与身份政治》,王秀梅译,北京大学出版社2010年版。

69.〔瑞典〕格德门德尔·阿尔弗雷德松、〔挪威〕阿斯布佐恩·艾德:《〈世界人权宣言〉:努力实现的共同标准》,中国人权研究会组织编译,四川人民出版社1999年版。

70.〔印〕阿玛蒂亚·森:《以自由看待发展》,任赜等译,中国人民大学出版社2002年版。

71.〔英〕安东尼·阿巴拉斯特:《西方自由主义的兴衰》,曹海军等译,吉林人民出版社 2004 年版。

72.［英］霍恩比：《牛津高阶英汉双解词典》，李北达译，商务印书馆 1997 年第 4 版。

73.［英］克莱尔·奥维、罗宾·怀特：《欧洲人权法·原则与判例》，何志鹏、孙璐译，北京大学出版社 2006 年版。

74.［英］洛克：《论宗教宽容》，吴云贵译，商务印书馆 1982 年版。

75.［英］弥尔顿：《论出版自由》，吴之椿译，商务印书馆 1989 年版。

76.［英］约翰·密尔：《论自由》，许宝骙译，商务印书馆 1959 年版。

77.《德国刑法典 2002 年修订》，徐久生、庄敬华译，中国方正出版社 2004 年版。

78.《匈牙利刑法典》，陈志军译，中国人民公安大学出版社 2008 年版。

四、中文论文

1.高鸿钧：《美国法律文化的自由及其局限》，载《清华法学》2009 年第 1 期。

2.侯健：《言论自由及其限度》，载《北大法律评论》第 3 卷第 2 辑 2001 年。

3.黄文艺：《比较法：批判与重构》，载《法制与社会发展》2002 年第 1 期。

4.林来梵、张卓明：《论权利冲突中的权利位阶——规范法学视角下的透析》，载《浙江大学学报（人文社会科学版）》2003 年第 6 期。

5.林来梵：《人性尊严与人格尊严——兼论中国〈宪法〉第 38 条的解释方案》，载《浙江学刊》2008 年第 3 期。

6.刘文泰：《论希腊古典文化的理性与人性》，载《史学月刊》1998 年第 5 期。

7.刘作翔：《权利冲突的几个理论问题》，载《中国法学》2002 年第 2 期。

8.莫纪宏：《论国际人权公约与国内宪法的关系》，载《中国法学》1999 年第 3 期。

9.欧爱民：《权利与原则：撩开说话的法律面纱》，载《河北法学》2006 年第 3 期。

10.齐延平：《法制现代化：一个西方的"幽灵"？》，载《政法论坛》2007 年第 2 期。

11. 齐延平:《论普遍人权》,载《法学论坛》2002 年第 3 期。

12. 舒国滢:《战后德国法哲学的发展路向》,载《比较法研究》1995 年第 4 期。

13. 宋方青、傅振中:《论国际人权立法的中国化——以民主权为中心》,载《现代法学》2009 年第 5 期。

14. 孙笑侠、郭春镇:《美国的法律家长主义理论与实践》,载《法律科学》2005 年第 6 期。

15. 温辉:《什么是言论——〈宪法〉第 35 条的一种论理解释》,载《国家检察官学院学报》2004 年第 3 期。

16. 吴飞:《西方传播法立法的基石——"思想市场"理论评介》,载《中国人民大学学报》2003 年第 6 期。

17. 谢世宪:《论公法上之比例原则》,载城仲模:《行政法之一般法律原则》,台湾三民书局 1997 年版。

18. 徐显明、齐延平:《论中国人权建设的五大主题》,载《文史哲》2002 年第 4 期。

19. 徐显明、闫国智:《言论自由的法律思考》,载《法学》1991 年第 8 期。

20. 姚建宗:《法治的人文关怀》,载《华东政法学院学报》2000 年第 3 期。

21. 张千帆:《论宪法效力的界定及其对私法的影响》,载《比较法研究》2004 年第 2 期。

22. 张新宝:《言论表述和新闻出版自由与隐私权保护》,载《法学研究》1996 年第 6 期。

23. 张志铭:《欧洲人权法院判例法中的表达自由》,载《外国法译评》2000 年第 4 期。

24. 赵宏:《实质理性下的形式理性:〈德国基本法〉中基本权的规范模式》,载《比较法研究》2007 年第 2 期。

25. 赵娟:《为什么言论必须自由——手段与目的意义上的考察》,载《江苏社会科学》2005 年第 5 期。

26. 周保松:《自由主义、宽容、虚无主义》,载刘东:《中国学术》,商务印书馆 2006 年版。

27. 周叶中、李德龙:《论公民权利保障与限制的对立统一》,载《华东政法学院学报》2003 年第 1 期。

28. 周永坤:《全球性时代的人权》,载《江苏社会科学》2002 年第 3 期。

29. 朱卫国:《辅助原则解释》,载朱卫国:《群星照耀欧洲——中欧法律和司法合作项目学术论文精选》,法律出版社 2003 年版。

30. 朱武献:《言论自由之宪法保障》,载《公法专题研究(二)》,辅仁大学丛书编辑委员会 1992 年版。

31. [德]J. G. 费希特:《向欧洲各国君主索回他们迄今压制的思想自由——一篇演讲》,李理译,载湖北大学哲学研究所《德国哲学》编委会:《德国哲学(第 3 辑)》,北京大学出版社 1987 年版。

32. [德]康拉德·茨威格特、海因·克茨:《行为能力比较研究》,孙宪忠译,载《外国法译评》1998 年第 3 期。

33. [美]马丁·H. 雷迪希:《言论自由的价值》,季彦敏译,载张庆福:《宪政论丛(第 5 卷)》,法律出版社 2006 年版。

34. [日]星野英一:《私法中的人——以民法财产法为中心》,王闯译,载梁慧星:《民商法论丛(第 8 卷)》,法律出版社 1997 年版。

35. [英]乔里昂·米切尔:《牢记卢旺达大屠杀:关于地方媒体与全球媒体角色问题的再思考》,张梓轩、常江译,载《全球传媒学刊》2009 年第 5 期。

36. 《"军人是(潜在的)谋杀者案"裁定》,吴绮云译,载《德国联邦宪法法院裁判选辑(十一)》,台湾地区"司法院"2004 年印行。

37. 《"吕特事件"之判决——联邦宪法法院判决第七辑第一九八页以下》,黄启祯译,载《西德联邦宪法法院裁判选辑(一)》,台湾地区"司法院"1990 年印行。

五、学位论文

1. 崔明伍:《欧洲人权法院表达自由判例研究》,华中科技大学 2010 年博士学位论文。

2. 黄惟勤:《论网络表达自由》,中国社会科学院 2010 年博士学位论文。

3. 李兆丰:《英美传统下的表达自由发展路径研究》,复旦大学 2004 年博士学位论文。

4. 马聪:《霍姆斯现实主义法学思想研究》,华东政法大学 2007 年博士学位论文。

5. 牛文展:《论表达自由的宪法保障:一种规范的模式研究》,中国人民大学 2007 年博士学位论文。

6. 唐煜枫:《论言论自由的刑罚限度》,武汉大学 2006 年博士学位论文。

7. 吴飞:《法意下的表达自由——兼论各国传媒政策的变革》,复旦大学 2003 年博士学位论文。

8. 曾白凌:《网络政治表达的法律规制》,中共中央党校 2009 年博士学位论文。

9. 赵娟:《商业言论的自由与规制》,南京大学 2006 年博士学位论文。

10. 郑仁荣:《论诽谤》,福建师范大学 2009 年博士学位论文。

六、网络资料

1.《安徽池州大规模骚乱,普通案件引发打砸抢烧》,载东方网,http://news. eastday. com/eastday/news/node37955/node37957/node37979/node 70750/userobject1ai1217514. html,下载期:2009 年 10 月 18 日。

2.《德国总理抨击高官发表种族歧视言论》,载 http://news. sohu. com/ 20100830/n2745 64471. shtml,下载日期:2010 年 12 月 12 日。

3.《近半数美国人曾从原有信仰的宗教改信其他宗教》,载搜狐网佛教在线网站,http://www. fjnet. com/gdb/200904/t20090430_119023. htm,下载日期:2009 年 9 月 10 日。

4.《克林顿国务卿关于互联网自由的讲话》,美国国务院国际信息局(IIP)译,载美国国务院网站,http://www. america. gov/st/democracyhr — chinese/2010/January/20100 121212440eaifas0. 9105341. html? CP. rss＝true,下载日期:2010 年 1 月 23 日。

5.《马来西亚华人总会长批评官员发表"性别歧视言论"》,载中国新闻网,http://www. chinanews. com/ hr/hr—yzhrxw/news/2010/03—15/2168857. shtml,下载日期:2010 年 12 月 12 日。

6.《美共和党资深参议员"投奔敌营",奥巴马声势大振》,载中国新闻网,http://www. chinanews. com. cn/gj/bm/news/2009/04—29/1668630. sht-ml,下载日期:2009 年 4 月 29 日。

7.《与互联网上纳粹和反犹材料的对抗:雅虎案及其全球影响》,http://

www. pcmlp. socleg. ox. ac. uk/YahooConference,下载日期:2002 年 9 月 17
日。

8. Robyn Weisman，Germany Bans Foreign Web Site for Nazi Content，
NEWSFACTOR NETWORK，at http://www. newsfactor. com/story. xht-
ml? story_id=6063,下载日期:2005 年 1 月 27 日。

后　记

　　本书的完成需要向诸位领导、师长和同事表示感谢,我的成长与他们的培养和教导密不可分。

　　感谢我的导师齐延平教授对我的谆谆教诲和悉心关怀,导师国际化的视野、敏锐的洞察力、精深的学术造诣、严谨的治学态度给了我最好的言传身教。感谢师母梁敏老师给我的提携和帮助。

　　感谢山东大学传授给我知识的各位老师,感谢范进学教授、肖金明教授、冯殿美教授、盖玉强教授、王德志教授、柳砚涛教授、周长军教授、姜峰副教授等师长给我的悉心指导和帮助。感谢周峰教授、王学典教授、王昌慈教授、王晓教授多年来对我的学习和生活提供的无私帮助,我的成长和进步离不开他们的指导和教诲。感谢谢晖教授为本书的出版提供的鼓励和帮助。

　　感谢中共天津市委党校的各位领导和同事,他们在工作中给予了我无私的帮助,感谢刘书祥教授、李国旗教授、安连成副教授、贾金香副教授、马宜生副教授、白莹副教授、杨静副研究员、徐蓉副教授、孙永兴副教授、张红侠副教授、邱洪旗老师、邢亮老师、刘文冬老师和张晓飞老师。

　　感谢厦门大学出版社的领导及邓臻编辑,他们的严肃认真令我感动。

　　感谢我的先生尚海涛博士。

　　谨以此书献给我的父母。

龚　艳

2013 年 6 月 5 日

图书在版编目(CIP)数据

仇恨言论法律规制研究/龚艳著. —厦门:厦门大学出版社,2013.7
(法意文丛)

ISBN 978-7-5615-4626-0

Ⅰ.①仇… Ⅱ.①龚… Ⅲ.①言论自由－刑法－研究 Ⅳ.①D914.04

中国版本图书馆 CIP 数据核字(2013)第 100210 号

厦门大学出版社出版发行

(地址:厦门市软件园二期望海路 39 号 邮编:361008)

http://www.xmupress.com

xmup @ xmupress.com

沙县方圆印刷有限公司印刷

2013 年 7 月第 1 版 2013 年 7 月第 1 次印刷

开本:720×970 1/16 印张:14.5 插页:2

字数:252 千字 印数:1~1 200 册

定价:29.00 元

本书如有印装质量问题请直接寄承印厂调换